Modern Japanese Studies and Cambridge University Library: from Kokugaku to Japanology

ケンブリッジ大学図書館と近代日本研究の歩み

――国学から日本学へ

小山 騰
Noboru Koyama

勉誠出版

目次

ケンブリッジ大学図書館と近代日本研究の歩み——国学から日本学へ

贈呈された『石神問答』

ケンブリッジ大学図書館は初版の『石神問答《いしがみもんどう》』を所蔵している。著者柳田国男がウィリアム・ジョージ・アストン（一八四一—一九一一）に送付した献呈本で、標題紙に「アストン先生ニ奉る柳田国男」と記載されている。柳田国男は日本民俗学の父であり、一九一〇（明治四三）年五月に出版された『石神問答』は、前年に上梓された『後狩詞記《のちのかりことばのき》』や同年六月に刊行された『遠野物語』と共に、日本民俗学の出発点になった著作である。アストンは近代を代表する外国人日本研究者のひとりであった。アストンおよびアーネスト・メイソン・サトウ（一八四三—一九二九）とバジル・ホール・チェンバレン（一八五〇—一九三五）の三人は、いずれも明治時代に活躍した英国人の日本研究者であり、近代的な日本学の開拓者であった。この三人は英国三大日本学者と呼ばれる。アストンの旧蔵書はサトウの旧蔵書などと一緒に、一九一一（明治四四）年にケンブリッジ大学図書館に収蔵されたので、柳田の『石神問答』も同館の所蔵本のひとつとなった。

アストンは幕末の一八六四（元治元）年に来日し、明治時代の前半期、英国の外交官（領事官）および日本研究者として活躍した。一八八八（明治二一）年に長年住み慣れた日本を後にし、再び来朝することはなかった。英国外務省を退職したアストンは、帰国後年金生活に入り、英国のいなかで日本研究を継続・発展させた。一九一一（明治四四）年に享年七〇歳で死去した。日本から送付された『石神問答』は、船便で一九一〇（明治四三）年の夏、遅くとも秋までには英国に到着していたと思われる。存命中のアストンは、柳田からの献本をその頃に受け取ったのであろう。ケンブリッジ大学図書館が収蔵したサトウからの譲渡本を含むアストンの旧蔵書には、アストン自筆の付箋（紙片）が付けられていた。アストンは『石神問答』の紙片に英文で「石の神々について」という注を書き入れていた。[1] 彼は柳田の書籍を熟読はしなかったかもしれないが、目を通していたことは確かであった。

ではなぜ、柳田国男はわざわざ英国に住んでいたアストンに自著『石神問答』を贈呈したのであろうか。柳田が自ら書いた『石神問答』の広告文によると、同書を刊行した理由は「西洋の学者に手を下されると悔しいからちよいと先鞭を著けて置くとのこと」[2]であった。また、同書の中にも「もしや西洋の学者にでも手を著けられ候ては残念と存じ候」[3]という柳田の記述がある。当時、柳田は『石神問答』で扱ったようなことが、日本人の研究者よりも先に西洋の学

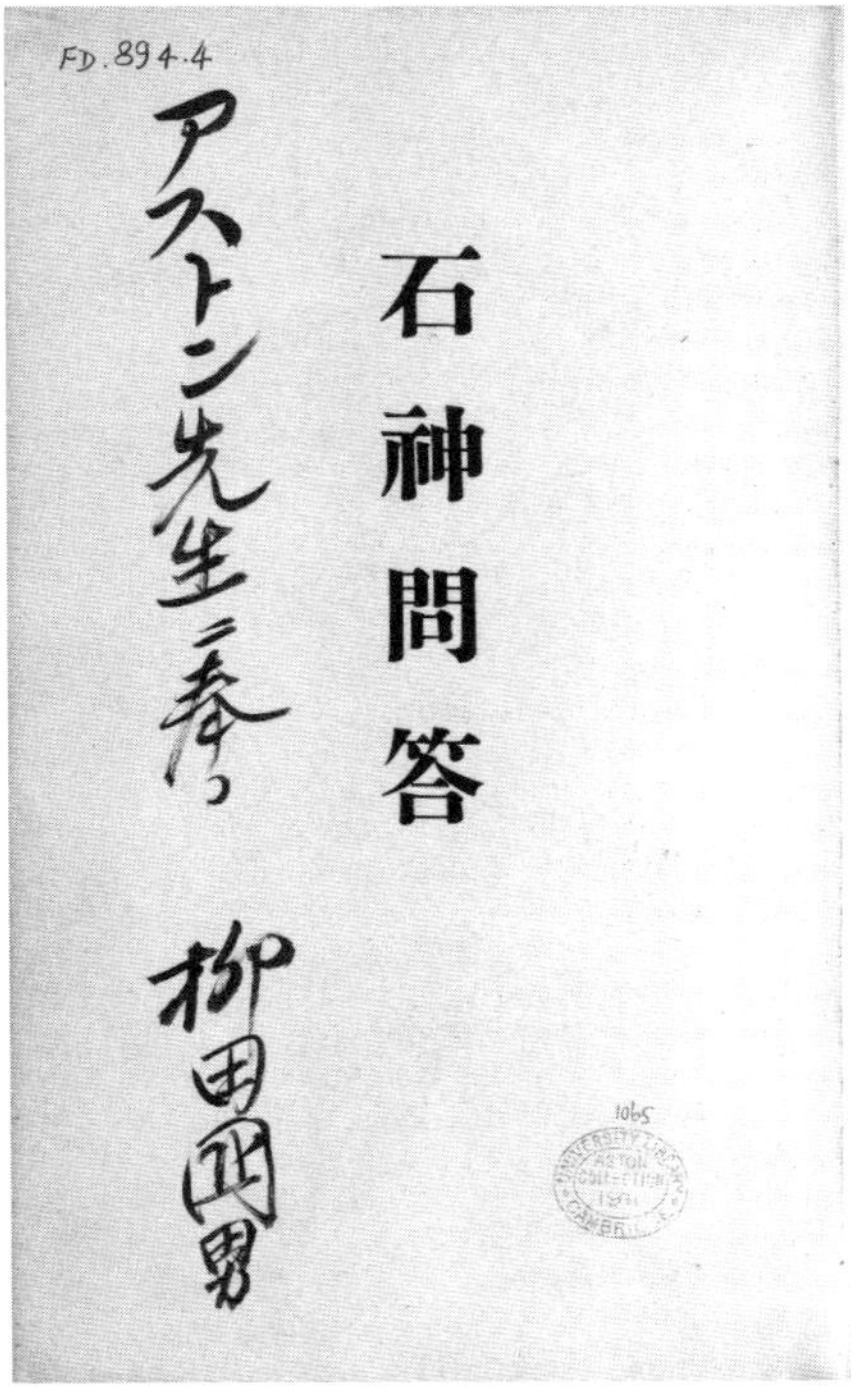

『石神問答』（柳田国男の書込）

ウィリアム・ジョージ・アストン(『日本神道論』(アストンの『神道』の日本語訳)より)

者に着手されるかもしれないというかすかな憂慮を抱いていたと考えられる。そこで、まず自分でその分野の著述を刊行し、それをアストンに送り付けたのである。柳田が『石神問答』が扱うような主題をめぐって競争相手と見なしていた西洋の学者はアストンのことであった。少なくともその中のひとりは確実にアストンであった。
なお、『石神問答』の献辞では、すでにこの世を去った柳田国男の実父松岡約斎について次のような旧懐の言葉と共に、同書が実父に献呈されている。「敬虔なる貧しい神道学者[4]」であった松岡約斎は、平生から『石神問答』が扱うような題目に興味を持っていたという。

〔松岡約斎翁〕今若し世に在りて此書の成るを見たまはゞ必ず欣然として巻を翻へし且ほゝゑみて我を見たまふならん[5]

柳田にとっては『石神問答』は英国の日本研究者であったアストン同様、「貧しい神道学者」であった父親にも読んでもらいたかった書物であった。柳田も実父が喜ぶ様子を見たかったのである。

アストンは英文による『神道』を一九〇五（明治三八）年に刊行した。それは日本学者としてのアストンの最後の大きな業績であった。彼は自著『神道』の「第八章　多神論――人間神」で、「人間的性質を抽象してこしらへた神」として、「賽の神」（サヘノカミ）を取り上げるのである。アストンは『神道』の中で、賽の神は「男柱《おばしら》（男根）の神である」(6)と主張する。彼は『扶桑略記』に記載されている九三八（天慶元）年の記事、『東遊記』（橘南谿著）の一七九五（寛政七）年の記述および『古語拾遺』の一節などを引用し、賽の神と男根（性器）崇拝を結び付けたのである。アストンは自分自身でも道祖神の図を所持しており、『神道』の注の部分ではその図に言及し、男根形の自然石で出来ている道祖神は辻に建てられていると説明する。(7)サヘノカミ（賽の神、塞の神、道祖神、岐《くなど》神《のかみ》、石神、道饗《みちあえ》の神など）に含まれる複合した要素の中で、性神としての側面を強調するアストンなどの外国人研究者に対して、柳田は『石神問答』を刊行することにより、その土俗神の本来の姿である境界の神、悪霊や疫病などの侵入を防ぐ神（防塞の神）などの要素を強調したのである。さらにそれに付け加えて、サヘノカミ（道祖神）などは宿神などの「古層の神」（精霊）(8)と関係があることも暗示した。『石神問答』を贈呈した柳田としては、自著に対するアストンの反応を知りたかったところであろう。しかし、彼は最晩年のアストンからは手紙などを一切受け取らなかったと思われる。その当時のアストンには、新しい学問（民俗学）の黎明を告げる『石神問答』を咀嚼する時間的な余裕は残されていなかったのである。
ところで、柳田国男の『石神問答』を『三田学会雑誌』の「新著紹介」の欄で取り上げた歴史学者田中萃一郎（慶応義塾大学）は、アストンの著書と柳田の新著との関係を次のように紹介していた。

なほ著者（柳田国男）は西洋の学者の石神の問題に手を著けぬうち先づ研究の一端を公にするとのことであるが、塞の神即ち道祖に関してはアストンの「神道」（一九〇五年出版）の一八六頁乃至一九八頁に詳細の論究見え、又シカゴのドクトルバックレーは一八九五年に **Phallicism in Japan** と題する単行本をさへ公にして居る、仮令研究の主題は稍や異るにせよ、何れも本書の読者の併せて一読す可きものと思ふ。(9)

やはり、田中萃一郎は石神（道祖神）と性神が深い関係を持っている点に注目していた。また、彼はアストンの『神道』も読了していたのである。田中の紹介記事にあったバックレイの英文の著書（Phallicism in Japan『日本に於ける生殖器崇拝』）については後述する。
柳田は『石神問答』に引き続き、同書刊行の翌月に当たる一九一〇（明治四三）年六月に『遠野物語』を出版した。その『遠野物語』にも「此書を外国に在る人々に呈す」という献辞が含まれていた。外国にある人々というのは、素直に解釈すれば、海外の日本人と日本語が読める外国人（海外の日本研究者）の両方を含むのであろう。当時の柳田国男はアストンやチェンバレンのような海外の日本学者を近著の読者の一部に想定していたのであろうか。日本民俗学の祖といわれる柳田は、なぜそこまで外国の日本研究者を意識したのであろうか。それについては、もしかすると外国人による日本研究が到達した段階、およびそこに至るまでの歴史が関係するかもしれない。はたして、その当時柳田国男が先を越されるかもしれないと感じるほど、西洋人の日本研究は進歩していたのであろうか。もしそうだとすれば、それはどのようにして進歩したのであろうか。

さらにいえば、柳田国男とアストンとの問題からもわかるように、外国人による近代の日本研究は、それだけで孤立していたのではなく、実は近代における日本の学問のあり方にも影響を与えていたのである。日本研究の歴史は日本の近代における学術・研究の歴史と密接に関係していたのである。近代の日本学は日本の近代的な学術・研究の発展に深く関わっていたのである。近代における日本学の発達と、大学教育を通じて発達した日本の近代的な学問とは、いわば〝あざなう〟関係にあったということもできる。その日本学と日本における学術研究の近代化が交錯するところに、近代日本を理解する鍵があるかもしれない。両者の関係がもしかすると日本の近代化を解釈するヒントを提供してくれるかもしれない。

海外の日本語コレクション

一九一〇（明治四三）年に柳田国男がアストンに贈呈した本は、最終的には図書館（ケンブリッジ大学図書館）に入り、図書館の蔵書として保存された。図書館に収蔵されたおかげで、後代の我々もその本を手にすることができるのである。これは単なる一例に過ぎないが、図書館という機関はもともと書籍などを収集・保存し後世に伝えるという役割を持っている。多くの資料が図書館を通じて集積・保存されて来たのである。図書館は、博物館や文書館などと共に文化の保存・継承に大きく貢献する重要な機関であるといえる。もちろん、図書館にはその他にもいろいろな機能があるが、最も重要な役割は資料や情報を溜め込み集積することであろう。したがって、研究のための資料を多く所蔵するいわゆる〝研究図書館〟（英語でいうリサーチ・ライブラリー）の蔵書は、研究資料や情報が歴史的に累積されたものであるといい換えることもできる。〝溜め込み集積する〟という役割からもわかるように、図書館、特に研究図書館の蔵書にとっては、その活動の結果である〝累積〟が重要なのである。さらにいえば、〝累積〟の量は歴史の長さと関係する。歴史が古いほど〝累積〟の量は増える。そこで、図書館の蔵書の古さが大きな意味を持つのである。すべての場合が当てはまるとは限らないが、〝累積〟という機能の結果、研究図書館の蔵書には当該研究の進展の歴史が含まれている場合が多い。多くの場合、研究図書館の蔵書には学問の歴史が詰まっている可能性が高いのである。

一方、海外の図書館で所蔵されている日本語コレクションは、日本研究のために構築されて来たということができる。[10] そこで、海外の日本語コレクションにも、日本研究の豊かな歴史が秘められていると考えられる。外国の図書館が所蔵する日本語書籍の蔵書には、日本研究がたどった道筋が

ケンブリッジ大学図書館

含まれている可能性が高いのである。海外の図書館が所蔵する日本語書籍の蔵書を調べると、もしかしたら日本研究の歴史を発掘することができるかもしれないのである。海外の図書館が保存して来た日本語書籍の蔵書には、日本研究を理解する鍵が隠されている可能性もあり得るのである。そこで、本書では、ひとつの試みとして、海外の図書館が所蔵する日本語コレクションの蔵書から、日本研究の歴史をさぐる〝旅〟に出ることにしよう。もしかすると、その〝旅程〟から思わぬ発見があるかもしれない。海外の図書館が保存して来た日本語コレクションの蔵書を研究することにより、どのようなことが見えて来るのか、その成果は本書の中で明らかにして行きたい。
それでは、その日本研究の歴史をさぐる〝旅〟にふさわしい海外の図書館およびその蔵書は、どのようにして選べばいいのであろうか。もちろん、一般的にいえば、できるだけ多くの図書館、少なくとも複数の図書館を対象にするのが理想的であるかもしれない。しかし、もしかすると、その方法は逆に焦点の拡散や調査の困難さなどの問題から、必ずしも最良の選択ではないかもしれない。また、手間暇がかかる割合には、その結果得られる成果はそれほど豊富でないかもしれない。そこで、次善の策であるかもしれないが、ひとつの典型的なまたは象徴的な図書館または蔵書に絞り込む方法も考慮に入れてみたい。もしかすると、こちらの方法の方が実現性が高く、はるかに効率がいいかもしれないのである。時間的な制約とか参照資料が限られているなどの条件から、今回は、ひとつの典型的なまたは象徴的な図書館およびその蔵書に焦点を合わせる方法で日本研究の歴史に接近することにしよう。それはひとつの図書館なり蔵書を通して日本研究の歴史をさぐる方法である。

もちろん、研究対象をひとつの図書館なり蔵書に絞る方法の場合、どの図書館とかどの蔵書を選ぶのかという点が大きな意味を持って来る。その図書館またはその図書館が所蔵する蔵書が、海外の日本語コレクションとしては、比較的規模が大きく、かつそれなりに長い歴史を持つことなどが重要な条件になるであろう。理想からいえば、蔵書の中にすでに日本研究の歴史を窺わせるものがあればいいのではあるが、この点は実際に調べてみないと本当のところはよくわからない場合が多い。

今回は筆者の個人的な事情も考慮に入れて、ケンブリッジ大学図書館の日本語コレクションを研究の対象にすることにした。個人的な理由としては、筆者は長年にわたりケンブリッジ大学図書館に勤務したので、その蔵書に詳しいことも利点に付け加えることができるからである。ただ、個人的な事情は別として、ケンブリッジ大学図書館の蔵書を選んだ一番の理由は、それが海外における最初の本格的な日本語書籍のコレクションであり、それなりに長い歴史に恵まれていることと、さらに比較的蔵書規模も大きく、かつ蔵書の中に古典籍などの古書や写本などが多く含まれている点である。蔵書規模だけに限定すれば、海外にはケンブリッジ大学図書館に匹敵する図書館は数多くあるかもしれないが、既述したように、その蔵書の中に古典籍などの貴重書などが多く含まれ、なおかつある程度の長い歴史がある図書館となるとやはり数が限られる。以上のような条件などを考慮すると、ケンブリッジ大学図書館の蔵書は今回のような調査の最有力の候補のひとつに数え上げることができるであろう。ケンブリッジ大学図書館およびその日本語コレクションについては後述する。本書では、ケンブリッジ大学図書館の蔵書（日本語コレクション）を手がかりにして近代日本研究の歩みをたどり、そこから近代における日本研究の実態を明らかにしてみたい。また、その蔵書が内包する歴史から近代における日本学の進展と日本における近代的な学問の発達との関係にも踏み込んでみたい。

注

（1）髙尾達哉「ケンブリッジ大学図書館蔵「アストン和書目録」について（七）」（『鹿児島大学法文学部紀要人文科学論集』六六、二〇〇七年）四九頁。
（2）石井正己「『遠野物語』と『石神問答』の広告文」（『時の扉——東京学芸大学大学院伝承文学研究レポート』三、一九九九年）三五—三七頁。
（3）柳田国男『石神問答』（聚精堂、一九一〇年）二四一頁。
（4）柳田国男『神道と民俗学』（『定本柳田国男集』第一〇巻、筑摩書房、一九六二年）三一七頁。
（5）柳田国男『石神問答』前掲書、献辞。
（6）W・G・アストン著／補永茂助、芝野六助訳『日本神道論』（明治書院、一九二二年）二三八頁。
（7）同前、二四三頁。
（8）中沢新一『精霊の王』（講談社、二〇〇三年）v-vii頁。
（9）田中萃一郎「柳田国男著——石神問答」（『三田学会雑誌』四—三、一九一〇年）三六八頁。
（10）海外の日本語コレクションの場合、厳密にいえば日本研究以外の研究のためにも収集されて来たという事情も存在する。典型的な例としては、中国研究のために構築された日本語の書籍および雑誌のコレクションなどがそれに当たる。中国研究にとっては、日本語文献は非常に重要で、欧米では日本語文献を使用できない中国研究者は一流であると見なされない場合が多い。

日本研究とは？

外国人の日本研究者の例として、ひとまず序章でアストンを取り上げたが、それでは日本研究とは一体何であろうかという疑問が自然とわき上がるかもしれない。最近まで主に外国人によって推進されてきた日本研究とは、本来どのような学問であるのであろうか。海外の大学などでは、長年にわたり日本語教育と一緒に日本研究が教授された来た。日本研究については、外国ではそれなりに発展の歴史が蓄積されている。また、現在では世界中の高等教育機関で日本研究が進められているといっても過言ではない。さらに、最近においては外国に限らず日本の大学や研究機関でも、日本研究が研究題目や科目などとして掲げられている。以上の状況が示すように、日本研究をめぐる動きは内外を含めて多種多様である。また、日本の国際化、グローバリゼーションの進展により、日本研究はさらに注目を集めることになろう。日本研究が話題になる機会も増えている。

ただ、日本研究は何かという問いに対する回答は実はそれほど簡単ではない。一言で日本研究といっても、日本研究にはいろいろな要素が含まれており、それなりに複雑な様相を呈している。日本研究の範囲や方法なども多岐にわたる。日本研究の定義は雑多になる可能性を秘めている。そこで、日本研究は何かという問題を深く追求すると、それだけで一冊の本が出来上がってしまうかもしれない。本書は日本研究の領域などを確かめる場ではないので、ここでは話を簡単にして、文字通り〝日本〟を研究するのが日本研究と広く解釈することにしよう。要するに、歴史的な経過も含めて日本研究の対象を〝日本〟と広くまたは大きく取り扱うことにする。具体的には、日本の文化、言語、歴史、文学、社会、経済、政治などを研究する学問が日本研究であると幅広く理解することとしたい。

さらに、その日本の文化、日本語、日本人などを研究対象とする日本研究にはそれ自体の発展の歴史がある。長い年月にわたって〝日本〟を研究してきた学問にも、それなりの歴史があったのである。日本研究の発達史なり日本研究の研究史をどのように見るのか、その日本研究の経緯や履歴に対してもまたいろいろな見解がある。日本研究にもいろいろな考えがあるように、その日本研究の歴史にも様々な捉え方がありうるのである。すなわち、日本研究についての学識の定義が相違するるように、日本研究の研究史に対する見方も研究者によって異なるであろう。研究分野とか研究視角によって、いろいろな考え方が出されるかもしれないし、またその対象をどのように料理するのかという方法によっても、別々の見識が生まれるのである。

国学→日本学→日本研究

筆者は日本研究の歴史についてひとつの見方を持っている。もしかすると、それはまだ日本研究の歴史についてのひとつの仮説に過ぎないかもしれない。一応、日本研究の歴史的な経過は、国学→日本学→日本研究という時間的な流れとして理解できるのではないかと考えている。単なるひとつの見解であるかもしれないが、日本研究の歴史を国学→日本学→日本研究という史的過程として捉えることが可能であり、また、そのように把握すると、日本研究の流れが理解しやすくなるのではないかと考えている。別に、その日本学発展の歴史を取り立てて英語で表現する必要はないかもしれないが、もともと日本研究は国際的な要素が強い学問であり、外国人研究者も多い研究分野なので、その歴史を英語で表現することも有用になる。そこで、日本研究の歴史的な流れをあえて英語で表現するとすれば、「Kokugaku」または「National Learning」から「Japanology」さらに「Japanese Studies」へと移行する道筋として表示することができるかもしれない。この日本研究の歴史的な流れに関する見方の目玉の部分は、日本学の成り立ちの部分（日本学の出発点）で、国学に焦点を当てたところである。その日本学の成立のところで、国学との関連に注目したことからもわかるように、国学→日本学→日本研究という展開の中で筆者が強調したいのは、国学から日本学へという部分である。さらにいえば、その結果成立する日本学（近代の日本研究）のあり方であり、また序章でも言及したように、日本研究の発達と日本における近代的な学問の発生は深いつながりがあるので、逆に近代に成立した日本学が日本の学問にどのような影響を与えたかという歴史的な経路でもある。

一方、国学→日本学→日本研究という発展の歴史の中で、日本学から日本研究という後半の展開については、日本学と日本研究の違いを含めて、一応次のような点を指摘することができるであろう。まず、日本学の研究分野はどちらかといえば人文科学を中心とした語学、文学、歴史、宗教、民俗などが中心となるのに対し、その発展形態である日本研究の場合は、それらの伝統的な日本学の領域に付け加えて、さらに社会科学の分野、たとえば社会、経済、政治、法律なども付け加わったものと考えることができるであろう。すなわち、第三番目の日本研究には社会科学の方法や資料も加えられていると解釈することができるであろう。また、時代的にもごく大雑把にいえば、日本学は明治時代から本格的に始まり、日本研究は第二次世界大戦後あたりから実質的に開始されたと見なすことができるであろう。端的にいえば、日本学から日本研究への移行部分は、国学から日本学への変容に比べればはるかに自然なものであり、その間の変化も比較的小さかったといえる。そこで、日本学と日本研究をほとんど同じ意味に理解する考え方もありうる。そのように取り扱っている研究者も多い。

国学→日本学→日本研究という発展史を表す時、第三段階を示す術語として〝日本研究〟という言葉を使用している。実は、本書の中ではこの言葉を実際にはふたつの意味（狭義と広義）に使っている。狭い意味を示す場合には、まさに第二次世界大戦後から始まった社会科学を含む日本研究を表し、広い意味を示す場合には、歴史的な経過を含めて日本の文化や社会などを研究する学問全体を表現することとする。日本研究という術語に広狭のふたつの範囲を与えるのは煩雑になる恐れがあるが、国学→日本学→日本研究という流れを的確に表現するために、本書ではあえて同じ術語を二様に使い分けることにする。もちろん、日本研究は通常文字通り日本研究全体を表すこととする。いずれにしても、すでに述べたように、本書で特に注目してみたい過程は、日本研究全体の流れの中では国学から日本学へという部分である。歴史的な時代でいえば、幕末・明治時代に相当する年代である。ほとんど明治時代といい切ってもいいだろう。さらに、その歴史的経過の結果としての近代日本研究である。

日本語と国学

当然のことであるが、日本研究できわめて重要な位置を占めるのは日本語の問題である。日本研究の手段や目的としての日本語は、ある意味では日本研究の中核に相当する。そのことを日本研究者の次元で説明するとすれば、日本研究においては研究者が日本語能力、特に日本語文献の読解能力を獲得しているのかどうかという点が日本研究の決定的な要素になるのである。日本研究の歴史においても、研究者自身が直接日本語文献を自分で読解することができたかどうかということはかなり大きな意味を持つ。場合によっては、それは日本研究の発展の過程では決定的な要素になりうるのである。たとえば、外国人による日本研究は前述した英国の三大日本学者といわれるアーネスト・メイソン・サトウ、ウィリアム・ジョージ・アストン、バジル・ホール・チェンバレンたちによって急速に進歩した。彼らが日本研究の拠点としたのが、一八七二（明治五）年に設立された日本アジア協会であった。近代における日本研究の立役者であるサトウ、アストン、そしてチェンバレンなどの最大の強みは、古書（和漢古書）を含む日本語文献を駆使して日本研究を発展させた点である。簡単にいえば、サトウたち以前の日本学者と以後の日本学者の大きな違いは、日本語書籍の読解能力の有無またはその熟達度であったということができる。サトウたちは、苦労して獲得した日本語読解能力を最大限に駆使して業績を上げた最初の外国人日本研究者であったのである。

筆者は国学↓日本学↓日本研究という発展の歴史を想定しているが、国学から日本学という歴史的な過程を指摘したのは、必ずしも筆者が最初ではない。特に英国の三大日本学者、または明治の三大日本学者といわれるサトウ、アストン、チェンバレンたちが国学の伝統を引き継いでいる点は、すでに明治時代に芳賀矢一などによって主張されていた。芳賀矢一は国学者を父親に持ち、帝国大学文科大学の国文学科の第一回生として卒業し、後には国語学者である上田万年に続いて東京帝国大学の教授として国語国文講座を担当した。その国語国文講座は、明治時代には上田、芳賀、そして藤岡作太郎などによって指導された。ドイツに留学した芳賀は、ドイツ文献学との類似性に注目して国学を日本文献学と解釈し、近代国文学の基礎を開拓した。後には国学院大学の学長なども務めた。後述するアストンの英文による『日本文学史』が芝野六助によって翻訳され、その日本語訳が出版された際に、芳賀は芝野の翻訳書に序文を寄稿した。その序文で、「ウイリヤム、ジョージ、アストン氏はサトウ氏、チヤンブレン氏等とともに、最も早く我国語国文国史等、概言すれば我国学の研究に尽力せる英国の一紳士なり」(1)と紹介し、また一九〇二（明治三五）年に調印された日英同盟にも、「アストン氏、サトウ氏、チヤンブレン氏等が我国学を研究せしは尠からざる影響を与へたるものあるべし」(2)と主張している。芳賀矢一はサトウ、アストンそしてチェンバレンの日本学はまさに国学であると認識していたのである。明治時代中期に大学教育を受けた芳賀矢一は、上田万年（国語学）、三上参次（国史学）などと共に日本の新しい世代を代表する研究者であった。それらの新世代の日本人研究者と、日本の自生の学問である国学を継承しながら日本学を発展させたアストンたちとの関係は、それなりに込み入ったものである。ただここで強調したいのは、少なくとも明治時代には、アストンたちの日本研究を国学であると認識していた学者たちがいたことである。はたして、芳賀の指摘が的を得たものであったのかどうかという点は本書の課題でもある。
以上は、芳賀矢一などがすでに明治時代に国学から英国三大日本学者などによる日本学へと発展する過程に注目していた点を報告したものであるが、明治時代以降でも、国学と日本学または日本研究との関係について発言した研究者は少なからず存在した。たとえば、一九三九（昭和一四）年に出版された『国学論』の「はしがき」も、次のような文章から始まっていた。

国学は日本学の基礎たるべき、一つの日本的思索であり、方法論である。(3)

この山本正秀、渡辺秀共著『国学論』によれば、国学は日本学の基礎にあたることになる。国学は日本学にとってはひとつの思索であり、方法論であるという。ただ、ここで注意したいのは日本学が何を意味しているのかという点である。『国学論』の日本学は、筆者が先に引用した「国学↓日本学↓日本研究」という発展過程の中の「日本学」とは同じ言葉であるが、その意図する研究目的が少し異なるのである。というのは、一九三〇年代以降、日本的な精神の発揚による学術振興として日本学が唱えられたことがあった。昭和維新などが盛んに叫ばれた頃である。その時に推進しようとした日本学は、「新国学」または「新しき国学」などと内容が類似またはほとんど同一であり、日本人自身による日本的な立場に立つ学問の面が強調されていた。欧米の大学などで教授されていた日本に関する学問である日本学とは別物であると見なされていたのである。この日本的な立場を根幹とする日本学については、本書の終章でも新国学との関連でごく簡単に触れる予定である。
国粋主義の日本学とは別に、〝日本〟を客観的に研究する日本学と国学との関係については、国際日本文化研究センターの初代所長を務めた梅原猛も言及している。日本文化に関する国際的・学際的な総合研究をめざす国際日本文化研究センターの初代所長を務めた梅原は、著書『日本学の哲学的反省』の中で日本学について次のように述べている。梅原は日本学の研究対象は国学のものとほとんど同じであると主張する。

この日本学というのは、だいたい今まで日本の学問の伝統におきまして、国学といわれた学問とほぼ研究の対象を同一とすると考えていただいて差しつかえありません。(4)

もちろん、この引用した部分の後で、梅原は国学という言葉にはナショナリスティックな面が含まれるので、そのことを考慮して、研究対象はほぼ同じであるがあえて日本学という言葉を使用すると宣言している。すなわち、梅原によると、国学から国粋主義の部分を除去すれば少なくとも研究対象に関しては日本学と国学は同一になり得るのである。
また、国学と日本研究全般との関係については、日本の文学や思想を研究している田中康二は、次のように現代の日本研究のルーツは国学にあると述べる。

「国学」とは江戸時代中期に発祥した学問で、日本古代の言葉や文化、あるいは日本固有の精神を研究する学問のことである。それは国文学や国語学、日本史学や民俗学、あるいは宗教学や思想史学など、およそ日本に関わるあらゆる学問の基礎となっている。だから、現代の日本研究のルーツは国学にあると言っても決して言い過ぎではない(5)。

要するに、日本の古代の言葉、文化、思想などを研究する自生の学問が江戸時代に国学として発展し、それが明治時代になるとおよそ日本にかかわるあらゆる学問、たとえば、国語学、国文学、国史学などの近代的な学問に発達する基礎になったという。そこで、田中によると、日本のことを研究する〝現代の日本研究〟のルーツは国学にあるということになる。明治時代の研究者芳賀や近年の研究者梅原や田中などが指摘するように、いわゆる〝日本学〟、〝日本研究〟の源流をたどれば必ず国学に行き着くのである。

シーボルト

ここでは、英国三大日本学者が代表する近代の日本学と国学との関係とか、または日本研究全般と国学との問題などをひとまず据え置いたままにして、また話題を日本研究全般の歴史の問題に戻すことにする。もちろん、サトウ、アストン、チェンバレンなどの英国の日本学者たち以前にも、日本を研究し日本のことを海外に紹介した日本研究者（外国人）は何人もいた。その典型はフィリップ・フランツ・フォン・シーボルト（一七九六―一八六六）であった。シーボルトは日本の事物を収集しヨーロッパに伝えると同時に、三部作『日本』、『日本植物誌』、『日本動物誌』を出版して日本についての情報を世界に広めるのに大きく貢献した。特に代表作『日本』は日本に関する百科事典的な役割を果たした。ただし、そのシーボルトと日本語書籍（和古書）との関係については、次のようなことを指摘することができる。彼が日本語書籍を収集し所蔵していたことは確かであるが、彼自身が自分でそれらをきちんと読解したという訳ではなかった。また、シーボルトは日本語の研究そのものは弟子のヨハン・ヨーゼフ・ホフマンにまかせることにした。そのシーボルトの弟子ホフマンは、後年オランダのライデン大学の初代日本学の教授に就任した。彼は西欧における最初の日本学の大学教授であった。もちろん、シーボルトは自分の日本研究のために日本語書籍を入手し、それらを日本人の助手たちに読ませて文献情報を得ることはしていた。しかし、自分自身で日本語書籍などを熟読し日本研究を進展させたというのではなかった。

シーボルトは後年欧州の博物館などに収蔵されることになる日本の資料（美術品や骨董品などを含む種々の事物）と一緒に、和漢古書などの日本語書籍や地図も積極的に収集し、ヨーロッパに持ち帰った。それらの書籍類は最終的には大英博物館図書館（現在の英国図書館）を初めとするヨーロッパの図書館などに収蔵された。シーボルト自身の日本研究に関しては、それらの書籍（和漢古書）は知識・情報を伝達する手段として扱われたというよりも、どちらかといえば日本の事物そのもの、または視覚情報が含まれる入れ物（器）などとして使用された。西洋の書籍と形態や材料などで明らかに異なる和漢古書は、彼にとっては図書館の資料であると同時に、いわゆる博物館の資料にもなり得る存在であった。日本語書籍（和漢古書）も〝もの〟として扱われたということもできる。

初期ドイツ派と英国派

英国三大日本学者のひとりであるチェンバレンは、自著『日本事物誌』の中でシーボルトの日本研究について次のような評価を下している。ある意味ではチェンバレンの『日本事物誌』は、日本に関する百科事典的な役割を担う出版物として、シーボルトの『日本』の役割を引き継いだ刊行物であると考えることもできる。その『日本事物誌』に掲載された記事の中で、チェンバレンはシーボルトたちの日本研究を次のように批評した。それは、チェンバレンが日本に関する知識を世界に広めたケンペル、ツンベルグ、シーボルトなどの初期ドイツ派の研究者たちの貢献について述べた部分である。チェンバレンは初期ドイツ派の学者の中では、もちろんシーボルトが最も偉大であると見なしていた。

ケンペル、ツンベルク、シーボルト（そしてラインさえも）などに代表される初期ドイツ派の研究者達に見出される唯一の弱点は、歴史や言語の問題について批判的能力が不充分であるということである。確かに、日本の原資料に当ってみるだけでは充分ではない。日本の原典そのものも、きびしい批判の下にさらさなければならない。この仕事がなされるのは、サトー、アストン、そしてマードックに代表される英国派を待たなければならなかった。彼らは日本語を科学的正確さをもって調査し、ケンペルやその追随者達が鵜みにした歴史と称するものが、実はたわい無い言い伝えを集めたものにすぎない、ということを一歩一歩証明したのであった。[6]

バジル・ホール・チェンバレン

以上の引用部分では、チェンバレンは自分を英国派の中に含めていないが、もちろんサトウおよびアストンと並んで英国派を代表するのはチェンバレン自身であった。

ジェームズ・マードックは、チェンバレンたちよりも少し遅れて登場した日本研究者で、『日本史』の三部作で有名である。ドイツ派に含まれているユハネス・ユストゥス・ラインは、チェンバレンなどとほぼ同じ世代のドイツの学者で、地理学などの分野で活躍した。ドイツ派の先駆者たち同様、彼も日本語読解能力は取得しなかった。ラインはサトウ、アストンそしてチェンバレンのように自分で日本語書籍を読解して日本研究を進めたのではなかった。

チェンバレンによれば、初期ドイツ派と英国派を大きく区別するのは日本語文献を批判的に利用する能力、すなわち研究者が日本語資料を自分自身で読解し、それらを厳しい批判の下で使用することができる能力の有無であった。簡潔にいえば、日本語読解能力の有無である。日本人の協力者や助手などに頼る方法では、日本の原資料をきびしい批評の下にさらすことができないというのである。チェンバレンにしたがえば、初期ドイツ派は十分なる日本語読解能力を持っていなかったが、英国派はそれを獲得し日本研究の段階を大きく発展させたのである。実際の日本研究の歴史が示すように、英国人日本研究者たちが日本語読解能力を獲得した結果、外国人による本格的な日本研究がはじめて開始されたのである。実は、この外国人による日本語読解能力獲得の部分と日本の自生的な学問である国学が、アーネスト・サトウなどを介して連結することになる。英国三大日本学者たちは日本語を習得し、さらに、自分たちで日本語そのものを研究する過程で国学に遭遇したのであった。というのは、まだ近代的な学問の段階には到達していなかったかもしれないが、当時（幕末・明治初期頃まで）の日本で、日本語について本格的に研究していた学問は唯一国学ぐらいしかなかったのである。当然外国人の日本研究者が日本語読解能力を獲得し、日本語そのものを研究しようとすれば、遅かれ早かれ国学に遭遇することになったのであろう。

英国派は日本語を習得

ここで、サトウ、アストンそしてチェンバレンの英国三大日本学者がなぜ日本研究を始めるようになったのか、そのあたりの事情とか時代的な背景などについて簡単に説明を加えてみたい。日本研究の歴史を遡る場合、まず日本が置かれていた時代背景を把握する必要がある。英国の三大日本学者との比較で、まず最初に初期ドイツ派の三人であるケンペル、ツンベルク、シーボルトの場合を取り上げてみる。この三人はいずれも江戸時代に長崎の出島に滞在した。この三人は出島を基点にして日本のことを研究したので、出島三大学者といわれる。日本はよく知られているように江戸時代に鎖国体制を敷き海外との交渉を制限した。西洋諸国の中では、唯一オランダだけが出島を拠点として日本と接触を保つことができた。初期ドイツ派の日本学者による研究は、そのような出島をめぐる状況を背景にして生まれたのである。初期ドイツ派の日本研究と鎖国で国を閉じている日本の状況は密接に関係していた。鎖国状態だったので、初期ドイツ派がもたらす日本情報は海外では大変貴重であったのである。

ペリーの黒船来航により、日本は一八五四（嘉永七）年に開国した。開国後、日本が外国との交

アーネスト・メイソン・サトウ

渉で使用することができた外国語は唯一オランダ語だけであった。たとえば、英国が日本と交渉する場合には、英語と日本語の間にオランダ語を介在させる必要があり、そのため日本に置かれていた英国公使館ではオランダ語がわかる職員を雇用していた。そこで、英国は自国の公使館の職員（外交官・領事官）に日本語を学ばせ、日本側とはオランダ語を介さず直接日本語で交渉することとした。そのために、有能な若者を通訳生としてわざわざ日本に派遣したのである。その最初の通訳生がアーネスト・サトウであり、サトウの後に続いたのがアストンであった。サトウはユニヴァーシティ・カレッジ・ロンドン（ロンドン大学）、アストンはクイーンズ大学ベルファーストを卒業した優秀な若者であった。両者は英国公使館の領事官（外交官）として働きながら、日本学者の道を歩み始めるのである。ふたりにとっては、日本語の能力を習得することは仕事の一部でもあり、また彼らは非常に優秀であったので、日本語をすぐに自分のものにして、日本語書記官などに出世した。もちろん、サトウたちが日本語を習得し、特に日本語の読解力を獲得したことは、結果として彼らの日本研究の発達に大きく貢献した。また、逆に日本研究を進めることは彼らの日本語能力の向上にも大変役立ったのである。サトウとアストンは幕末にすでに来日していたが、チェンバレンは少し遅れて明治初年に来日した。チェンバレンは築地の海軍兵学寮（後の海軍兵学校）でお雇い外国人として英語を教えながら、同時に日本語を習得し、早速日本学者として活躍することになる。日本学者としてのチェンバレンの上達も、サトウやアストン同様驚くほど早かった。後述するように、『古事記』を英訳したチェンバレンは一八八八（明治二一）年には帝国大学（東京帝国大学）の日本語学および博言学（後の言語学）の初代教授（教師）に就任することとなった。

ケンブリッジ大学図書館

序章ですでに言及したように、本書では日本研究の歴史を溯る手段としてケンブリッジ大学図書館の蔵書を取り上げる。特に、ケンブリッジ大学図書館が所蔵する和漢古書（日本語の古典籍）のコレクションを通して、国学から日本学へと移行する日本研究の歩みをたどってみたい。後述するように、ケンブリッジ大学図書館の蔵書はアストン・サトウ・シーボルト・コレクションと呼ばれ、ウィリアム・ジョージ・アストン、アーネスト・メイソン・サトウ、ハインリッヒ・フィリップ・フォン・シーボルトの旧蔵書で構成されている。本書はそのアストン・サトウ・シーボルト・コレクションを捜索し、国学から日本学へと移行する日本研究の歩みを調べる糸口を見つけようとする試みである。もし、旧蔵書の中にアストンやサトウなどの興味深い日本研究の来歴が詰まっているならば、それを明らかにし紹介してみたい。ケンブリッジ大学図書館の和古書コレクションが照らし出す範囲は、日本研究の歴史でいえばまさに英国派の興隆期にあたるのである。具体的にいえば、幕末・明治期（主に明治期）に英国三大日本学者であるサトウ、アストン、チェンバレンたちが日本語読解能力を獲得し、日本研究の段階を一段高めることになる時代に相当する。その英国派の発展期である明治時代に収集され、その明治時代が終焉する頃にケンブリッジ大学図書館に収蔵されたのがアストン・サトウ・シーボルト・コレクションであった。本書では、そのケンブリッジ大学図書館の日本語コレクションをひとつの手段として日本学の履歴を探索してみたい。ケンブリッジ大学図書館所蔵の和漢古書がはたして日本研究の歴史を調べる手がかりとして適当であるのかどうかについては、疑問の余地も残されているが、その点は本書全体を通して証明することにする。

ケンブリッジ大学図書館はケンブリッジ大学における研究のための資料や情報を提供する研究図書館である。ケンブリッジ大学内には、大学図書館、学部図書館、研究所図書館、カレッジの図書館など全部で一〇〇館近い図書館がある。ケンブリッジ大学図書館は、その中ではいわゆる〝大学図書館〟に当たる。ケンブリッジでは単に〝大学図書館〟と呼ばれる。日本の大学に多い中央図書館とか附属図書館という呼称は使われていない。また、ケンブリッジ大学図書館は英国の納本図書館のひとつでもあり、そのサービスの中には国立図書館（別のいい方をすれば全国的な規模のサービスを提供する研究図書館）という要素も含まれている。ケンブリッジ大学図書館の利用者は、必ずしもケンブリッジ大学の職員や学生だけに限定されていない。他の大学の研究者や学生も利用することができる。研究図書館という役割では、ケンブリッジ大学図書館は英国図書館やオックスフォード大学ボードリアン図書館などと並ぶ英国の重要な図書館のひとつである。

また、ケンブリッジ大学内では、日本語教育や日本研究はアジア・中東学部で行われている。いわゆる日本学科に相当するものがアジア・中東学部に置かれている。そのアジア・中東学部は、以前には東洋学部または東洋言語学部と呼ばれた時代もあった。アジア・中東学部にも図書館（学部図書館）が設置されている。一般的にいえば、研究のための資料や情報を提供する大学図書館に対して、学部図書館の役割は教育のためのサービスを提供することである。そこで、日本研究や日本語教育については、アジア・中東学部図書館は教育のための図書館サービスに重点を置いている。日本語の書籍や雑誌（日本語コレクション）については、日本研究のための図書館資料という要素が強いので、大学図書館（ケンブリッジ大学図書館）が中心となって収集している。すなわち、ケンブリッジ大学における日本語コレクション（日本研究のための資料）はアジア・中東学部図書館に設置されているのではなく、ケンブリッジ大学図書館の中に置かれているのである。

注
（1）W・G・アストン著／芝野六助訳補『日本文学史』（「国訳アストン氏日本文学史序」大日本図書、一九〇八年）一頁。
（2）同前、四頁。
（3）山本正秀、渡辺秀『国学論』（三笠書房、一九三九年）三頁。
（4）梅原猛『日本学の哲学的反省』（講談社、一九七六年）一二頁。
（5）田中康二『国学史再考――のぞきからくり本居宣長』（新典社、二〇一二年）七頁。
（6）B・H・チェンバレン著／高梨健吉訳『日本事物誌』（二、平凡社、二〇〇四年）二一〇―二一一頁。

ハインリッヒ・シーボルトと日本研究

ケンブリッジ大学図書館に多数の日本語書籍が入ったのは、一九一一（明治四四）年のことであった。同年に二回に分けて日本語書籍のコレクションが収蔵された。もちろん、それ以前にもごくわずかな数の日本語書籍は所蔵されていたが、ケンブリッジ大学図書館が本格的に日本語コレクションの収集を開始したのは一九一一（明治四四）年のことであった。同年がケンブリッジ大学の日本語コレクションにとっては収集元年にあたる。まさに明治時代が終了する時点で、大量の日本語文献がケンブリッジに収蔵されたのである。まず、同年、マリア・ダヴィーダ・カーペンター女史からハインリッヒ・フィリップ・フォン・シーボルト旧蔵の七二一冊の日本語書籍がケンブリッジ大学図書館に寄贈された。(1) これが一九一一（明治四四）年に二回に分けて収蔵された日本語書籍コレクションの第一回目にあたる。

ハインリッヒ・フィリップ・フォン・シーボルト（一八五二―一九〇八）は、すでに日本研究の歴史の部分で言及したフィリップ・フランツ・フォン・シーボルトの次男である。ハインリッヒは日本滞在中にすでに日本人女性と結婚して子供もあった。彼は晩年ヨーロッパに戻った後、英国の婦人（未亡人）オイフェミア・カーペンターと結婚した。マリア・ダヴィーダ・カーペンター女史はその婦人と先夫ウォーリス・カーペンター少佐の間に生まれた娘で、ハインリッヒは彼女の義父にあたる。ハインリッヒは五六歳で一九〇八（明治四一）年に死亡した。続いて、同年に彼の未亡人オイフェミアも死亡した。そこで、ハインリッヒの継子であるマリア・ダヴィーダ・カーペンター女史がハインリッヒの旧蔵書を引き継いだのである。カーペンター女史は最初ハインリッヒの日本語コレクションをケンブリッジ大学とかオックスフォード大学などに売却する意図を持っていたと思われるが、最終的にはケンブリッジ大学図書館に寄贈することにした。(2) もしかすると、彼女のハインリッヒ旧蔵書の処分はアーネスト・サトウの助言にしたがった結果かもしれない。

ハインリッヒ・シーボルトはまだ一〇代の時に兄アレキサンダー・フォン・シーボルトの後を追って来日した。その後、オーストリア・ハンガリー帝国の公使館で通訳官・外交官などとして勤務した。また、日本学者としても彼は黎明期の考古学や民族学などの分野の発展に貢献した。さらに、外国の要人などが訪日した際に日本旅行の案内人をしたり、また日本の骨董品の収集・販売・輸出などの分野でも活躍した。彼は外国人のための骨董商のような役割を果たしていたのである。日本研究で有名な父親のフィリップ・フランツ・フォン・シーボルトが大シーボルトと呼ばれるのに対して、次男のハインリッヒは小シーボルトと呼ばれる。また、兄アレキサンダー（大シーボルトの長男）は在日英国公使館に八年ほど通訳などとして勤務した。その後、アレキサンダーは一八七〇（明治三）年から明治政府にお雇い外国人として雇われ、外交関係などの分野で活躍した。シーボルト兄弟と明治政府との関係については、弟のハインリッヒも明治政府に雇われ、日本政府の委員（正式には国内委員会の連絡員）として明治六（一八七三）年に開かれたウィーン万国博覧会にも参加した。明治政府に雇われる前のことであるが、兄アレキサンダーは幕末から勤務していた英国公使館ではアーネスト・サトウなどの同僚に当たる。

日本学者としてのハインリッヒ・シーボルトの話題に戻ると、彼は考古学関係では大森貝塚などの発掘に携わり、ヨーロッパの博物館が日本の資料を収集するのに協力した。前述したように、ハインリッヒは海外向けの骨董商のような仕事に携わっていたのである。エドワード・モースにより本格的に発掘された大森貝塚は、日本で最初に発見された貝塚として有名であるが、ハインリッヒも同時期に大森貝塚やその周辺の貝塚などを発掘している。彼はそれらの貝塚を残したのは日本の先住民族であると理解し、その日本の先住民族にはアイヌ民族などを想定していた。そこで、ハインリッヒの研究は日本の民族起源論やアイヌの民族学的研究に向かうことになる。後者については、ドイツ語の学術論文や報告書などにその研究成果を発表した。後年、それらの論文は日本語に翻訳され、単行本にまとめられ『小シーボルト蝦夷見聞記』[3]として出版された。一方、考古学関係の著書としては、彼は英文の *Notes on Japanese Archaeology*（『日本考古学覚書』）や日本語書籍の『考古説略』を出版した。後者は日本語による最初の考古学についての単行書であり、考古学という言葉を日本語の学術用語として広めたといわれる。また、ハインリッヒは既述したように日本がウィーン万国博覧会に参加した事業にも関係し、そのための国内委員会の連絡員に起用され、明治政府によるウィーン万国博覧会の準備に貢献した。そのウィーン万国博覧会に先立ち、彼は一八七二（明治五）年に町田久成や蜷川式胤などと一緒に文部省博物局主催の博覧会を開いたが、これが東京国立博物館の始まりとされている。

蜷川式胤は明治初期に古美術行政の分野で活躍した。当然、海外に日本の美術品などを持ち出す骨董商のような仕事をしていたハインリッヒとは昵懇の間柄であった。ハインリッヒはその蜷川から日本語の古書などを贈呈されたことがあった。実は、彼が受け取った次の五点の古書がケンブリッジ大学図書館に所蔵されている。(4)

『神字日文伝』平田篤胤著
『古刀・古鏡・古瓦等図録』（仮題）蜷川式胤編
『神武帝山陵土器図説』蜷川式胤著
『観古図説』蜷川式胤著
『大坂夏ノ図』

これらの古書は、カーペンター女史から寄贈された七二一冊の中の一〇冊分に相当すると考えられる。その中の二点は、もともと蜷川がハインリッヒを通じてドイツの博物館に寄贈しようとしたものであろう。五点の古書は、平田篤胤著『神字《かんな》日《ひ》文伝《ふみのつたえ》』や『大坂夏ノ図』を除いて（後者の場合は歴史資料であるが、同時に美術資料と見なすことも可能）、ハインリッヒが得意とする古美術や考古学関係の書籍であった。後述するように、彼は漢字をほとんど勉強しなかったようなので、そのようなハインリッヒに蜷川がわざわざ平田篤胤の神代文字についての書物を贈呈したのも、後から考えると皮肉な取り合わせであったかもしれない。ハインリッヒはもともと朝鮮にも興味を抱いていたので、朝鮮のハングルに似ている神代文字（阿比留文字）を記した平田篤胤の『神字日文伝』に関心を払っても不思議ではなかったかもしれない。ちなみに、ケンブリッジ大学図書館は全部で五点の平田篤胤の『神字日文伝』を所蔵している。単に同じ書物をもう一点余分に所蔵しているだけではなく、同じ書籍を全部で五点所蔵しているのである。

ハインリッヒ・シーボルトは若くして日本語を学び、彼の日本語能力は大変勝れていたようである。「彼ほど日本語をマスターしたヨーロッパ人はいなかった」といわれるほどであった。[5] しかし、ハインリッヒは「日常語（口語）に卓抜した知識がある」が、「日支（日本語と中国語）の文章語の知識に不可欠の漢字を習得する努力を少しもしなかった」といわれる。[6] ハインリッヒは日本語を習得し、その口語能力はすばらしいと評価される一方、漢字はほとんど勉強しなかった様子なのである。[7] そこで、彼が日本語の書籍をどの程度きちんと読解していたのかについては疑問の余地がある。事実、ハインリッヒの日本語読解能力については次のような結論が下されている。「彼は日本語を上手に話せても漢字は読めなかったので、日本についての単なる骨董趣味とか物知りと思われていたのである」。[8] すなわち、彼は和漢古書などを読解する日本語能力を獲得していなかったのである。英国公使館で通訳を勤めていた兄アレキサンダー・シーボルトについても、似たような見方がある。アレキサンダーも弟のハインリッヒ同様日本語の口語能力は称賛されていたが、彼の日本語の識字能力についてはかなり低い評価を受けていたようである。同じ英国公使館の同僚であったアーネスト・サトウは、アレキサンダーが「日本語を読めなかったことはまちがいないし、いわんや書くことはできなかった」と自分の日記に書いていた。[9] そのサトウは条約交渉予備会議で同席した弟ハインリッヒの日本語能力についても、「日本語は多少しゃべれる程度で、とくによくできるわけではな[10]い」とかなり厳しい評価をしている。以上のような批判的な所見からわかるように、ハインリッヒ・シーボルトは日本学者としての日本語書籍読解能力をほとんど持ち合わせていなかったといえる。たとえ彼にその能力が少しはあったとしても、それはあまり高いものではなかったことは確実であった。そのことは、ケンブリッジに寄贈されたハインリッヒ旧蔵日本語古書の内容にも反映されていると推測することができそうである。

ハインリッヒ・シーボルト（小シーボルト）の父親、フィリップ・フランツ・フォン・シーボルト（大シーボルト）は日本研究の先駆者のひとりであった。しかも、最も偉大な開拓者であった。すでに述べたように、大シーボルトの業績は『日本』、『日本植物誌』、『日本動物誌』などの著作で代表される。彼の日本研究における主要な貢献は、日本に関する百科事典的な知識および日本の動植物などを西洋に紹介した点であると見なすことができる。当時においては、シーボルトの大著『日本』はまさに日本に関する〝エンサイクロペディア〟の役目を担っていたのである。さらに付け加えると、大シーボルトの日本学に対する寄与としては、彼がヨーロッパに持ち帰ったコレクションが果たした役割が大変重要であった点である。ヨーロッパの博物館などは、彼のコレクションを契機に日本の事物（博物館資料）を収集することになったのである。以上のことからわかることは、時代的な背景の影響も大きく貢献しているが、シーボルトの日本研究はどちらかといえば博物館的な要素が強いものであった点である。それに付け加えて、ハインリッヒ（小シーボルト）はもともと「博物館学のフィールドにおいては父の良き弟子であり後継者であった」[11]といわれる。そこで、小シーボルトは彼自身の日本研究のあり方においても、当然大シーボルトの方法などを引き継いでいたと想像することができる。父親の場合同様、ハインリッヒの日本研究も博物館的な要素が強いものであったと想像することができる。そのため、彼にとって日本語の読解能力はそれほど必要ではなかったかもしれない。

以上のような事情を考慮にいれると、ハインリッヒ・シーボルトの日本語コレクションはアストンやサトウ旧蔵の和漢古書と同時期にケンブリッジ大学図書館には収蔵されたが、図書館資料としては、日本語読解能力を駆使して発展させた日本研究、すなわち幕末・明治以降に急速に進歩した日本研究の歴史との関連では、その存在感は比較的希薄であったかもしれない。大シーボルトの〝遺産〟を引き継いだ小シーボルト（ハインリッヒ）の日本研究についても、初期ドイツ派の研究者たちに見られる短所を受け継いでいたと見なすことができるであろう。さらに、日本研究のための日本語書籍に引き付けていえば、そのことはハインリッヒが自分でそれらの日本語の書物をきちんと読解していなかった点に典型的に表れているように思われる。日本語読解能力を苦労して獲得し、日本語書籍を批判的に熟読しながら日本研究を推進させたサトウ、アストンそしてチェンバレンたちに比べると、ハインリッヒは日本語書籍（和漢古書）を多数収集していたかもしれないが、日本語書籍に含まれる本文（中味）をきびしく批判的に利用したのではなかった。明治時代に入ると、彼の父親（大シーボルト）の時代とは異なり、自分自身で日本語読解能力を獲得しかつそれを十分に駆使しないと、一流の日本学者にはなれなかったのであろう。時代は進み、すでに日本研究のあり方も、ハインリッヒの時代には父親の大シーボルトの時代とは様変わりしていたのである。

アストン・サトウ・シーボルト・コレクション

また、話題をケンブリッジ大学図書館が受け入れた日本語コレクションの歴史に戻す。ハインリッヒ・シーボルトの旧蔵書に続いて、同じ一九一一（明治四四）年に、ケンブリッジ大学図書館はウィリアム・ジョージ・アストンの遺族からおよそ一九〇〇点、九五〇〇冊の日本語書籍を購入した。[12]これが一九一一（明治四四）年に二回に分けて収蔵された日本語書籍コレクションの第二回目にあたる、大量の和漢古書の購入であった。その時の購入値段は二五〇ポンドであった。これを現在の日本円に直すとおよそ四六〇万円に相当し、大量の書籍の購入価格としては非常に廉価であった。実は、ケンブリッジ大学図書館がアストンの遺族から購入した日本語書籍の大部分、正確にいえば八二パーセントは、もともとアーネスト・サトウからアストンに譲られたものであった。[13]また、サトウ自身も、自分で所蔵していた日本語書籍などを、翌年の一九一二（大正元）年には三七一点、[14]翌々年の一九一三（大正二）年には六二冊、[15]それぞれケンブリッジ大学図書館に寄贈した。

アストンのコレクションについては以上のような経緯はあったが、いずれにしても、アストンの遺族から購入した和漢古書の収蔵は、ケンブリッジ大学図書館の日本語コレクションにとっては、ある意味では記念碑的な出来事であった。

ケンブリッジ大学図書館が近・現代の日本語書籍（明治以降に出版された書籍）を大量かつ組織的に購入するようになるのは、第二次世界大戦後のことになる。それは、ケンブリッジ大学における日本語教育および日本研究の本格的な開始と密接に関係していた。いずれも、日本研究を含む東洋研究などを推進することを勧告した〝スカーブラ報告〟が一九四七（昭和二二）年に出され、それにより英国政府から多額の資金がケンブリッジ大学を含む英国の大学に提供された結果であった。その意味では、ケンブリッジ大学における日本語教育・日本研究に直接関係する近・現代の日本語コレクションがケンブリッジ大学図書館で本格的に収集されるのは、第二次世界大戦後を待たなければならなかったというべきである。近・現代の日本語の研究資料（図書と雑誌）に限っての話では、確かに第二次世界大戦後が開始点であったといえる。しかし、前述したように、ケンブリッジ大学図書館が最初に大量の日本語書籍（和漢古書）を収集したのは一九一一（明治四四）年、一九一二（大正元）年および一九一三（大正二）年のことであった。この三ヶ年が、ケンブリッジ大学図書館にとっては日本語古書（和漢古書）の大部分またはほとんどが搬入された時期であった。それらの多数の和漢古書が寄贈や購入などを通じて到来したのは、ケンブリッジ大学図書館にとっては画期的な収蔵であり、同館における日本語コレクションの誕生を意味した。そして既述したように、その三年間の最初にあたる一九一一（明治四四）年がまさに日本語コレクション収集の元年であったのである。

以上のような日本語古書（和漢古書）の入手の来歴から、すでに述べたように、ケンブリッジ大学図書館が所蔵する日本語古書（和漢古書）のコレクションは、ウィリアム・ジョージ・アストン、アーネスト・メイソン・サトウそしてハインリッヒ・フィリップ・フォン・シーボルトの三人の旧蔵者の名前にちなみ、アストン・サトウ・シーボルト・コレクションと呼ばれる。一九九一（平成三）年には、そのケンブリッジ大学図書館が所蔵する日本語古書（和漢古書）のコレクションの冊子体の目録として、林望、ピーター・コーニツキー共編『ケンブリッジ大学所蔵和漢古書総合目録――アストン・サトウ・シーボルト・コレクション』（*Early Japanese Books in Cambridge University Library: A Catalogue of the Aston, Satow, and von Siebold Collections*）[16]が出版された。その林望、ピーター・コーニツキー共編『ケンブリッジ大学所蔵和漢古書総合目録』には、二四七四点の和漢古書が掲載されている。この林望およびピーター・コーニツキーの冊子体の目録によって、アストン・サトウ・シーボルト・コレクションの本格的な利用が可能になった。また、同コレクションの全容も明らかになった。二〇世紀の初めに収蔵された和漢古書の蔵書は、同じ世紀の終盤にいたり本格的に利用できる状態に高められたのである。本書の研究もこの『ケンブリッジ大学所蔵和漢古書総合目録』に依拠している。

旧蔵者別の内訳と蔵書印

この『ケンブリッジ大学所蔵和漢古書総合目録』に掲載されている二四七四点の和漢古書を旧蔵者別にその割合を調べてみると、一応次のような結果を得ることができる。これはあくまでも目録掲載の書籍点数などをもとにした概算である。書籍の冊数などを考慮に入れると、また別の数字が出るかもしれない。下記する旧蔵者別の割合は、書籍点数などを基礎にして割り出されたもので、単なる目安として理解していただければありがたい。その割合の概数を出すのには、当然次に詳しく説明する『ケンブリッジ大学所蔵和漢古書総合目録』に掲載されている蔵書印などの記述を参考にした。その蔵書印に関する記述によって、旧蔵者別の割合などを推定することはそれなりに複雑である。それはそれほど単純な話ではないのである。たとえば、旧蔵者が複数にわたる場合もある。また蔵書印そのものはないが、ある程度旧蔵者を推定することができる場合もありうる。そこで、以下に示す割合は以上のような種々の事情などを考慮して割り出した数字なので、ある意味では大変大まかなものである。

サトウ　　：七二パーセント前後？　いずれにしても七割以上。
アストン　：一五—一六パーセント前後？　いずれにしても一割五分以上。
シーボルト：一〇パーセント強か？　いずれにしても一割以上。

以上の大まかな割合を概算したもとになったのは、すでに述べた蔵書印などのいわゆる〝印記〟についての情報である。そこで、次にその〝印記〟について『ケンブリッジ大学所蔵和漢古書総合目録』を利用して詳細な説明を加えてみたい。『ケンブリッジ大学所蔵和漢古書総合目録』に掲載されている書籍のうち、アストン、サトウ、シーボルトなどの蔵書印等がある場合、同目録では下記の略号によって表示されている。(17) さらに付記すると、既述したように同目録掲載書籍には、これらの略号が付されていない書籍もあるし、また一点の書籍に複数の略号があるものも存在する。いずれにしても、蔵書印などで判明する限りでは、同目録に掲載されている書籍の旧蔵者が以下のような略号によって明記されている。


「S」：「英国薩道蔵書」の印記があるもの。薩道はサトウのことである。サトウ旧蔵書。

「Sa」：サトウが一九一二（大正元）年と一九一三（大正二）年にケンブリッジ大学図書館に寄贈したもので、同館の受入ラベルがあるもの。サトウ旧蔵書。

「A」：「CUL Aston Collection 1911」というケンブリッジ大学図書館の受入印があるもの。CULはケンブリッジ大学図書館のことである。ケンブリッジ大学図書館が一九一一（明治四四）年にアストンの遺族から購入した書籍を意味する。

「As」：「英国阿須頓蔵書」の印記があるもの。阿須頓はアストンのことである。アストン旧蔵書。

「Si」：ハインリッヒ・シーボルトの旧蔵書。シーボルトの蔵書票がある。

「L」：スチュワート・ロックハートの旧蔵書。彼のサインがある蔵書。ほとんどが漢籍である。ロックハートは英国植民地省の官僚で、美術品収集家、中国学者などとして活躍した。


以上の『ケンブリッジ大学所蔵和漢古書総合目録』に掲載されている旧蔵書の〝印記〟について、さらにもう少し詳しい解説を加えてみたい。まず、「S」と「Sa」は明らかにサトウ旧蔵書である。また、「As」も確実にアストン旧蔵書である。「Si」と「L」はそれぞれ、シーボルトおよびロックハートの旧蔵書である。以上の五つの略号は、明白に旧蔵者を表示しているので話は簡単である。多少見落としがあるかもしれないが、筆者が『ケンブリッジ大学所蔵和漢古書総合目録』に掲載されている二四七四点を簡単にチェックしたところ、「Si」がある書籍点数は全部で二六五点ほど、「L」がある書籍は二七点ほどである。二四七四点全体における割合は、それぞれ一割強、一パーセント強である。以上の数字はあくまでも書籍点数で、書籍の冊数ではない。書籍点数は書籍のタイトル数に近いものと考えていいであろう。

蔵書印についてある程度詳しい説明が必要なのは、実は「A」である。「A」はケンブリッジ大学図書館が一九一一（明治四四）年にアストンの遺族から購入した書籍であることを表示している。そこで、「A」は一九一一（明治四四）年にケンブリッジ大学図書館が購入した時点では、アストン旧蔵書ということは確実であるし、その点に関してはまったく問題はない。そこで、その意味で「A」はアストン旧蔵書であることを示していると見なしても間違いではない。ただし、既述したように、「A」の中には多くのサトウ旧蔵書が含まれている。その割合は八二パーセントに上る。そこで、アストン・サトウ・シーボルト・コレクションの中で、アストンなりサトウの本来の旧蔵書を特定したい場合には、「A」の情報だけでは不十分なのである。すなわち、「A」にはアストン旧蔵書とサトウ旧蔵書の両方が含まれているのである。ただし、両方の旧蔵書を含む「A」についても、実はアストン旧蔵書とサトウ旧蔵書を区別する方法があるのである。

ケンブリッジ大学図書館がアストンの蔵書を一九一一（明治四四）年に入手した時点で、購入した書籍には、アストン自身が書名、著者、刊行年、内容などを記した紙片（付箋）が付けられていた。柳田国男の『石神問答』のところで言及した紙片である。その紙片についても、複数あった可能性が考えられるが、しかしここでは話を簡単にして、一応それぞれの書籍に紙片が付されていたとする。ケンブリッジ大学図書館では、それらの紙片を集めて台紙に貼り付け、その台紙を二冊の洋装本として、一九一二（大正二）年六月と七月に製本した。その大型の二冊本がCatalogue of W. G. Aston's Collection of Japanese Booksという題名のアストンの蔵書目録である。このアストン蔵書目録に記載されている書籍が、「A」の印記が付された書籍を意味するのである。「A」がある書籍と二冊本のアストン蔵書目録に記載されている書籍は、同じ書籍を表すと見なしてほぼ差し支えはないであろう。もちろん、わずかな相違は存在するかもしれない。実は、そのCatalogue of W. G. Aston's Collection of Japanese Booksに貼り付けられている紙片の情報を調べると、アストンなりサトウの本来の旧蔵書を特定することができるのである。すなわち、Catalogue of W. G. Aston's Collection of Japanese Booksに掲載されている書籍のうち、サトウ旧蔵書には「S」の印が付されているのである。そして、「S」がある書籍はサトウ旧蔵書であり、「A」がある書籍の中で、サトウの旧蔵書の割合が八二パーセントに上るのである。一方、「A」がある書籍の中で、アストンの旧蔵書の割合は一八パーセントになる。

アストン・サトウ・シーボルト・コレクションの旧蔵書を整理すると、「S」と「Sa」および「A」の八二パーセントがサトウ旧蔵書である。厳密にいえば「S」は八二パーセントの「A」や「Sa」とオーバーラップしている可能性もある。そして、「As」と「A」の一八パーセントがアストン旧蔵書である。サトウの旧蔵書の場合と同じように、厳密にいえば「As」は一八パーセントの「A」とオーバーラップしている可能性もある。ここでは話をわかりやすくするため、オーバーラップしている可能性はある程度無視することとする。そして、サトウやアストンの旧蔵書とは別に、「Si」はシーボルトの旧蔵書を表す。既述したように、アストン、サトウ旧蔵書の中でも旧蔵状態を示す印記や蔵書票がないものもありうる。また、ごく少数ではあるが、アストン、サトウ、シーボルト、ロックハート旧蔵以外の和漢古書も『ケンブリッジ大学所蔵和漢古書総合目録』に掲載されている二四七四点の中に含まれている。既述した大まかな旧蔵者別の割合についての概数は、そのような事情も考慮して算出した数字である。繰り返しになるが、旧蔵者の割合の数字はあくまでも概算である。厳密な数字ではない。

シーボルト・コレクションの分類

さて、前述したように、『ケンブリッジ大学所蔵和漢古書総合目録』に掲載されている「Si」の記号が付いた書籍をざっと数えたところ、全部で二六五点に上る。この数字はあくまでも書籍点数の数字で、冊数の数え方からいえば、シーボルト旧蔵書は七二一冊に上る。書籍、特に和書の場合点数と冊数が大きく異なる場合があるが、ここでは書籍点数で話を進めることにする。そこで、一応簡単に数え上げたこれらの「Si」の記号が付いた二六五点の書籍は、確実にハインリッヒ・シーボルトの旧蔵書であるということができる。『ケンブリッジ大学所蔵和漢古書総合目録』に掲載されている書籍は、『内閣文庫国書分類目録』に準じた分類にしたがって配列されている。『ケンブリッジ大学所蔵和漢古書総合目録』の大きな分類項目としては、次のような二一の分野が掲げられている。その二一の項目別にシーボルト旧蔵の二六五点を分類すると、以下のようになる。

(1)総記：8
(2)神祇・附国学：2
(3)仏教：13
(4)キリスト教：2
(5)言語：7
(6)文学：18
(7)音楽・演劇：1
(8)歴史：35
(9)地理：70
(11)政治・法制：21
(12)経済：11
(13)教育：8
(14)理学：10
(15)医学：2
(16)産業：9
(17)芸術：20
(18)諸芸：10

(19) 武学・武術：6
(20) 漢籍：8
(21) 準漢籍：2
(21) 韓籍：2

総計：265

まず、二六五点のシーボルト旧蔵書の分類を詳細に分析する前に押さえておかなければならないことは、以下の点である。ハインリッヒ・シーボルトの日本学者としての業績からもわかるように、どちらかといえば、彼の研究対象は〝もの〟とか〝イメージ〟などに重点を置いていた印象が強い。すでに指摘したように、〝もの〟とか〝イメージ〟が中心になっている点は、小シーボルトが大シーボルト（フィリップ・フランツ・フォン・シーボルト）の日本研究を継承しているような部分である。当然、日本研究における同じような傾向は、彼の旧蔵日本語書籍にも反映していると考えられる。

上記したように、彼の旧蔵書の分類項目で一番多い分野は「地理」である。全部で七〇点が掲載されている。それらはほとんど地図、名所図会、地誌などで、いずれも視覚情報が重要な資料（地図）または書籍ということができる。次に多い分野は「歴史」で、三五点が含まれている。その中には、大坂夏の陣の図、日清戦争の画譜、図絵、画報などが含まれている。また、朝鮮や蝦夷関係などの書籍も目に付く。ハインリッヒはアイヌ、琉球、朝鮮などに強い関心を抱いていたといえる。アイヌ関係については、彼の研究業績の中心を占める考古学や日本民族文化起源論などと関係する。彼は日本民族の文化起源論に興味を持っていたので、その関係でアイヌ、琉球、朝鮮関係の書籍を所蔵していたのであろう。

次に、シーボルト旧蔵書の中で点数が多い分野は「政治・法制」で、二一点が含まれる。この分野では、日本とオーストリア間の条約とか、装束、衣装、衣服、勲章、徽章、賞牌、紋帳、飾馬などに関する書籍が多い。条約などを除けば、いずれも、それらの書籍では図示などが重要な要素になっている。他の分野の書籍でも、容易に似たような傾向を指摘することができる。たとえば、「経済」の分野には一一点の書籍が含まれるが、それらは全部貨幣に関する書籍である。いずれの書籍でも図示の部分が多く含まれている。日本の貨幣や金融制度については、兄アレキサンダー・シーボルトは大蔵省に翻訳官として勤務していた。また、弟のハインリッヒも同じ大蔵省で兄の代理をしていた時期があった。そこで、ハインリッヒは日本の貨幣についての知識もあり、興味も持っていた。また、彼は日本の貨幣を収集し、それらをヨーロッパの貴族などに贈与したこともあった。そこで、多くの日本の貨幣についての書籍がシーボルト旧蔵書に含まれていても不思議ではない。

「芸術」の分野には、二〇点の書籍が分類されている。主題の性質上、ほとんどの書籍が視覚に訴える部分を多く含んでいる。たとえば、画譜、絵巻、画帖、写真帖、図録、図説などがそれに該当する。また、「文学」の分野には一八点が入っているが、その場合でも、題名に絵本、絵草紙などが付く書籍が含まれる。同じように、「産業」の分野では、大工や建具の雛形、家の工法などの書籍が入っており、「諸芸」では、茶器、築庭、華道、料理などの書籍が含まれる。さらに、明らかに図解・図示などが大切であると考えられる「武学・武術」の項目には、六点の書籍が分類されている。一方「神祇・附国学」の項目には、わずか二点の書籍のみが分類され、そのうちの一点には、神社祭式について多色刷の挿画が含まれている。それに対して、一三点の書籍が「仏教」に区分けされている。旧蔵書の分類から見ると、明らかにハインリッヒは神道よりも仏教の方に興味を抱いていたことがわかる。このことは、彼が「大シーボルトが幕末期に入手不可能であった日本の仏教美術コレクションを収集したこと(18)」が、ハインリッヒの業績として注目されるべき点であると認識されていることと何か関係があるかもしれない。

以上のような、ケンブリッジ大学図書館に所蔵されている二六五点のシーボルト旧蔵書についての簡単な分析からも、ハインリッヒ・シーボルトの日本研究の特徴をある程度窺い知ることができる。やはり、ハインリッヒにとって、漢字を含めて日本語の読解能力が不足していたという点は、彼の旧蔵日本語書籍コレクションの内容にも影を落としているということが判明する。

注

（1） Nozomu Hayashi & Peter Kornicki, *Early Japanese Books in Cambridge University Library: A Catalogue of the Aston, Satow, and von Siebold Collections*, Cambridge University Press, 1991. p.41.
（2） Ibid., p.41.
（3） 原田信男、H・スパンシチ、J・クライナー訳注『小シーボルト蝦夷見聞記』（平凡社、一九九六年）。
（4） 林望「蜷川式胤の奇妙な依頼」（『書藪巡歴』新潮社、一九九五年）九二―九三頁。
（5） ヨーゼフ・クライナー「ハインリッヒ・フォン・シーボルト――日本考古学・民族文化起源論の学史から」（『小シーボルト蝦夷見聞記』平凡社、一九九六年）二二九頁。
（6） ハンス・ケルナー著／竹内精一訳『シーボルト父子伝』（創造社、一九七四年）二三七―二三八頁。
（7） ヨーゼフ・クライナー「もう一人のシーボルト――日本考古学・民族文化起源論の学史から」（ヨーゼフ・クライナー編『小シーボルトと日本の考古・民族学の黎明』同成社、二〇一一年）四頁。
（8） 同前、七頁。
（9） 萩原延壽『西南戦争：遠い崖一三――アーネスト・サトウ日記抄』（朝日新聞、二〇〇八年）三四三頁。
（10） 萩原延壽『離日：遠い崖一四――アーネスト・サトウ日記抄』（朝日新聞、二〇〇八年）一七二頁。
（11） ヨーゼフ・クライナー「もう一人のシーボルト――日本考古学・民族文化起源論の学史から」前掲書、一〇頁。
（12） *Cambridge University Reporter*, March 26, 1912. p.790.
（13） 帋尾達哉「アストン旧蔵和書とアーネスト・サトウ――ケンブリッジ大学図書館蔵「アストン和書目録」について・断章」（『地域政策科学研究』四、二〇〇七年）。
（14） *Cambridge University Reporter*, October 22, 1912. p.130.
（15） *Cambridge University Reporter*, May 25, 1914. p.972.
（16） Nozomu Hayashi & Peter Kornicki, op. cit.

（17）Nozomu Hayashi & Peter Kornicki, op. cit., pp.64-65.
（18）ヨーゼフ・クライナー「序文」前掲書、i頁。

アストン・サトウ・シーボルト・コレクションには複本が多い

また、ケンブリッジ大学図書館所蔵の日本語古書の蔵書であるアストン・サトウ・シーボルト・コレクションに戻り、シーボルト旧蔵書に引き続き、同コレクションの大部分を占めるサトウやアストンの旧蔵書について考察を進めたい。既述したように、同コレクションの冊子体の目録として、一九九一（平成三）年に林望、ピーター・コーニツキー共編『ケンブリッジ大学所蔵和漢古書総合目録』が出版された。その目録に掲載されている和漢古書（日本語書籍）を詳細に調べてみると、いろいろと興味深い点が浮かび上がってくる。それらを通じて、ケンブリッジ大学図書館の日本語コレクションと日本研究の問題に迫っていきたい。その過程で、日本研究の歴史的な経過の部分で言及した国学から日本学へと変遷する道筋を指し示す兆候のようなものを見出すことができるかもしれない。

まず、ケンブリッジ大学図書館の蔵書では想像以上に多いのが複本である。もちろん、複本の数そのものは、同じ本であると見なす方法とか定義によりかなり変化する。今回の数え方は、版などの違いをある程度無視しての話であり、また単に複本といっても、同じ本が二部だけではなく、三部以上になる場合もある。いずれにしても、ざっと数えたところ、複本の数は二五六部（セット）に及ぶ。『ケンブリッジ大学所蔵和漢古書総合目録』には二四七四点の書籍が掲載されているが、その中に少なくとも二五六部に及ぶ複本のセットがあることになる。結局、ケンブリッジ大学図書館所蔵のアストン・サトウ・シーボルト・コレクションには、想像以上に多くの同じまたは類似の書籍が所蔵されていることになる。通常、近・現代の書籍の場合、研究図書館などではできるだけ複本は排除する方針を採用している。教育のための図書館の場合、複本を所蔵することはありうるが、研究図書館では同じ書籍を複数所蔵する必要はないのである。しかし、古書とか古典籍の場合、たとえ複本であっても、図書館は同じ版または類似の版などの書籍を保存する場合が多い。ケンブリッジ大学図書館の日本の古書（和漢古書）の場合には、その名称が示すように、もともと三人の旧蔵書がひとつの図書館に集積されたものなので、ある程度の点数複本があってもおかしくない。三人の旧蔵者がそれぞれ所蔵していたコレクションを、いろいろな曲折はあったにしてもひとつの図書館の蔵書として取り集めたので、そのため多くの複本もありうるのである。ただ、アストン・サトウ・シーボルト・コレクションの場合、その複本の数はけっして少なくはないのである。むしろ大変多いのである。

三つのコレクションの中では、ハインリッヒ・シーボルトの旧蔵書は収集の対象分野がアストンやサトウの旧蔵書とは少し異なる傾向があるので、比較的他のふたりの旧蔵書とは重なり合う場合が少ないような印象を受ける。もちろん、数は少ないが、シーボルト旧蔵書とアストンまたはサトウの旧蔵書の間で重複する複本もある。また、割と多いのは、もともとの旧蔵の段階ですでに複本が含まれている場合である。特に、サトウ旧蔵書の中には、初めから比較的多くの複本があったことが判明している。これはサトウの日本語古書（和漢古書）収集の仕方にも関係する事柄かもしれない。サトウは元来同じような書籍が複数あることをあまり気にしなかったかもしれないし、また、和漢古書の場合、版の違いなどを考慮して収集していたということも考えられる。そこで、単に同じ内容の書籍がいわゆる複本であるからといって、特別に忌避する必要はなかったであろう。いずれにしても、サトウ旧蔵書の場合、すでに複本が最初から含まれていた。

神道・国学関係の複本

アストン・サトウ・シーボルト・コレクションの中にある複本に関連して目に付く点は、アストンとサトウの旧蔵書から由来した書籍では、神道や国学などに関係する書籍に複本が多いことである。両旧蔵書の中では、特に神道や国学などに関連する分野の書籍に多くの複本が含まれている点が目に付く。なぜ、神道や国学などの分野で複本が多いのかといえば、一応次のような事情が考慮される。サトウの蔵書などに比べると、その規模は小さいかもしれないが、アストン自身もサトウの蔵書の譲渡を受ける以前に、すでに自分の蔵書を所蔵していた。アストンも自分の蔵書を構築していたといえる。そのアストンの本来の蔵書に大量のサトウの蔵書が加わり、アストンとサトウの合体した蔵書がケンブリッジ大学図書館に搬入され、その合体の段階でいくつの複本が生じたのである。両旧蔵書の合体で発生した複本の中では、アストンとサトウの両者が共通に興味を抱いていた分野の書籍の複本が当然多くなると考えられる。そこで、両者が共通に興味を抱いていた分野である神道や国学などに関係する書籍が、比較的目立つのではないかと思われる。

また、神道や国学に関係する分野に複本が多い点についても、いろいろな議論がありうる。たとえば、神道や国学に関係する分野の書籍と一口にいっても、実は書籍の主題を特定することもそれほど簡単なことではない。なぜならば、特定の書物に含まれる主題は必ずしもひとつに限定されず、複数含まれる場合がある。そのため、書籍を分野ごとに分けるのも一筋縄ではいかず、神道や国学などの分野の書籍と規定するのも、それほどたやすい話ではない。例を上げれば、『古事記』や『日本書紀』などもそうである。記紀は神道・国学分野の書籍であると同時に歴史にも関係するし、また文学と無関係ではない。以上のように、書籍の分類についてはいろいろと問題はあるが、それにしても、アストンとサトウの両旧蔵書に含まれる複本には、事実神道や国学などに関係する書籍が多いといえる。複本のリストからそのような印象を受ける。

また、ここでは、一応神道や国学というふたつの学問分野を一緒に対処しているが、実は国学と神道に関する書籍を取り扱う際、両学問を区別するのが困難な場合が多い。ふたつの学問分野はお互いに重なり合うのである。そこで、本書では、しばしば神道や国学を一緒に処理することにする。その場合、「神道と国学」と表示する場合もあるし、また「神道・国学」と表す時もある。本書では、ふたつの表現はほとんど同じようなものと解釈する。表示の仕方や用語の使い方として、別に両者を区別しているのではない。

さて、繰り返しになるが、ケンブリッジ大学図書館のアストン・サトウ・シーボルト・コレクションには、神道や国学の分野に複本が多いという印象を受けるし、事実それらの分野の複本が多いのである。そこで、神道や国学の分野における代表的な複本の例をここで列記してみたい。それらは以下のような書籍である。下記するのは、あくまでも適宜選んだ代表的なもので、両分野の複本のすべてではない。

平田篤胤著
『玉襷《たまだすき》』一〇巻
『古史成文』一〇巻
『古史伝』二九巻
『古道大意』二巻
『俗神道大意』四巻
『鬼神新論』
『神字日文伝』二巻・附

本居宣長
『古事記伝』四四巻
『玉勝間』一四巻・目録一巻

『玉あられ』
『字御仮字用格《じおんかなづかい》』
『大祓《おおばらえ》 詞《ことば》後釈《ごしゃく》』　二巻
『神代紀《じんだいき》髻華山蔭《うずのやまかげ》』
賀茂真淵
『冠辞考』　一〇巻
『伊勢物語古意』　六巻
谷川士清
『日本書紀通証』　三五巻
本居春庭
『詞八衢《ことばのやちまた》』　二巻
富士谷成章
『かさし抄』　三巻

上田秋成
『冠辞続貂《かんじぞくちょう》』　七巻
新井白石
『五事略』
加藤千蔭
『万葉集略解』　二〇巻
河村秀根
『書紀集解《しょきしっかい》』　三〇巻
林鵞峰
『日本王代一覧』

『古事記』　三巻
『日本書紀』　三〇巻
『延喜式』　五〇巻
『新撰姓氏録』　三巻
『伊勢参宮名所図会』　五巻・附録二巻

複本が多い理由

すでに、アストンとサトウ旧蔵書の間で上記のような複本がどうして生じることになったのかについて、ごく簡単にその事由を述べたが、ここでは、そのあたりの事情をもう少し詳しくさぐってみよう。多少同じ趣旨を繰り返す部分もあるが、既述した概要よりもその状況を詳しく説明してみたい。そうすると、いろいろと興味深い点が浮かび上がってくる。まず、アストンに関しては、次のような点を指摘することができるであろう。アストンは日本および朝鮮での勤務を終え、英国外務省を退職した後、英国のいなか（デヴォン州）で年金生活に入ったが、引き続き日本研究は継続するつもりでいた。そこで、当然そのための準備として必要な日本語文献（自分の蔵書）を退隠先に送付したのであろう。アストンが継続・発展させたいと考えていた日本研究の分野には、神道や国学に関係する領域が含まれていた。むしろ、その分野が彼の英国における日本研究の中心であったともいえる。その中でも、『日本書紀』の英訳は、彼にとっては引退後の大きな日本研究の目標であったと考えられる。そこで、彼の本来の蔵書の中には、当然神道や国学などの書籍が多く含まれていた。アストンが意図していた日本研究の領域は、逆に彼が英国に帰国した以降に実際に成し遂げた日本研究の成果からも判明する。

引退後の英国におけるアストンの日本研究は、英訳『日本紀』(一八九六年)、『日本文学史』(一八九九年)そして『神道』(一九〇五年)などの主要な出版物で表すことができる。アストンの代表作として結実するそれらの三点の著作のうち、二点(『日本紀』と『神道』)は神道や国学の分野に直接関係する仕事であった。また、アストンが日本を離れた直後の一八八九(明治二二)年に刊行された論文が「日本上古史」であった。その「日本上古史」という論文は、すでに日本滞在中の一八八七(明治二〇)年一二月に日本アジア協会において口頭で発表されていたが、それが出版されたのはアストンの離日後であった。そこで、アストンは引退先の英国で、引き続きその「日本上古史」に関係する分野の研究を継続するつもりでいたと考えられる。具体的には、「日本上古史」で扱った日本の神話時代や古代をさらに研究したいと考えていたのであろう。古代の日朝関係も含まれていたかもしれない。

アストンは一八九二(明治二五)年の初頭に、大量のサトウ旧蔵の日本語書籍(和漢古書)をデヴォン州の自宅で受け取ることになる。サトウの旧蔵書がアストンに譲渡される契機には、アストンが『日本紀』(『日本書記』)を英訳することと関係があったのであろう。サトウの蔵書処分については後述するが、その蔵書処分の一環として、サトウの旧蔵書の大部分はタイのバンコクからロンドンのフレデリック・ヴィクター・ディキンズ宛に送付され、ロンドンの倉庫に保管されていた。それはアストンが英国に帰国する前のことであった。アストンは『日本紀』を英訳する際それらの書籍を利用したいと考え、サトウに問い合わせをしたことがあったかもしれない。または、アストンの『日本紀』の英訳のことを知ったサトウからアストンに蔵書利用の申し出があったかもしれない。実際に両者の間にどのようなやり取りがあったのは不明であるが、いずれにしても、結果として一八九二（明治二五）年の初頭に、サトウの旧蔵書がアストンに譲渡されることになった。アストンはサトウの大量の旧蔵書を受領したが、彼が日本から英国に自分の蔵書を送付した時には、サトウの旧蔵書が利用できるようになるとは想像していなかったと思われる。一方、サトウはすでに一八七四（明治七）年から一八七九（明治一二）年頃にかけて、復古神道、祝詞、伊勢神宮などに関する一連の大部な論文を発表しており、彼の蔵書には当然それらに関連する書籍が大変多く含まれていた。そのサトウの旧蔵書をアストンが受け取ったので、同じまたは類似の分野に興味をいだくアストンの蔵書とサトウの旧蔵書の間に、神道や国学についての複本が生じたのである。

チェンバレンにも送付

さらに、アストンとサトウが神道や国学などの分野で同じ本または同じような本をそれぞれ所蔵していた件について追加すれば、神道や国学などの分野でサトウが所蔵していた書籍は、最終的にケンブリッジ大学図書館に落ち着いたサトウ旧蔵書だけに限られていなかったのである。サトウは『古事記』を英訳したチェンバレンにも自分の書籍を多く寄贈していたのである。彼は自分が所蔵していた日本語書籍（古書）の中から、チェンバレンが所蔵していない書籍を選んでチェンバレンに贈呈したのである。その量は合計四二八部、一九八五冊であった。『古事記』を英訳したチェンバレンなので、彼自身すでに多くの神道や国学関係の書籍を所蔵していたが、サトウはチェンバレン未所蔵の日本語書籍を一八八五（明治一八）年に譲り渡したのである。もちろん、そのサトウ寄贈書の中にも神道や国学関係の書籍が多く含まれていた。その寄贈書のリストは分類別に書籍の題名が記載されており、その分類項目のひとつである「神書類」には、一三六部、三四六冊が含まれていた。
サトウ寄贈書の中には、もしチェンバレンに譲渡されずにケンブリッジ大学図書館に納まったとすれば、アストン所蔵の書籍と複本になる可能性があった書籍もあったのである。たとえば、次のような神道・国学関係のサトウ旧蔵の書籍は、アストン旧蔵書と複本になるはずであった。

斎部広成
『古語拾遺』（ケンブリッジ大学図書館所蔵本はアストン旧蔵）

本居宣長
『伊勢《いせ》二宮《にくう》さき竹《たけ》の弁《べん》』（ケンブリッジ大学図書館所蔵本はアストン旧蔵）
伴信友
『比古婆衣《ひこばえ》』（ケンブリッジ大学図書館所蔵本はアストン旧蔵）

また、アストンの蔵書と複本になる訳ではないが、サトウがチェンバレンに譲渡した書籍群の中には、次のような書籍も含まれていた。それらの書籍の中には、サトウはもともと複本（二部）として所蔵していて、一部はチェンバレンに送られ、もう一部はケンブリッジに落ち着いた場合もあった。また、サトウの蔵書にはもともと一部しかなく、それがチェンバレンに送付され、結局ケンブリッジに収蔵されなかった書籍もある。現在ケンブリッジ大学図書館が所蔵するアストン・サトウ・シーボルト・コレクションは、サトウやアストンの研究分野を反映しているので、神道や国学関係は充実しているが、もしチェンバレンに寄贈されたサトウ旧蔵書も全部収蔵されていたとすれば、この分野の蔵書はさらに豊かなものになっていたのであろう。それらのことを考慮すると、神道や国学関係についていえば、本来のサトウの蔵書は相当充実していたということができる。

藤貞幹
『衝口発《しょうこうはつ》』（本居宣長との論争の書。ケンブリッジ大学図書館は宣長の反論の書である『鉗狂人《けんきょうじん》』を所蔵している。『鉗狂人』はサトウ旧蔵）

平田篤胤
『大道或問』
『赤県太古伝《せきけんたいこでん》』
『天津祝詞考《あまつのりとこう》』
『毎朝神拝詞記《まいちょうじんぱいしき》』

大江匡房
『江家次第《ごうけしだい》』

以上詳しく述べたように、ケンブリッジ大学図書館が所蔵するアストン旧蔵書とサトウの旧蔵書の中に、想像以上に神道・国学関係の複本が多く含まれている。その複本の問題からわかるように、英国の三大日本学者であるサトウ、アストン、チェンバレンは、日本研究の比較的早い段階で、日本在来の宗教である神道や自生の学問である国学に注目し、それらについての研究を始めていたのである。特に神道研究の基礎になる重要文献については、『古事記』はチェンバレンにより、『日本書紀』（『日本紀』）はアストンにより、そして『延喜式』に記載されている祝詞はサトウにより英訳され、これらの三人の学者は神道の基本文献を広く欧米に紹介するのに多大な貢献をした。彼らはこれらの文献を日本研究の基本的な文献として位置づけ、研究・翻訳を推進したと見なすことができるであろう。まさに三大日本学者にふさわしい業績であった。日本研究の比較的早い段階で、国学・神道関係の重要文献である『古事記』、『日本書紀』（『日本紀』）および祝詞が英国三大日本学者によって英訳されたことは驚嘆すべきことかもしれない。また、それらの業績は外国人の日本研究に大きな影響を及ぼしたと思われる。

神道・国学研究

神道・国学分野における複本の問題に触れたので、ここでサトウやアストンの旧蔵書との関連で、神道および国学という学問のあり方やそれらが置かれていた当時の学問の状況などにも言及してみたい。すでに簡単に触れたかもしれないが、サトウ、アストン、チェンバレンなどの外国人が幕末・明治初期に日本語を学ぼうとする時、日本語については自生の学問である国学に注目したのは当然のことであった。また、実際に彼らが日本語学習のために雇った教師の中にも、明らかに国学の素養がある人物もいたと思われる。一方、神道については、荷田春満、賀茂真淵、本居宣長、平田篤胤などが推進した復古神道は、幕末期には思想・宗教運動としても大変盛んになり、明治維新をもたらす尊皇攘夷運動のイデオロギーの中にくり込まれた。復古神道の運動は、その歴史的な出来事（明治維新）の重要な政治理念に大きくかかわっていたのである。実際に、明治政府は明治維新直後に祭政一致を唱え、神祇官を再興し、神仏分離を遂行した。さらに、神道そのものを国教化しようとした。いわゆる国家神道が形成されるのである。明治維新の変革運動を身近に体験したサトウにとっては、その歴史的な運動を支えた宗教、思想、学問などに興味を抱くのは当然であった。また、サトウ自身も明治初期に日本国内を旅行した際、実際に神仏分離の実態を観測し、自分の日記に記録していた[1]。彼は神道の運動による影響が日本のいたるところに及んでいるのを実際に見聞きしていたのである。

後年のことであるが、サトウは同行者であるA・G・S・ホーズと一緒に南アルプスなどに登頂したことがあった。その旅行では、たまたま旅程などの関係で静岡県にある秋葉神社の宿坊に宿泊したことがあった。サトウの日記によると、その時、平田篤胤の著作（『気吹於呂志《いぶきおろし》』、『霊能真柱《たまのみはしら》』、『志都能石屋《しずのいわや》』など）を借り、翌日雨であったので、終日それらの本を読んで過ごしたという[2]。雨で閉じ込まれたとはいえ、一日中平田篤胤の著作を読んでいたというサトウの話は、その当時、彼がいかに神道、特に平田篤胤の学問に真剣に取り組んでいたのかを示している。いずれにしても、サトウなどの欧米人の日本学者たちはまさに開拓者（パイオニア）として、日本および日本文化に関連するいろいろな分野の研究を始めるが、その中の重要な研究課題として、日本固有の宗教である神道に注目する。神道研究については、サトウは明治初期にはなばなしい成果を上げることになる。サトウの神道研究については後述するので、ここではその概略のみを記す。まず、サトウは伊勢神宮について論文を発表した。続いて、本格的な研究として大部な復古神道についての論考を刊行した。それは一冊の書物に相当するような長い論文であった。さらに古事記、日本書紀などと並んで神道の基本的な文献である祝詞の紹介・英訳をしたのである。祝詞の英訳は雑誌論文として発表された。

一方、サトウの同僚・後輩であるチェンバレンは『古事記』を英訳した。日本研究におけるサトウやチェンバレンの僚友であるアストンは、外交官・領事官を退職し英国に戻った後のことであるが、既述したように『日本書紀』(『日本紀』)を英訳し、さらに英語による神道の研究書を刊行した。アストンが『日本紀』や『神道』を出版するのは、英国に帰国した後のことであるが、彼自身は日本に滞在していた時代から、すでに国学や神道などに関係する分野に多大な興味を持っていた。そのことは、彼が日本アジア協会で論文を読み、後にその協会の紀要に発表した「日本上古史」やその他の論文などからも明らかである。『古事記』や『日本書紀』などの重要な基礎文献の英訳が示すように、外国人による神道や国学の研究は、英国の三大日本学者であるサトウ、アストン、チェンバレンによって大きく発展したのである。もちろん、三人の英国人以外にも、カール・フローレンツなどの貢献も大変重要であったし、また他の日本研究者による寄与もけっして無視できないのである。とはいっても、全体的に見ると、この三人の活躍はこの分野では特に傑出していたといえる。

書籍による協力・書籍の移動

また、サトウ、アストン、チェンバレンの三人は、日本研究の分野ではお互いに協力し、連携していた。特に神道や国学の研究では、そのことが目に付くように思われる。三者の協力関係は別に日本研究だけに限定されていた訳でなく、朝鮮研究や朝鮮語習得の分野にまで及んでいた。三大学者がお互いに提携・協力していたことは、彼らの蔵書を検討するとよくわかる。要するに、英国の三大日本学者は、日本研究全般、特に神道・国学などの研究では、お互いの蔵書を通じて、相互に支援し合っていたのである。すでに述べたように、サトウは大量の日本語書籍（主に和漢古書）を一八八五（明治一八）年頃に処分するが、その際、既述したように多数の書物をチェンバレンに寄贈した。チェンバレンが所蔵していない書籍を選んで送付したのであった。一八九二（明治二五）年の一月には、サトウの蔵書の大部分はアストンに譲渡された。それらは、サトウが一八八五（明治一八）年にシャム（タイ）の首都バンコクからロンドン在住のフレデリック・ヴィクター・ディキンズに送付した大量の日本語書籍であった。サトウは、それらの書籍を一八九二（明治二五）年の一月にロンドンからデヴォン州シートンにあったアストンの家に送付した。それらの大量の和漢古書が、アストンの旧蔵書と一緒に一九一一（明治四四）年にケンブリッジ大学図書館に収蔵されたのである。

書籍の移動として、サトウからアストンやチェンバレンへの移動について既述したが、逆の動きもまったくなかった訳ではなかった。もちろん、書籍収集家としてのサトウは傑出していたので、逆の動きの書籍の量はあまり多くない。たとえば、ケンブリッジ大学図書館は、サトウから一九一二（大正元）年には三七一点、翌年の一九一三（大正二）年には六二冊の日本語書籍の寄贈を受けた。それらの中には『南蛮寺興廃記』、『伊吹蓬《いぶきよもぎ》』（二部）、『島原一揆条々』（二部）、『島原始末記』（二部）、『島原記』、『山鳥記』（二部）などが含まれていた。二部というのは、同じ本がふたつあることを意味し、複本のことである。それらの書籍は、分野としてはすべてキリシタンや島原の一揆などに関連したものであり、晩年のサトウがキリシタン関係に興味を抱いていたことを示している。サトウは四〇歳代後半から熱心なキリスト教徒になるが、キリシタンについての興味もそのことも関係しているのであろう。いずれにしても、それらの書籍はもともとアストンが所蔵していたもので、サトウがアストンからそれらを譲り受け、サトウを通じてケンブリッジ大学図書館に寄贈されたものである。それらの書物がアストン旧蔵であることは、蔵書印によって判明するのである。さらに不思議なのは、これらのうち四点は、それぞれ同じ書籍が二部寄贈されていることである。もともとアストンが原本を所蔵していたので、サトウはそれらの転写本を作成し、その後、サトウは原本と転写本の両方を所蔵していて、最終的にそれらを全部ケンブリッジ大学図書館に寄贈したのである。以上のように、所蔵本の動きとしては、サトウからアストンに移動しただけではなく、少数ながらも逆の動きも存在したのである。

少数ながら、アストンからサトウへという逆の蔵書の移動はあったにしても、和漢古書に関するサトウの蔵書の存在は、英国の三大日本学者にとっては圧倒的であった。神道・国学研究に限らず、彼らの日本研究に大きく貢献したのはサトウの蔵書であった。もちろん、いろいろな変遷やいきさつがあり、実情はより複雑であったかもしれないが、あくまでも英国三大日本学者の研究の中心にはサトウの蔵書があったということができる。そのサトウの蔵書が果たした具体的な役割については、後で詳しく紹介する。さらに付け加えれば、サトウ、アストン、チェンバレンの英国三大日本学者の中では、神道や国学の研究に関しても、やはり先駆者はサトウであった。サトウがこれらの分野で研究の口火を切ったのである。時間的な経過からいえば、アストンやチェンバレンは、ある意味ではサトウの後を追いかけていたような様子も見受けられる。日本語文献の蔵書収集同様に、神道・国学の研究でも、サトウがアストンやチェンバレンに先んじていたということができる。

英国人による神道や国学に関する研究でもうひとつ注目すべき点は、チェンバレンの場合はそうでもないが、想像以上に平田篤胤の著作がサトウおよびアストンの研究に影響を与えていたことである。その典型のひとつは、サトウの「古神道の復活」という論文である。この論文は平田派の神道の歴史に対する見方が色濃く反映している。平田篤胤の著作を基にして作成した論文なので当然である。なぜサトウが平田の著作を取り上げたかという契機には、後述するようにサトウがどのようにして神道・国学を学習・研究し始めたかという点が関係する。本居宣長については、国学における宣長の位置を考えれば、彼の著作がサトウ、アストン、チェンバレンなどにもてはやされるのは、ある程度理解することができる。しかし、平田篤胤の書物も想像以上にサトウやアストンから注目されていたのは意外な感じを受ける。単にサトウが神道・国学に取り組み始めた時期だけに限定されず、アストンの場合などは、晩年まで平田の学問に対する尊敬の念を持ち続けていた。本居宣長と平田篤胤に対する現在の学史上での位置付けを考慮に入れると、当然宣長の評価が格段に高いはずであるが、サトウとアストンのふたりは想像以上に平田篤胤の著作を高く評価するのである。もちろん、両者は本居宣長が一番重要な国学者であることは十分承知していた。そのことは、英国三大日本学者に限らず外国人の研究者にはよく知られていたことである。本居宣長については、因縁が深いチェンバレンは次のようなことを述べている。チェンバレンによると、日本アジア協会のほとんど会員は本居宣長が書いたものを知っており、一八七四（明治七）年から一八八四（明治一七）年の間に外国人によって出版された本格的な書籍のほとんどが彼について言及しているという。[3]『古事記』を英訳する際に本居宣長の『古事記伝』を利用したチェンバレンが、本居の学恩に言及するのは十分理解できるところであるが、サトウおよびアストンが平田篤胤を本居宣長と同等に処遇するのは予想外のことである。

サトウの収集

ここでは、神道や国学などの分野との関係に重点を置きながら、まずアーネスト・サトウの蔵書の収集や行方についても簡単に言及してみたい。量および質の面で、サトウの旧蔵書はケンブリッジ大学図書館の日本語コレクションの中で重要な位置を占めるので、サトウの蔵書の収集や行方をさぐることは本書の主題にとっては重要な基点となる。その際、注目すべき点は、サトウやアストンの旧蔵書が最終的にケンブリッジ大学図書館の所蔵に落ち着く流れとその時間的な経過である。

まず、サトウは幕末に日本に来航した後、比較的早い時期から日本語書籍の収集を開始した。彼は生まれつきのビブロフィリア（愛書家）であり、来日直後から本の収集には興味を持っていた。また、日本にはもともと書物文化の伝統があり、江戸時代にはすでに商業出版なども始まっていた。サトウが来訪し日本に滞在した幕末・明治期には、多くの印刷物（和書）が出回っていたし、写本なども比較的入手しやすかったと思われる。書物の値段はある面では相対的なものであり、あくまでも他の時代と比べての話であるが、おそらく幕末・明治初期は書籍そのものが比較的安い時期であった。もしかすると、一番廉価であった時代であったかもしれない。外国人であるサトウにとっては、本来含まれている価値からいえば、もともと日本の書籍は非常に安価に思えたのであろう。また、いわゆる外国為替なども、はるかに英国人サトウにとっては有利な時代であったので、もちろんサトウが受け取っていた給料を日本円に換算すればかなり高額になったのであろう。和書収集家としては、彼は資金的にもかなり恵まれた立場にいたといえる。そのような幕末・明治期の日本の状態とサトウの状況がまさに日本語書籍収集家サトウを作り上げたといってもいい過ぎではないだろう。

幕末・明治初期から始まり明治中期にいたる時期が、日本語書籍収集家サトウにとっては収穫の多かった時代であったと思われる。もちろん、日本にとっても、その時代は変動の時代であったので、サトウの日本語書籍購入についても、いろいろな経緯や曲折があったであろう。そのサトウが所蔵する日本語書籍の蔵書が頂点に達するのは、一八八二（明治一五）年頃であったと思われる。その時点で、彼は三〇〇〇点とか四〇〇〇点を超える日本語書籍（和漢書）を所蔵していたと推定することができる。もちろん、書籍の数量の数え方はいろいろと困難な点がある。特に和装本については、数え方によって数量も大きく異なる。どのように数えるかによって、サトウの蔵書量も大きく変化するかもしれないが、いずれにしても彼がかなり大量の和漢書を所蔵していたことは確かである。外国人の収集家としては飛び抜けていたと思われる。もしかすると、サトウの旧蔵書を受贈したチェンバレンの蔵書はある程度サトウの蔵書に拮抗していたかもしれない。

そのサトウの蔵書の中には、既述したようにかなり多くの神道や国学関係の書籍が含まれていた。というのは、伊勢神宮、復古神道、祝詞などの研究で、サトウは一八七〇年代の半ば頃から（明治七、八年以降）、神道や国学関係の書籍を積極的に多数購入していたと想像されるからである。すでに言及したように、その時期の日本語の本は全体的に廉価であった。もしかすると、当時は和装本などが最も安かった時代かもしれない。そこで、サトウにとっては、神道や国学関係の書籍を大量に入手することは、財政的にもけっして大きな負担にはならなかったと思われる。また、後述するように、サトウは一八七四（明治六）年頃、平田派の気吹舎の門人を教師に雇い、本格的に神道の研究を開始する。その際、彼は平田篤胤の『入学問答』などの入門書を使って平田派の学問に着手した。サトウ旧蔵の『入学問答』は現在ケンブリッジ大学図書館が所蔵しているので、直接それを手にして調査することができる。その『入学問答』にはサトウ自身の英語による書込があり、彼が『入学問答』を利用したことははっきりしている。

『入学問答』の最後には「伊吹能舎先生著撰書目」などが掲載され、平田篤胤や門人の主要な著作が列記されている。サトウは鉛筆でその書目に掲載されている書籍に、「買うべきである」とか、「興味がある」などの英語の書入を加え、また鉛筆で、書籍の巻数および「×」などの記号を掲載書籍の上部のスペースに付記していた。サトウは「伊吹能舎先生著撰書目」に基づいて、自分の蔵書として平田篤胤の著作を数多く収集しようとしたのである。そして、実際に彼はかなり多数の平田篤胤の著書を自分の蔵書に加えた。平田篤胤の著作に関して興味があるのは、サトウが賜暇で英国に帰国していた時、大英博物館が所蔵している日本語書籍の目録を刊行する準備がロバート・K・ダグラスの手で進められていた。それを手助けしたのがサトウであった。サトウは一八七五（明治八）年五月にロンドンから日本に滞在中のアストン宛に送った手紙で、大英博物館が平田の著作をたった三冊しか所蔵していないことを報告している。(4) 平田の書籍を数多く所蔵するサトウにとっては、大英博物館の三冊はあまりにも少ない冊数であると思えたので、わざわざアストンに手紙で報告したのである。大英博物館図書館の日本語コレクションのことで、サトウがわざわざ平田篤胤の著書が少ない点に言及している点が我々にとっては興味深いところである。

サトウの蔵書の行方

また、平田篤胤の国学・神道研究にとって、著述・出版は密接・不可分の要素であり、平田派の宗教・文化運動は、書籍を通じて推進されたといってもいいのであろう。まさに「平田国学の教説を広く伝達するために書籍は大きな役割をはたした(5)」のである。そのような状況の中で、サトウは平田国学を学ぶために、明治初期に篤胤の書籍を大量に購入していったものと思われる。その意味で、日本語書籍収集家であるサトウと平田派の国学とは相性がよかったかもしれない。要するに、出版物を通じて平田篤胤の知識を普及しようとする平田派の幕末・明治初期の活動と、日本語書籍の収集に熱心なサトウとは馬が合ったのである。平田篤胤の著作に限らず、サトウは多くの日本語書籍を収集し、その結果、既述したように、彼の蔵書は質量ともにずば抜けたものになった。当時の日本国内の大きな蔵書と比べても、サトウの日本語書籍収集の規模はひけをとらなかったと思われる。彼の蔵書は生半可ではなかったのである。神道や国学関係の分野に限ってみても、彼の蔵書は圧倒的であったと考えられる。特に、平田篤胤関係では、サトウの蔵書はアストンの場合はいうに及ばず、明らかにチェンバレンの蔵書もかなり凌駕していたと思われる。

また、サトウの蔵書の行方に話題を戻す。サトウの蔵書は一八八四（明治一七）年に大英博物館（現英国図書館）に売却されたものを除き、大部分は同年に東京からタイ（シャム）の首都バンコクの英国公使館（総領事館）に送付された。賜暇で日本から英国に戻っていたサトウは、同年初めに英国のバンコク（シャム）駐在代表兼総領事に任命されたので、彼は前任地である日本に戻らず、直接ロンドンからバンコクに赴任した。そこで、旧任地の日本に残しておいた大量の日本語書籍のコレクションを、新しい任地であるタイに送付したのである。サトウはバンコクの英国総領事館（英国公使館）に、短期間ではあったが、日本語書籍の大きな図書館（図書室）を設置したのである。海外にあった日本語書籍の図書館としては最大規模のものであろう。しかし、バンコクに移動したサトウの書庫（図書館）は短命であった。彼は英国の領事部門から外交部門に移るのを契機に、キリシタン版の研究などを除いて日本研究を半ば断念し、外交部門で活躍する決意を表すことを兼ねて、熱心に収集した日本語書籍の蔵書を一八八五（明治一八）年にバンコクから処分し始めた。それは彼にとっては修行時代（すなわち日本研究時代）の終わりを意味した。

サトウは蔵書処分の一環として、大英博物館（現英国図書館）に古版本、古活字版、朝鮮本などを多数寄贈し、また神戸在住の英国領事ジェームス・トゥループや前英国淡水領事トーマス・ウォッターズに仏教書を送付した。トゥループに送付した蔵書は最終的にオックスフォード大学ボードリアン図書館に収蔵され、ウォッターズに寄贈された書籍も少なくとも部分的には大英博物館に収まるのである。サトウの蔵書から直接大英博物館に入ったサトウの旧蔵書籍については、サトウは一八八四（明治一七）年に貴重書などを売却したのに続いて、今回（一八八五年）は多数の和漢書を大英博物館に寄贈したのである。サトウの旧蔵書は売却と寄贈のふたつの方式で大英博物館（現英国図書館）に収蔵された。また、既述したように、日本に在住していたチェンバレンにも自分の蔵書を贈呈した。一方、サトウがバンコクの英国公使館（領事館）で一時的に保管していた日本語書籍の蔵書の大部分は、ロンドンに在住していたフレデリック・ヴィクター・ディキンズ宛に送付された。そのディキンズに送付されたサトウの蔵書はロンドンの倉庫に保管されていたが、一八九二（明治二五）年の一月に英国のいなか（デヴォン州シートン）で隠退生活をしていたアストンに送付された。そのサトウから譲渡を受けたサトウ旧蔵書を含むアストンの蔵書が、アストンが死亡した一九一一（明治四四）にケンブリッジ大学図書館に売却されることになる。また、サトウが自分の手元に残していた蔵書も、翌年および翌々年にケンブリッジ大学図書館に寄贈されるのである。

すでに説明したように、サトウは一八八五（明治一八）年以降、タイの首都バンコクから大量の日本語書籍を日本や英国に送付して自分の蔵書を処分した。そのサトウの蔵書処分に関しては、多少腑に落ちない点も存在する。それはなぜ蔵書の寄贈先にアストンが含まれていなかったのかという疑問である。サトウの書籍の送り先は、チェンバレン（東京）、ジェームズ・トゥループ（神戸）、トーマス・ウォッターズ、大英博物館図書館（ロンドン）そしてフレデリック・ヴィクター・ディキンズ（ロンドン）で、日本研究の僚友であるアストンが含まれていなかったのである。もちろん、サトウは当時のアストンの状況を十分認識していた。アストンは朝鮮総領事としてソウルに勤務し、その後クーデターや健康問題で日本に戻ることになったのである。サトウはそのような状況にあるアストンに自分の蔵書を送付するのは時期的に適していないと判断していたのかもしれない。その問題とは関係なしに、いろいろな経緯はあったにしても、サトウの蔵書の大部分は最終的にはアストンに譲渡されることになったので、サトウがバンコクから自分の蔵書を処分した際にアストンがその寄贈先に含まれていなかったことは、結果としてはまったく問題にならなかったのである。もしかすると、サトウは、自分の蔵書の多く（たとえばディキンズに送付した分）はいずれアストンのところに行くかもしれないことをある程度予想していたのかもしれない。
以上のような説明とは別に、もう一点、以下のようなことも考えられるのではないだろうか。サトウは日本滞在時にすでにアストンの蔵書構築について協力しており、自分の蔵書とアストンの蔵書がかなり重なり合うことを知っていたのかもしれない。すでに述べたように、両者の蔵書は最終的に合体してケンブリッジ大学図書館に落ち着いた。そこで、神道や国学関係を中心にして複本が多く生じることになったのである。

注

（1）アーネスト・サトウ著／庄田元男訳『日本旅行日記』（一、平凡社、一九九二年）三四―三七頁。
（2）同前、二一八頁。
（3）Basil Hall Chamberlain, 'Notes by Motoori on Japanese and Chinese Art', *Transactions of Asiatic Society of Japan*, Vol.12 Pt.3, 1884. pp.221-229.
（4）Ian Ruxton, *Sir Ernest Satow's Private Letters to W.G. Aston and F.V. Dickins: The Correspondence of a Pioneer Japanologist from 1870 to 1918*, Lulu Press, 2008. p.7.
（5）中川和明『平田国学の史的研究』（名著刊行会、二〇一二年）三九七頁。

神道・国学関係

次に、最終的にはケンブリッジ大学図書館に収蔵されたサトウの蔵書から、彼がいかなる方法で神道・国学研究を推進させていったのか、そのあたりの様子をさぐってみたい。すなわち、後述するように、彼の蔵書を詳細に調べると、サトウがどのように神道・国学研究に取り組んだのか、ある程度、彼の学習や研究の状況を見て取ることができるのである。特に神道・国学の学習・研究を進める時、サトウがどのようにして平田篤胤などの著作に具体的に取り組んでいたのかを調べることにしたい。彼の神道・国学研究に関する調査の手始めとして、まず幕末・明治初期にサトウと関係を持った神道や国学などに縁のある人物などを列記してみたい。そのような神道・国学の関係者をリストにしてまとめてみよう。どのような人物かといえば、サトウの日記、書簡、著書などから判明するサトウの神道・国学分野の知人である。神道や国学関係でサトウとなんらかの繫がりを持った人たちである。そのサトウの神道・国学関係者のリストには一応九人の関係者を含めることにする。

このリストで気吹舎という名称が出てくるが、これについては先に簡単な説明を加えたい。気《い》吹舎《ぶきのや》は平田篤胤の屋号であり、同時に平田派（平田篤胤、養子平田銕胤《ひらたかねたね》、孫平田延胤）の三代の学塾のことである。気吹舎の門人は平田派の門人を意味する。気吹舎は伊吹迺舎と書かれることもある。なお、平田篤胤が真菅乃屋《ますげのや》という屋号を気吹迺舎（気吹舎、伊吹舎）に変えた由来には、文化一三

（一八一六）年に篤胤が常陸・下総に旅行した際に奇石の石笛（天乃石笛）を拾った事件があった。[1] その石笛（奇石）の入手を契機に屋号を気吹舎に変えたのである。本書の第九章で陰陽石などの話題を取り上げる予定であるが、この奇石も何かそのあたりのことと関係がありそうである。

（一）神道・国学関係者のリスト

和田重雄：サトウの神道、国学、日本語の教師。神田神社、芝神明神社の祠掌。[2] 一八七〇（明治三）年に気吹舎に入門、紹介者は田中定秋。[3] 明治維新直後に開校した昌平学校（昌平大学校）では少得業生、[4] また明治初期に置かれた役所である神祇官の史生を務めた。[5] 芝神明神社の祠掌時代の上司は、同社の祠官（宮司）であった稲葉正邦であった。和田はもともと幕臣で、江戸八丁堀小普請組に属した。[6] 歌人でもあり、岡部東平《おかべはるひら》に師事した。[7] また、樋口一葉の和歌の先生でもあった。[8]
白石真道：真道以外にも、甕栗《みかぐり》、[9] 吉郎と称した。[10] 一八七七（明治一〇）年八月からサトウの図書係として雇われた。[11] サトウの家で死亡。[12] 一八七〇（明治三）年二三、四歳の時に気吹舎に入門、紹介者は宮本小一《みやもとこいち》。[13] 父親は白石千別《しらいしちわき》。
白石千別：千別以外にも、勝太郎、由郎、忠太夫、下総守、嶋岡、今様翁などと称した。[14] 幕末、外国奉行、新潟奉行を歴任。明治以降は外務省、博物館、宮内省図書寮にも出仕。[15] 歌人。和学者。足代弘訓《あじろひろのり》、大国隆正などに学んだ。[16] いろは新聞主筆。

林甕臣：国学者。祖父林国雄、父林甕雄《はやしみかお》も国学者であった。[17] 一三歳の時に、父甕雄によって平田銕胤の家に預けられたという。[18] 一八七〇（明治三）年二六歳（または二五）の時、気吹舎に入門。[19] 当時は田口益城と称した。身分は田中定秋の従者。田中は気吹舎の門人で、和田重雄などと同じように明治初年にできた昌平学校では少得業生を務めた。甕臣《みかおみ》は一八七四（明治七）年には諏訪神社の権禰宜、[20] 続いて貫前神社《ぬきさきじんしゃ》の権禰宜、[21] 中学校、師範学校の教員などを歴任。三八歳の時に皇典講究所（国学院大学の前身）助教授に任命された。[22] 日本語学について著作がある。

鈴木真年：鈴木舎人、今井舎人とも称した。系譜研究者。国学者。明治維新以後、弾正台、宮内省、司法省、文部省、陸軍省などに所属しながら、系譜編纂事業に従事。『古事記正義』などの著書もある。気吹舎には一八五九（安政六）年に入門。[23]

宮本小一[24]：幕末神奈川奉行に勤務。明治維新後、外交官御用掛、外務省創設後には外務権少丞として出仕。さらに、外務少丞、外務大丞、外務省の局長、外務大書記官、元老院議官などを歴任し、貴族院議員に勅撰された。沢宣嘉《さわのぶよし》が外務卿の時、宮本小一は外務少丞であった。宮本小一の母つるは、平田鋲胤の姪にあたる。鋲胤がつるの母方の伯父である。平田鋲胤（碧川弘良）の妹とみが岩崎庄太夫と縁組をし、その娘つるが宮本小一の父久平に嫁したのである。[25]平田篤胤の嫡孫延胤とつるは従兄弟同士にあたる。宮本小一は鋲胤の姪の息子にあたる。父親は幕府徒目付宮本久平。小一は明治初期、外務省高官として朝鮮との外交交渉に携わった。そこで、朝鮮や朝鮮語に多大な興味を抱いていたアストンやサトウとも接触を持った。たとえば、現在ロシア科学アカデミー東方学研究所は、Dialogues in Koreanという英文の書名で、さらに『講話』という巻頭題が付いているアストンの旧蔵書を所蔵しているが、その書籍には、日本の外務省の宮本氏から寄贈されたというアストンの英文の書入があるという。[26]この宮本氏というのはもちろん宮本小一のことである。アストンの朝鮮語学習にも、宮本小一は関係していたのである。

沢宣嘉：尊皇攘夷派の公卿。一八六三（文久三）年に、政変のため京都から追放され七人の公家が長州に落ち延びた、いわゆる「七卿落ち」という事件があったが、沢はその七卿のひとり。明治維新後、九州鎮撫総督、長崎府知事などを歴任。九州鎮撫総督の時、キリスト教徒弾圧事件である「浦上四番くずれ」が起きた。その後、沢は一八六九（明治二）年六月に第二代目外国官知事、続いて翌月初代外務卿に就任し、一八七一（明治四）年七月まで在任。[27]一八七三（明治六）年に死去。一八六七（慶応三）に気吹舎に入門。[28]紹介者は角田忠行。養嗣子沢宣種は昌平大学校の大丞。[29]外務卿時代の沢は、外務少丞の宮本小一の上司であった。

稲葉正邦：淀藩藩主。幕末時、幕政の中枢で京都所司代、老中を歴任。[30]明治維新後、一八七一（明治四）年に気吹舎に入門。[31]一八七四（明治七）年一一月から一八七八（明治一一）年五月まで芝神明神社の祠官（宮司）。一八七五（明治八）年に神道事務局を設立し、一八八四（明治一七）年神道本局初代管長に就任。[32]
堀秀成：国学者。富樫広蔭に師事して音義説を発展させた。代表作に『音義本末考』などがある。また『日本語学階梯』などの文法書を出版した。一八七〇（明治三）年宣教使に任用された。一八七七（明治一〇）年に学習院、翌年からは伊勢神宮教院、一八八二（明治一五）年からは讃岐金比羅宮明道学校などでも教えたことがあった。講義・説教などの活動をしながら、各地を旅行する機会が多かった。

（二）日本語教師などのリスト

さらに、サトウは幕末・明治期に日本語学習のために日本人教師を雇っていた。また、彼には書道の先生などもいた。日本語の学習と一緒に書道も習っていたのである。その上、サトウの護衛および身の回りの世話などのために、従者も雇われていた。それらの日本人も、もしかすると間接的にはサトウの神道・国学の学習や研究に影響を与えたかもしれない。そこで、それらの日本語の教師なども一応列記してみる。彼の日記、書簡、著作などから、日本人教師などとして以下のような人物の名前を上げることができる。ただ、それらの日本人はあくまでも日本語や書道などの教師で、彼らはサトウが神道・国学を研究するのにはそれほど深くは関係しなかったと思われる。もちろん、既述したように、日本語の教師などには国学の素養がある人物も多くいたと考えられる。神道・国学に関するサトウからの質問などにも、正しく答えることができる人物（教師）なども含まれていたのであろう。また、サトウが新井白石の『読史余論』を繙読していたことは後述するが、その際それを手助けしたのがサトウの日本語教師などであったのであろう。

高岡要：サトウの日本語教師、紀州和歌山出身の医師(33)。幕末の国政については、サトウに的確な情勢を伝えていた(34)。

中沢見作：サトウの日本語教師(35)。唐津藩出身。後に同藩の石炭奉行を務めた。

沼田寅三郎：蜂須賀斉裕《はちすかなりひろ》（阿波候）の家臣。サトウが『英国策論』を作成する際、日本語の分野で援助を与えた(36)。『英国策論』は、後述するように、サトウが英字新聞に寄稿した記事（三点）を日本語に翻訳し、ひとつの小冊子にまとめたものである。沼田は日本語への翻訳、特に日本語による表現についてサトウに援助を与えたと思われる。

長沢：A・B・F・ミッドフォードの日本語教師。(37) サトウにも多少日本語を教えたかもしれない。
林朴庵：ウィリアム・ウィリスの日本語教師兼従者。(38) サトウにも少しは日本語を教えたかもしれない。
小野清五郎：英国公使館の書記。(39) 日本語についても、いろいろとサトウを援助したのであろう。
手塚タイスケ：出石藩、サトウの習字の先生？(40)
高斎単山：サトウの書道の先生。(41)
野口富蔵：サトウの従者。会津藩出身。英国に留学。帰国後、兵庫県などに勤務。
以上、日本語や書道の教師などを含めて、アーネスト・サトウの神道・国学分野の学習・研究に少しでも関係がありそうな日本人を列記してみた。既述したように、サトウの神道・国学の研究に直接関係したのは、(一) 神道・国学関係者のリストに掲載した九人の人物であると思われる。サトウの日本語教師も間接的には手助けをしたかもしれないが、サトウにとって神道・国学研究分野の重要な関係者は、これらの九人であるといい切ってもいいのであろう。

気吹舎と宮本小一

サトウの神道・国学研究に直接関係したと思われる九人については、一応前述のリストで概略したが、ここではさらその九人について詳しい説明を加えてみたい。これらの九人の中で、平田派の気吹舎（平田篤胤没後、平田鉄胤、延胤父子が主催）に入門しなかったのは宮本小一、白石千別、堀秀成《ほりひでなり》の三人だけである。残りの六人は、いずれも気吹舎に入門した平田派の門人たちであった。サトウの神道・国学関係者の九人のうち、六人が気吹舎の門人であったことからもわかるように、サトウと平田篤胤の学問が想像以上に緊密であったことが判明する。

気吹舎に入門しなかった三人も、平田派とはまったく無関係ではなかった。堀秀成は晩年秋田にある平田篤胤を祭る弥高神社の前を通りかかった時、若い時篤胤の著作を読んで大いに学んだことを述懐していた(42)。堀が安政年間に篤胤の『古道大意』や『玉襷』を読んだことも、彼の日記に記録されているという(43)。また、同じ頃、堀は平田篤胤の後継者である鉄胤と親密にしており、鉄胤を訪問していたことが彼の日記に記載されているという(44)。以上の事情から、堀秀成が気吹舎に入門したという記録はないが、彼が平田派とはまったく無縁であったという訳ではないことがわかる。また、白石千別についても、彼は気吹舎には入門しなかったが、彼自身が和学者・歌人であり、息子である真道が気吹舎の門人であったので、平田派とは直接は接触しなかったと思われるが、まったく関係がなかったとはいい切れない。いずれにしても、サトウの神道・国学分野の学習・研究に関係したのは、平田派国学の連中で、ある面ではサトウの神道研究には平田派の思想がなんらかのかたちで影響を与えていたといえる。外国人と尊皇攘夷派という二者の関係から考えると、平田派の国学とサトウとの関係は通常の想定を超えるものであった。「攘夷」は文字通り外国人を排斥する意味であり、外国人と交際することは正反対のこととなる。サトウと平田派の国学との関係については、サトウの蔵書について言及するところで詳しく説明してみたい。

平田派に入門しなかった三人の神道・国学関係者の中では、宮本小一（みやもと・こいち、または、おかず）の役割は特に重要である。サトウと平田派の関係者を結び付ける部分の中枢に位置していたのは、実はこの宮本小一であった。結果から考えると、彼がサトウにとっては神道・国学関係者の〝キー・パーソン〟であったといえるかもしれない。また、前述したように、彼はアストンやサトウの朝鮮研究にも関わっていたのである。彼自身は父親である宮本久平同様、昌平坂学問吟味甲科及第の資格者であった。また、白石千別（白石由郎）も同じように甲科及第者であった。要するに、彼ら（宮本久平・小一父子と白石千別）は家柄ではなく、実力で出世した幕府の能吏たちであった。幕末の超エリート官僚であり、能力で抜擢された優秀な人材の適例といえるであろう。近・現代風にいえば、昌平坂学問吟味甲科及第者は、東京大学などを卒業し国家公務員試験を優秀な成績で合格した高級官僚に相当するのであろう。宮本久平、小一、白石たちは、もともとは昌平坂学問所などでは朱子学などを学んだのであろう。ただし、時代の流れとして、儒学だけではなく、和学・国学などにも興味を持っていたのであろう。その結果、宮本久平は碧川弘良（平田銕胤）の姪（妹の娘）を妻にしたのである。白石千別は和学者になったのである。後述するように、白石千別の息子、真道（甕栗、吉郎）は、宮本小一の紹介で平田派の気吹舎に入門した。

その宮本小一は、前述したように平田父子（銕胤、延胤）、すなわち気吹舎の主家にあたる平田家とは親戚関係で結ばれていた。父久平の妻、すなわち小一の母つるは岩崎庄太夫の娘で、つるの母が岩崎とみ（おとみ）であった。とみは平田銕胤の妹にあたる。銕胤は小一の母つるにとっては伯父、また延胤は従兄弟にあたる。平田延胤の一八七〇（明治三）年五月一八日付の両親宛の書簡[45]によると、富山に住んでいる叔母である岩崎とみが東京（江戸）に来ることなどで、宮本小一が延胤と接触している様子がわかる。その書簡では、延胤は小一が外務少丞に昇進して「様子がいい」とも伝えている。宮本小一は幕末に外国奉行に務めていたが、明治維新後も引き続き明治新政府の外務省に勤務することになった。明治初年の段階では、当然英国公使館のサトウとは知り合いであった。また、彼の上司であった外務卿沢宣嘉も、平田派の気吹舎に入門していたのである。平田延胤は書簡などで沢のことにも言及している。書簡などでは、沢宣嘉のことは「沢殿」とか「沢卿」などと呼ばれていた。

なお、外務省勤務の宮本小一のことについては、平田延胤はやはり京都に滞在していた両親宛の書簡で、次のようなエピソードを披露している。福羽《ふくば》美静《びせい》が延胤に語った話である。

過日禁中にて宮本外務少祐と云人ニ初めて逢たる処、同人自分風聴して云く、私ハトツカサの少祐ヲ勤候宮本小一と申ものニ候云々と申候よし、外務ヲトツカサと可申とハ思ひもつかず居たる故に、急ニトツカサを外務之事と心づかず首ヲ傾ケたりとて大笑ひ之咄ニ御座候、夫ニつけても大道之ひらけたる事と感激此事ニ奉存候、(46)
以上の宮本小一をめぐるエピソードで、彼が宮中で国学・神道関係者として明治政府の要職にいた福羽美静に会った時、「外務」のことを国学流に「トツカサ」と称えるなど、明治初年頃には、小一も相当新しい〝時流〟に乗っている様子を伝えている。すなわち、小一は外務省の役人ではあるが、縁戚として平田家(気吹舎)につながることもかなり意識している様子である。この時代はまだ平田派が勢いを持っていた時期で、平田家(気吹舎)との縁戚関係は宮本小一の立場を後押しすることになったのであろう。

林甕臣

サトウと関係する神道・国学分野の九人に関する話題を続ける。その九人のうち、サトウは稲葉正邦、白石千別、沢宣嘉、宮本小一などとは、外交分野の仕事で顔見知りであった。沢と宮本を除けば、サトウはすでに幕末から稲葉や白石とは知己であった。しかしながら、神道・国学関係の件で、彼が最初に接触を持った人物は林甕臣《はやしみかおみ》であると考えられる。サトウは来日後およそ七年目にあたる一八六九（明治二）年に、第一回目の賜暇で英国に帰国した。彼が東京を離れたのは同年二月二四日であった。また、前年（一八六八年、明治元年）の一二月三、四日頃、サトウは後に石橋政方との共著で出版した『英和口語辞典』編纂の準備をしていた。彼は自著『一外交官の見た明治維新』の中で、「そのころ、私は英和会話辞書の編纂と、日本語の小説を読むことで、多くの時間をすごしていた[47]」と記述している。サトウと林甕臣が接触を持った点については、甕臣の末子で著名な洋画家でもある林武は次のように書いている。すなわち、林武によると、甕臣は官命によりサトウに日本語を教授することになったという。

明治二年、父〔林甕臣〕は、二十五の時、そのアーネスト・サトウに国語を伝授することを命ぜられた。年は父の方がかなり下だつたと思ふが、二人は非常に意気投合したらしい。初めはお互に言葉が解らず、いろいろ苦心したやうだが、だんだん通じるやうになつて、『道中膝栗毛』なども教へたと言ふ。そんなわけで、アーネスト・サトウは英国へ帰る時、父に「英国へ一緒に来ないか」と誘つた[48]。

この林武の記述に少し説明を加えたい。まず、サトウと林甕臣の年齢であるが、ほとんど同じで、サトウが一歳ほど年長であった。サトウは甕臣に英国に留学するように誘ったようであるが、甕臣は英国には出かけなかった。留学の機会に応じなかったのである。ただ、彼は後でそのことを後悔していたとのことである。似たような話として、サトウの従者であった野口富蔵の英国留学がある。野口はサトウに同行して一八六九（明治二）年に英国に出かけた。たまたま、野口と林甕臣は共に弘化二（一八四五）年生まれで同年齢であった。サトウに日本語を教えることが縁で、甕臣にも英国に出かける機会があったかもしれないが、彼は野口富蔵の場合とは異なり、英国には留学しなかったのである。

では、一体誰がサトウと林甕臣を結び付けたのであろうか。実はそれがよくわからないのである。一応考えられるのは沢宣嘉あたりである。というのは、林甕臣が官命によりサトウに日本語を教授することになったと子息の林武は書いているからである。沢宣嘉は外国官知事および外務卿を歴任しており、さらに一八六七（慶応三）年に平田派の気吹舎に入門していたので、彼が平田家などを通して一〇代からすでに平田家に預けられていた林甕臣を、サトウの日本語教師として紹介していたという可能性は大いにあったと考えられる。しかし、この説には問題がある。というのは、沢が外国官知事および外務卿に就任したのは、一八六九（明治二）年六月とか七月のことで、すでにサトウが英国に帰国するため離日した一八六九（明治二）年二月以降のことになる。そこで、この説は可能性が低いかもしれない。サトウが林甕臣から日本語の教授を受けたのは、おそらく一八六八（明治元）年の一一月とか一二月、または一八六九（明治二）年一月頃の話で、官命云々に沢宣嘉を想定するのには多少無理があるかもしれない。その頃に沢と似た立場にあったのは東久世《ひがしくぜ》通禧《みちとみ》で、彼を候補者に上げることもできるが、はたして東久世が平田家などと接触があったどうかははっきりしないのである。そんな事情で、国学者林甕臣とサトウとの間には接触があったことは確かであったが、その接触を誰が取り持ったのかについては現在のところよくわからない。サトウの『英和口語辞典』については、後にその編纂を手伝うことになるは石橋政方で、彼は宮本小一の外務省における同僚であった。そこで、外務省関係の宮本小一が林甕臣をサトウに紹介したという線も考えられるが、確かな証拠がある話ではない。ただ、宮本小一である可能性はかなり高いかもしれない。平田家と関係がある宮本小一ならば、それができたのかもしれない。

和田重雄

続いて、サトウが神道・国学関係者と接触を持つのは、サトウが第一回目の賜暇を終え、日本に帰任した一八七〇（明治三）年一一月以降のことになる。その前に、沢宣嘉は一八六九（明治二）年七月に外務卿に就任し、宮本小一も同月外務権少丞に任命され、さらに翌年三月には外務少丞に昇進した。一八七〇（明治三）年当時の平田家では、当主銕胤は京都に在住し、銕胤の嗣子延胤が東京に住んでいた。その延胤が父親などに送付した書簡などにも、宮本小一のことが言及されている。[49]また、一八七一（明治四）年頃のサトウの日記にも、外務卿の沢の名前などと一緒に宮本小一の名前も記載されている。[50]また、サトウは一八七二（明治五）年一二月に外国人として初めて伊勢神宮に参拝し、およそ一年後にあたる一八七四（明治七）年二月に日本アジア協会の例会で「伊勢神宮」という論文を報告した。その論文は同年刊行された『日本アジア協会紀要』の第二巻に掲載された。また、続いてサトウは「古神道の復活」という大部な論文を、翌一八七五（明治八）年に刊行した。それは『日本アジア協会紀要』の第三巻に掲載された。ただし、サトウの同論文は、部分的にはすでに一八七四（明治七）年に刊行されていた『ジャパン・ウィークリー・メイル』という英字新聞に発表されていた。以上のサトウの伊勢神宮への旅行、神道関係の論文などを考慮すると、おそらく、サトウは一八七三（明治六）年とか一八七四（明治七）年頃に神道・国学関係をかなり集中的に学習・研究していたと想像することができる。もしかすると、本格的に勉強を始めたのは一八七四（明治七）年頃のことであったかもしれない。その際、その分野の先生（専門家）を雇ったと思われる。そのサトウの神道・国学関係の先生と思われるのは和田重雄である。
サトウは東京在住中のことであるが、一八七七（明治一〇）年一一月に英国人であるサイル博士とふたりで、能を見に麻布飯倉の金剛舞台に出かけた。そこで、幕末に老中を務めていた水野忠精と稲葉正邦のふたりに会った。彼の日記にその時のことが次のように記録されている。

そのさい水野和泉守（忠精）と稲葉美濃守（正邦）の二人と出会った。目下稲葉は芝神明の社の宮司をしていて、その補佐役をしているのが、かつてわたしの日本語教師であった友人の和田茂雄〔重雄〕である。〔中略〕稲葉と最後に会ったのは、御老中との会談の席で、もう十一年

も前のことになる。(51)

このサトウの記述から、一応次のようなことがわかる。サトウは一一年ぶりに稲葉に会った。その時、稲葉はサトウに自分の現況などを話したのであろう。稲葉は明治維新後神道関係の仕事に関係し、自身も平田派の気吹舎に入門していた。彼はサトウに会った時、芝神明神社の祠官（宮司）をしており、和田重雄が稲葉の補佐役（祠掌）をしていることなどをサトウに伝えた。ただ、サトウは以前から神道には興味を持っていたが、稲葉に直接会ったのは幕末以来初めてであった。サトウはその時まで稲葉に会ったことはなかったが、麻布飯倉での出会いを機に、稲葉とは神道関係のことでその後も接触が続いたと思われる。たとえば、現在ケンブリッジ大学図書館はサトウ旧蔵の『祝詞文例』という書籍を所蔵している。この書籍は稲葉正邦と松野勇雄が編集し、一八七六（明治九）年に刊行されたものである。おそらく、このサトウ旧蔵書は稲葉からサトウに寄贈されたものであろう。この『祝詞文例』について、アストンは「神道研究にとって大変貴重」であるというコメントを同書の付箋に残している。(52)

また、サトウの日記に戻ると、実は本書にとって重要な情報は和田重雄のことである。そのサトウの日記の記述から、和田が一八七七（明治一〇）年よりも何年か前に、サトウの日本語教師をしていたことが判明するからである。しかも、サトウはその和田を友人であると記している。どのような友人であったかという点は別問題としても、いずれにしても、サトウの神道・国学関係の先生として、和田の名前が彼の日記にもはっきり記載されているのである。さらに付け加えると、稲葉も和田も平田派の気吹舎の門人であり、和田が稲葉の補佐役になるのには、明らかに気吹舎が関係していたと思われる。また、同様に、和田がサトウの日本語教師になるのにも、気吹舎が関係したと容易に想像することができる。後述するように、サトウと和田のふたりを引き合わせたのが、実は宮本小一であったと考えられる。

サトウは神道や国学を研究するのに専門の教師が必要であると思い、日頃接触のある外務省の宮本小一（外務少丞または外務大丞）あたりに相談したのであろう。沢宣嘉は一八七一（明治四）年七月に外務卿をやめ、一八七三（明治六）年に死去したので、おそらく、気吹舎の門人である和田をサトウに紹介したのは宮本小一であろう。また、サトウにとっても、外務卿である沢よりも、彼の部下である宮本の方が神道の先生の紹介などの話をしやすかったのであろう。サトウは一八七七（明治一〇）年八月に図書係として白石真道（甕栗、吉郎）を雇っているが、その際も、白石は宮本小一の紹介によってサトウに引き合わされたのであろう。その白石真道は宮本小一の紹介により、気吹舎へ入門していたのである。宮本は真道のことを父親である白石千別から面倒をみてくれるようにと頼まれていたかもしれない。千別は宮本にとっては旧職場である外国奉行所の上司などにあたるのであろう。いずれにしても、以上のような状況から、宮本小一は気吹舎の門人のひとりである和田重雄を神道・国学および日本語の教師としてサトウに紹介したのであると推測することができる。

宮本小一とサトウとの交友関係は、サトウの日記の記述などから窺い知ることができる。たとえば、一八七七（明治一〇）年三月にサトウは宮本を外務省に訪ねている。前年朝鮮に出かけた宮本から朝鮮での話を聞くためである。(53) また、同年六月には西南戦争の件で宮本がサトウを訪問している。(54) サトウと宮本はそれなりに密接な関係にあったのである。

和田重雄がサトウの教師（日本語および神道・国学関係）に雇用された時期は、おそらく一八七四（明治七）年頃であると思われる。その当時、和田は芝神明神社の祠掌を拝命する前後頃にあたると思われる。稲葉正邦が芝神明神社の祠官および和田が同神社の祠掌に任じられるのは一八七四（明治七）年のことであった。和田がサトウに神道・国学関係の教授をしたのは、おそらくその前後頃のことであったと想像することができる。また、和田がサトウの神道・国学関係の先生をしていたのは、それほど長い期間ではなかったのではないだろうか。

ケンブリッジ大学図書館はサトウ旧蔵の『毎朝神拝詞記』を所蔵している。これは平田篤胤が毎日神々を拝む際の祝詞を記したもので、平田派の入門者に配布されたものであるという。『毎朝神拝詞記』はいわゆる商業出版物ではなかった。また、平田篤胤の主著『玉襷』は『毎朝神拝詞記』の解説本でもあり、『玉襷』には『毎朝神拝詞』の本文が含まれている。後述するように、ケンブリッジ大学図書館はアストン旧蔵とサトウ旧蔵の二点の『玉襷』を所蔵しており、その『玉襷』には『毎朝神拝詞』の本文が含まれている。『玉襷』とは別に刊行された『毎朝神拝詞記』には、いろいろの版があるが、サトウ旧蔵の『毎朝神拝詞記』は平田銕胤が校訂し、一八七四（明治七）年二月に出版したものである。その版の最後に、一八七三（明治六）年一二月の日付で銕胤が改刻した理由を記している。その『毎朝神拝詞記』の帙に「重雄蔵」と書かれている。そこで、この『毎朝神拝詞記』はもともと和田重雄の所有物で、サトウに譲渡されたものであることが判明する。その出版年月が一八七四（明治七）年二月なので、同年にサトウに譲られたものと想像する。サトウは和田旧蔵の『毎朝神拝詞記』とは別に、もう一点同書を所蔵していたようである。それはチェンバレンに寄贈された『毎朝神拝詞記』である。(55) チェンバレンに譲渡された『毎朝神拝詞記』には嘉永三年の跋文があり、翌嘉永四年に刊行された版である。(56) いずれにしても、現在ケンブリッジ大学図書館が所蔵している『毎朝神拝詞記』は一八七四（明治七）年二月に刊行された和田重雄旧蔵書である。その和田旧蔵書がサトウに譲られたという事情から、おそらく和田重雄が一八七四（明治七）年頃にサトウの神道・国学関係の教師をしていたのではないかと想像することが可能になる。

白石真道

また、既述したように、宮本小一によって白石真道がサトウに紹介され、サトウは彼を図書係として雇った。白石は一八七七（明治一〇）年八月六日にサトウの家に出かけた。それが白石にとって仕事初めであった。サトウは自分の日記にその日のことを次のように記述している。また、同日の午後真道の父親である白石千別も、サトウを訪問していたのである。おそらく、千別は息子が働き始めた様子を見ることも兼ねて、サトウの家を訪ねたのであろう。サトウは外国奉行などをしていた白石とは旧知の間柄であった。特に一八六七（慶応三）年にハリー・パークスやサトウたちが新潟を視察した時に、新潟奉行をしていたのは白石であった。

八月六日　今日、わたしの新しい秘書の白石真道がはじめて仕事に来た。かれはものしずかで謙遜な人柄の若者のようであり、その上たいへんな博識の持ち主のようである。顔つきはまったく東洋人のそれである。午後、かれの父の白石千別（忠太夫）がやってきて、わたしとふたりで三時間、本を読んだ。かれは能にくわしく、それをすぐ朗唱することができる。(57)

以上のサトウの日記の記述から、真道がサトウの図書係として雇われたことと、父親の千別とサトウが一緒に読書するような知り合いであったことが判明する。サトウは真道がまったく東洋人の顔つきをしていると記しているが、一体どのような顔つきを意味しているのであろうか。

白石真道は明らかに宮本小一によってサトウに紹介されたと思われるが、同じ宮本は、それよりも数年前に真道を平田延胤（鉄胤の息子、篤胤の孫）に紹介していた。真道は一八七〇（明治三）年五月二九日に気吹舎に入門していた。(58)平田延胤は白石真道の入門許可について、京都に滞在中の両親宛の書簡で次のように説明している。延胤の母親は平田篤胤の長女千枝、父親は婿養子である鉄胤である。

御両親様　御許　本文相認候御入門ノ内、白石甕栗と申人ハ旧幕新潟奉行や外国奉行を勤めたる白石下総守といふものゝ倅ニ御座候、身分もいやらしく名前も甚怪しき様ニ相考、入門可相断哉と考へ候へ共、猶其親下総ノ言行を聞合候処、奸物などいふ事ハ更ニ聞エ不申、歌などよみ和学者とか申唱候趣ニ付、聞済遣し申候、当人ハ名ニハ似ず至て温順ナル体ニ見受申候(59)

以上引用した平田延胤の書簡から、真道が気吹舎に入門した事情がわかるのである。延胤は真道〔甕栗〕の「身分もいやらしく名前も甚怪しき様」に思えたので、入門を断ろうと考えたが、父親〔千別〕の言行および和学者であることなどを考慮して許可することにしたのである。延胤が実際に真道に会ってみたら、本人はいたって「温順」な様子であったという。なお、平田延胤の書簡では紹介者である宮本小一についての言及はない。小一が白石真道の紹介者であることは、気吹舎の「誓詞帳」および「門人姓名録」に記載されている。(60)

おそらく、宮本小一自身または父親の久平は旧幕時代のよしみで白石千別とは知己であり、宮本父子と白石が旧知の間柄であったので、平田家の縁戚にあたる宮本小一が、千別の息子の真道を平田延胤に紹介し、真道は一八七〇（明治三）年に気吹舎に入門したのであろう。もちろん、真道は気吹舎に入門する以前から国学に興味があり、平田篤胤や本居宣長などの著作には親しんでいたのであろう。真道が国学などに興味を持っていた点は、実は彼が図書係としてサトウのために写本などを作成した際にも役に立ったかもしれない。彼はサトウの蔵書として、伴信友編『古本風土記逸文』や谷川士清編『和訓栞』を筆写したり、『天子御系譜』を補写している。[61] サトウのために国学関係の転写本を作成したのである。サトウの蔵書本から見る限り、彼の筆跡には特徴がある。
サトウは真道がサトウの図書係として働き始めた後も、父親の白石千別を教師として『伊勢物語』や『源氏物語』を一緒に読んでいた様子で、そのことは、彼の日記の一八八一（明治一四）年六月六日の部分に記されている。[62] サトウはその白石千別に一八六七（慶応三）年に新潟で会った際のことを、自著『一外交官の見た明治維新』の中では、次のように記していた。

この白石老人とは、それから十二年ばかり立ってから東京で交際を新たにした。よく私に謡曲の意味を教えてくれたものだ。彼の息子は私の図書係となり、私の家で死んだ。[63]

以上のサトウの記述によって、サトウの図書係であった白石真道はサトウの家で死亡したことがわかる。ただし、サトウは彼がいつ死んだのかについては書いていない。真道はサトウの図書係として、サトウの冊子体の蔵書目録の作成に携わっており、その目録に真道が記入した書籍の上木年などから推定すると、彼の死亡年は一八七九（明治一二）年の終わりか、一八八〇（明治一三）年の前半頃であると考えられる。[64] 真道が一八七〇（明治三）年五月に平田派の気吹舎に入門した時には、数えで二三、四歳であったので、[65] 彼は数え年三三、四歳ぐらいで亡くなったのであろう。先に、一八八一（明治一四）年頃サトウが白石千別と一緒に『伊勢物語』や『源氏物語』などを読んでいたことを報告したが、サトウと白石千別との付き合いは、息子真道が死んだ後も継続していたのかもしれない。

白石真道についてさらに付け加えれば、『ケンブリッジ大学所蔵和漢古書総合目録』では、白石真道の筆による写本、題簽、書入などが特別に注記されている。(66) ただし、白石真道のことは白石澄江と記されているが、これについては多少疑問が残る。白石真道が白石澄江であると見なす根拠は、真道が写した馬琴の『伊波伝毛の記《いわでものき》』に、白石澄江珍秀蔵本という書入があることによると思われるが、もしかすると、白石澄江は白石真道とは別人であるかもしれない。もちろん、別人としても、白石千別や真道の関係者であったことは確かである。おそらく類縁の者であっただろう。

なお、白石千別・真道父子については、サトウが自分の蔵書（和古書）を発展させる際に、いろいろと重要な貢献をしたのではないかと想像している。ケンブリッジ大学図書館がアストン・サトウ・シーボルト・コレクションの一部として所蔵するサトウ旧蔵資料の中には、興味深い書物とか巻物などが含まれている。特に江戸時代の美術とか文学に関係するものが多い。それらの資料がサトウのコレクションとして入手されるについては、おそらく白石千別・真道父子がなんらかの関係を持っていたのではないかと筆者は考えている。

鈴木真年と堀秀成

系譜学者として有名であった鈴木真年《すずきまとし》については、サトウは一八七九（明治一二）年九月の日記に、次のようなことを記録している。

昼食後、『旅行案内』の中の、伊勢神宮にいたる経路を扱う部分を一ページほど書いた。それから鈴木真年が来たので、二人で書庫に腰をおろし、二時間半ほど仏教関係の書籍に目を通した。(67)

すでに述べたように、鈴木真年は安政年間に気吹舎に入門した国学者でもあった。(68)その鈴木とサトウがどのようにして知己になったのかはよくわからない。もしかすると、鈴木が勤務した宮内省の関係者などにより、サトウに紹介されたかもしれない。上述のサトウの日記にあるように、彼が自宅の書庫で国学者である真年と一緒に仏教関係の書籍に目を通したという記述はおもしろい。
さらに国学者である堀秀成についても、鈴木真年の場合と同様に、彼がアーネスト・サトウとどのようなきっかけで知り合いになったのかは多少不明なところがある。サトウの日記によると、一八七七（明治一〇）年八月二八日のところに、次のような記事がある。この記事から想像すると、サトウとは以前から面識のある永井尚服《ながいなおこと》が堀をサトウに引き合わせたように受け取ることができる。

前大名（前美濃加納藩主）の永井尚服と、神道の教師堀秀成が訪ねてきた。堀は日本語の起源をしらべるために、多くの時間をついやしてきたという。そして、この分野で、ヨーロッパでどういう研究がなされてきたかを知りたがった。[69]

堀と一緒にサトウを訪問した永井尚服は、幕府の若年寄を務めた大名であった。維新後、老中や京都所司代を務めた稲葉正邦などと同じように、神道とも関係が深く、一八七三（明治六）年には、教部省の教導職である権少教正になっている。さらに、永井は堀の著作『日本語学階梯』や『語格全図』の出版者になっている。これらの堀の著書は、いずれも一八七七（明治一〇）年に刊行されている。いずれしても、このサトウの日記によると、日本語の起源についてヨーロッパの研究を知るため、最初、堀がサトウを訪問したという。また、サトウは関西旅行の途次、一八七九（明治一二）年一一月に伊勢神宮を訪ねたことがあったが、その際、かつての日本語教師に再会したと日記に記している。[70]その日本語教師というのが堀秀成のことであった。堀は一八七八（明治一一）年の暮から伊勢神宮に勤務していた。
一方、堀についての代表的な書籍である『最後の国学者堀秀成』は、堀とサトウとの出会いを次のように記述している。ここの部分には多少著者の想像が含まれているかもしれない。

この頃（堀が学習院で教鞭を執って居た頃、一八七七（明治十）年五月から十月まで）、西郷を崇拝していた若い英国外交官アーネスト・サトウが、牛込妻恋坂の寓居を訪ねて来た。秀成は今書き上げたばかりの『新律図式』をみせて、音律についての意見を尋ねたが意外にサトウは、秀成の説を受け入れた。また語学問答を試みたが、日本語が世界的大言語であることに意を強くした。特にサトウは、日本語の構成に驚き、英語との比較対照表をつくりたいといい出した。[71]
以上の記述によると、サトウが牛込妻恋坂にあった堀の家を訪問し、両者の交流が始まったようであり、その後堀がサトウに講義したようである。『宣教使堀秀成――だれも書かなかった明治』の著者錦仁も、「秀成の日記を見ると、足繁くサトウの宿舎に通って講義をしている」[72]と、堀が明治一〇年頃サトウに頻繁に面会し、日本語学を教えていたことに言及している。また、サトウが明治一〇年頃に、堀を招待して日本語学を講じさせたことは新聞記事にも出ている。[73]
さらに、一八九七（明治三〇）年に出版された『帝国文学』という雑誌に掲載された「堀秀成翁略譜附著書解題」によると、一八七七（明治一〇）年の部分に以下のような記載がある。

十月本務多端を以て学習院を辞す　本年公務の間を以て大に皇語の学を拡張せんとして所々に之を講す　英国公使附属の「エル子スト、サトウ」等も甚た之を信す　九月語学所を仮に妻恋阪の上に設け十二月浅草七軒町に移す[74]

この略年譜によると、堀は一八七七（明治一〇）年の秋頃、サトウに対して日本語学について講義を与えていたようである。また、同じ「堀秀成翁略譜附著書解題」の著書解題の部分には次のような記述がある。

語学問答　四巻
此書は己が門人に成りし英国書記官エル子スト、サトウ氏の嘱に依りて作れるなり(75)

すなわち、堀秀成の『語学問答』という著書は、日本語に関する問答を記したもので、サトウの依嘱により作成されたという。その問答とは、堀とサトウなどとの間で交わされたものであろう。以上のことから、堀は一八七七（明治一〇）年にサトウに対して講義をしたり、また、サトウと日本語についての問答などをしていたことがわかる。堀とサトウとの間で行われた問答は、『語学問答』としてまとめられ、翌年出版するように準備されていたのである。上記の引用では、サトウは堀の門人になったと記載されているが、堀は自分の講義を受けた人物などはすべて門人、弟子、教え子扱いにしたのである。(76)
堀がサトウに与えた講義とか、堀とサトウが交わした問答などを、今度はサトウ側から見ると、次のようなことがわかる。堀秀成の講義を受けたサトウは二冊本の写本を作成し、『堀氏講義録』とか『堀先生講義録』と名付けて、自分の蔵書として保存していた。そのことはサトウの蔵書目録に『堀氏講義録』[77]や『堀先生講義録』[78]が含まれていることから明らかである。ただし、その『堀氏講義録』（または『堀先生講義録』）はサトウがチェンバレンに寄贈した和漢書のリストに含まれ、[79]残念ながらチェンバレンに譲渡されてしまった。そこで、それはアストンおよびケンブリッジ大学図書館の所蔵にはならなかった。現在、その二冊本の写本がどこにあるのかは不明である。そのため、その写本の内容を調べることができない。もしかすると、『堀氏講義録』（または『堀先生講義録』）は、内容的には『語学問答』と似通った書物であるかもしれない。両書の内容が類似していることは確かであろう。

注

（1）板坂耀子「『天石笛之記』が描く平田篤胤」（『語文研究』八六、八七）三〇―三一頁。
（2）岡田亜由未「樋口一葉研究――明治十七年の一葉和歌を指導した和田重雄を中心に」（『国文学踏査』二六、二〇一四年）、岸川雅範「東京奠都と神田祭――明治初年の神田祭の変遷を素描する」（『明治聖徳記念学会紀要』二〇〇九年）。
（3）『新修平田篤胤全集』（別巻、名著出版、一九八一年）二一三頁、『国立歴史民俗博物館研究報告』（一四六、二〇〇九年）三四一頁。
（4）高橋二郎編『昌平大学同窓名簿』（村岡良弼、一八九二年）一二頁。
（5）大久保利謙『明治維新と教育』（吉川弘文館、一九八七年）二二四、二八八頁、『国立歴史民俗博物館研究報告』（一二八、二〇〇六年）四二八頁。

（6）『名家伝記資料集成』（四、思文閣、一九八四年）七三三頁。
（7）『国書人名辞典』（四、岩波書店、一九九五年）八〇一頁。
（8）岡田亜由未、前掲書、塩田良平『樋口一葉研究』（増補改訂版、中央公論社、一九六八年）一〇二、一〇八頁。
（9）『国立歴史民俗博物館研究報告』（一四六、二〇〇九年）三四二頁。
（10）『新修平田篤胤全集』前掲書、二〇八、四五九頁。
（11）萩原延壽『西南戦争：遠い崖一三――アーネスト・サトウ日記抄』（朝日新聞、二〇〇八年）一七七頁。
（12）アーネスト・サトウ著／坂田精一訳『一外交官の見た明治維新』（下、岩波書店、一九六〇年）一二頁。
（13）『国立歴史民俗博物館研究報告』（一二八、二〇〇六年）四四二―四四三頁、『国立歴史民俗博物館研究報告』（一四六、二〇〇九年）三四二頁、『新修平田篤胤全集』前掲書、二〇八、四五九頁。
（14）『和学者総覧』（汲古書院、一九九〇年）三五五頁、『国書人名辞典』（二、岩波書店、一九九五年）五五一頁、アーネスト・サトウ著／坂田精一訳、前掲書、一〇頁。
（15）『大日本人名辞書』（新訂版第二巻、大日本人名辞書刊行会、一九三七年）一三二三頁。
（16）『国学者伝記集成』（続、国本出版社、一九三五年）二八四頁。
（17）『神道人名辞典』（神社新報社、一九八六年）二四四頁。
（18）林武『国語の建設』（講談社、一九七一年）三一頁。
（19）『新修平田篤胤全集』前掲書、二〇七、四五八頁。
（20）『職員録・明治七年五月・教部省職員一覧表改』。
（21）『官社神官職員録』（明治九年一月一二日改）九五頁。
（22）戸田義雄「皇典講究所草創期の人びと第十二回――林甕臣」（『国学院大学日本文化研究所報』一七―六）、林武『国語の建設』（講談社、一九七一年）四五頁。
（23）『新修平田篤胤全集』前掲書、五六、二九九頁、『国立歴史民俗博物館研究報告』（一二八、二〇〇六年）

三三九頁。
(24)　田中正弘『幕末維新期の社会変革と群像』(吉川弘文館、二〇〇八年)二〇六―三一一頁。
(25)　『国立歴史民俗博物館研究報告』(一二二、二〇〇五年)八九頁。
(26)　岸田文隆「アストン旧蔵江戸期・明治初期朝鮮語学写本類調査報告」(『青丘学術論集』一七)一五二頁。
(27)　『太政類典』(第一編(慶応三年―明治四年)、第三三巻(官規賞典恩典二)、一四(免職ノ官員御用滞在ノ命アル者ハ仍賜品給セス))。
(28)　『新修平田篤胤全集』前掲書、三四五頁。
(29)　高橋二郎編『昌平大学同窓名簿』(村岡良弼、一八九二年)一頁。
(30)　『明治維新人名辞典』(吉川弘文館、一九八一年)一〇五頁。
(31)　『新修平田篤胤全集』(別巻、名著出版、一九八一年)二二七、四八〇頁。
(32)　『神道人物研究文献目録』(弘文堂、二〇〇〇年)七四頁。
(33)　アーネスト・サトウ著/坂田精一訳、前掲書、六八―六九頁。
(34)　同前、八九―九〇、九三―九四頁。
(35)　アーネスト・サトウ著/坂田精一訳『一外交官の見た明治維新』(上、岩波書店、一九六〇年)一二四―一二五頁。
(36)　同前、一九七―一九八頁。
(37)　アーネスト・サトウ著/坂田精一訳、前掲書下、二五二頁。
(38)　アーネスト・サトウ著/坂田精一訳、前掲書上、一二四―一二五頁、萩原延壽『慶喜登場:遠い崖 四――アーネスト・サトウ日記抄』(朝日新聞、二〇〇七年)一〇一―一〇二頁。
(39)　アーネスト・サトウ著/坂田精一訳、前掲書下、二五二頁。
(40)　萩原延壽『江戸開城:遠い崖七――アーネスト・サトウ日記抄』(朝日新聞、二〇〇八年)三四一頁。
(41)　アーネスト・サトウ著/坂田精一訳、前掲書上、六九頁。

(42) 錦仁『宣教使堀秀成――だれも書かなかった明治』(三弥井書店、二〇一二)五二―五三頁。
(43) 同前、五二―五三頁。
(44) 同前、五二―五三頁。
(45) 『国立歴史民俗博物館研究報告』(一二八、二〇〇六年)四三六―四三七頁。
(46) 同前、四八四頁。
(47) アーネスト・サトウ著／坂田精一訳、前掲書下、二二九頁。
(48) 林武『国語の建設』(講談社、一九七一年)二一―二二頁。
(49) 『国立歴史民俗博物館研究報告』(一二八、二〇〇六年)四三七、四五四、四八四頁。
(50) 萩原延壽『帰国：遠い崖 八――アーネスト・サトウ日記抄』(朝日新聞、二〇〇八年)二八五―二八九、三〇〇頁。
(51) 萩原延壽、前掲書一三、三三九―三四〇頁。
(52) 帀尾達哉「ケンブリッジ大学図書館蔵「アストン和書目録」について(四)」(『鹿児島大学法文学部紀要人文科学論集』六三、二〇〇六年)八八頁。
(53) 萩原延壽、前掲書一三、八三頁。
(54) 萩原延壽、前掲書一三、一六〇頁。
(55) 「王堂君エ贈致スル書籍目録」(『ケンブリッジ大学図書館所蔵アーネスト・サトウ関連蔵書目録』四、ゆまに書房、二〇一六年)二〇二頁。
(56) 「薄墨色蔵書目録」(『ケンブリッジ大学図書館所蔵アーネスト・サトウ関連蔵書目録』二、ゆまに書房、二〇一六年)四五頁。
(57) 萩原延壽、前掲書一三、一七七頁。
(58) 『新修平田篤胤全集』前掲書、二〇八―四五九頁。
(59) 『国立歴史民俗博物館研究報告』(一二八、二〇〇六年)四四二―四四三頁。

(60)『新修平田篤胤全集』前掲書、二〇八、四五九頁。
(61) Nozomu Hayashi & Peter Kornicki, *Early Japanese Books in Cambridge University Library: A Catalogue of the Aston, Satow, and von Siebold Collections*, Cambridge University Press, 1991. p.147, p.235 & p.246.
(62) イアン・C・ラックストン著／長岡祥三、関口英男訳『アーネスト・サトウの生涯――その日記と手紙より』（雄松堂出版、二〇〇三年）一三三頁。
(63) アーネスト・サトウ著／坂田精一訳、前掲書下、一二頁。
(64) 小山騰「ケンブリッジ大学図書館所蔵アーネスト・サトウ関連蔵書目録――紹介と解説」（『ケンブリッジ大学図書館所蔵アーネスト・サトウ関連蔵書目録』一、ゆまに書房、二〇一六年）二七―二八頁。
(65)『新修平田篤胤全集』前掲書、二〇八、四五九頁。
(66) Nozomu Hayashi & Peter Kornicki, op. cit., p.55 & p.69.
(67) 萩原延壽、前掲書一三、三一八頁。
(68)『新修平田篤胤全集』前掲書、五八、二九九頁。
(69) 萩原延壽、前掲書一三、一八二頁。
(70) 萩原延壽『離日：遠い崖一四――アーネスト・サトウ日記抄』（朝日新聞、二〇〇八年）六九頁。
(71)『最後の国学者堀秀成』（堀秀成顕彰会、一九九〇年）一三一頁。
(72) 錦仁、前掲書、二〇六頁。
(73)『読売新聞』（一八七七年一二月一六日）二頁。
(74)「堀秀成翁略譜附著書解題」（『帝国文学』三―一、明治三〇年一月）。
(75)「堀秀成翁略譜附著書解題」（『帝国文学』三―二、明治三〇年二月）。
(76) 錦仁、前掲書、三一八―三一九頁。
(77)「茶色蔵書目録」（『ケンブリッジ大学図書館所蔵アーネスト・サトウ関連蔵書目録』一、ゆまに書房、二〇一六年）三〇頁。

（78）「薄墨色蔵書目録」（『ケンブリッジ大学図書館所蔵アーネスト・サトウ関連蔵書目録』二、ゆまに書房、二〇一六年）三八頁（ここでは、『堀先生講義録』一冊と『堀内先生講義録』一冊になっているが、これは『堀先生講義録』二冊のことであろう）。
（79）「王堂君ヱ贈致スル書籍目録」（『ケンブリッジ大学図書館所蔵アーネスト・サトウ関連蔵書目録』四、ゆまに書房、二〇一六年）二〇七頁。

蔵書の書込と『読史余論』

この章では、ケンブリッジ大学図書館が所蔵するサトウ旧蔵の神道・国学関係の書籍などを使って、サトウの学習および研究の様子をさぐってみたい。要するに、サトウの旧蔵書を使用して、彼の勉学の方法を調査する話である。その場合、例外はあるにしても、主に神道・国学関係の書籍に焦点を当てて考察してみたい。例外というのは、最初に取り上げる新井白石の『読史余論』のことである。サトウが神道・国学関係の書籍に取り組む前に、すでに新井白石の『読史余論』を繙読していたので、サトウの読書を調べる例として『読史余論』から始めることにする。もちろん、『読史余論』がサトウが最初に読んだ書物であるという意味ではない。サトウの勉学・研究の方法がわかる書籍として、まず新井白石の『読史余論』を取り上げるという意味である。

ケンブリッジ大学図書館所蔵のサトウ旧蔵書については、その中のいくつかの書籍には鉛筆やペンなどによる書込があり、それがサトウの学習の様子を調べる手がかりを与えてくれる。サトウ同様、アストンも自分の蔵書に鉛筆やペンで書込を入れながら読書をしていたらしく、アストンの蔵書にも書入がある。しかも、アストンの書込の量は、サトウの場合と比べるとはるかに多いのである。自分が所蔵している書物に書込を入れる場合、サトウやアストンはほとんど鉛筆を使用しているが、まれにはペンで書入をした場合もある。本に書込を入れる場合、通常はペンなどによる書込を避け、後で消すことができる鉛筆による書込の方を選ぶであろう。ただ、自分で所蔵している和書を教科書などとして使用する場合、ペンで直接書込を入れることも考えられる。もし、使用する和書などもそれほど高価でも貴重でもない場合には、実際にペンで書込を入れていた。繰り返しになるが、サトウやアストンの場合、大部分の書込は鉛筆によるものであった。もちろん、書籍を守る立場からいえば、書物に書入などはしない方がいいのであるが、後世の研究者から見ると、蔵書に鉛筆なりペンで書入を残してくれた方が、所蔵者の研究の様子をさぐる上で大きな手助けになる。むしろ、書入本は研究者にとっては歓迎される資料である。本書が扱うような研究の場合は特にそうである。サトウやアストンの学習や研究の様子をさぐるのに、ケンブリッジ大学図書館が所蔵する書込本は貴重な手がかりを与えてくれる。

既述したように、サトウが本格的に神道・国学関係の学習・研究を始めるのは、一八七四（明治七）年頃のことであった。特にその分野の先生を雇って開始したのがその頃のことであると推測することができる。もちろん、サトウはそれ以前から、日本語学習も兼ね、すでにいろいろな和漢書などを使って日本研究を進めていた。一八六二（文久二）年に来日したサトウは、日本研究の分野で最初に多くの興味を抱いたのは歴史であった。彼は英国の公使館員（外交官・領事官）という立場上、当然彼自身が直面している開国時（幕末）または明治初期の日本が、日本の歴史上一体どのような時代に当たるのかという疑問を持っていたと考えられる。そこで、彼は日本語の学習を兼ねながら日本の歴史書などを繙いていったと思われる。そのあたりのことは、彼が日本学の研究者としては比較的早い段階で手を付け、後にはその成果を訳書などとして刊行したのが頼山陽著『日本外史』（一八七二年）、馬場文英《ばばぶんえい》著『元治夢物語――開国史談』（一八七三年）、山口謙《やまぐちけん》著『近世史略』（一八七三年）などの史書の英訳であることからも理解できるであろう。サトウは日本語学習および日本研究の割と早い時期には、歴史書を含めて和漢書などを繙読した際には、いわゆる単語帳（日本語の単語に対応する英語などを書き付けた帳面）のようなものを用意した時もあった。ケンブリッジ大学図書館の蔵書にも何冊かそのような帳面が残されている。また、本章で扱う新井白石の史論書の『読史余論』の場合のように、サトウが書物そのものに書込を入れて読書をした場合もあった。サトウの書込などが入った和漢書も、すでに述べたように、ケンブリッジ大学図書館の蔵書の中にはそれなりに多く含まれている。『読史余論』の場合で興味深いのは、サトウはその『読史余論』を書込を入れながら単に閲読しただけではなく、『読史余論』の中に書かれている趣旨や本文などの一部は、サトウの著作『英国策論』や彼の最初の雑誌論文「日本語筆記のいろいろな様式」（The Various Styles of Japanese Writing）(1)などに使用されていることである。せっかく苦労して読んだ『読史余論』なので、自分で読み解いた内容などを他のことにも利用したということであろうか。

新井白石は日本人だけではなく、外国人研究者にも注目された江戸時代の学者である。サトウの同僚アストンも『日本文学史』の中で彼を取り上げていた。アストンは同書の中で新井白石のことを「漢学者中の俊才」と表現し、彼の史論書である『読史余論』を白石の大著であると見なしている。(2)白石はその『読史余論』の冒頭で、同書が扱うのは「本朝天下の大勢、九変して武家の代となり、武家の代また五変して、当代に及ぶ総論の事」(3)であると述べ、江戸時代までの政権の変遷を総合的な史論として概説する。いわゆる新井白石の「天下九変五変説」である。アストンは白石のことを漢学者として紹介しているが、『読史余論』の本文の最初が北畠親房の『神皇正統記』の引用から始まるように、白石の学問分野は漢学の狭い領域に限定されずに広範囲に及んでいた。ある意味では、国学などと関係する分野を含んでいた。そこで、新井白石は国学者のひとりとして扱われる場合もある。新井白石の学問は漢学・国学の領域を超える多岐にわたるものであった。
すでに、サトウが日本研究の早い段階で日本の歴史に多くの興味をいだき、歴史書などをいくつか繙読していたことに言及したが、そのような日本語学習や日本に関する研究などは、サトウの仕事にとってもいろいろな意味で参考になったと思われる。彼は一八六六（慶応二）年に日本の政治状況に関する三つの論文（記事）を英字新聞に発表した。サトウはそれらの英文の記事を日本語に訳し、『英国策論』という小冊子にまとめた。『英国策論』は写本や印刷本として広く読まれ、英国の対日政策を示すものと見なされ、明治維新にいたる幕末の政治運動などに大きな影響を与えた。『英国策論』のもとになった三つの英文記事のうち、現在のところ、第一番目の記事がまだ見つかっていないが、その第二番目の記事に相当する部分に、以下のような箇所が含まれていた。下記のように、そこの部分を印刷本の『英国策論』から句読点などを加えて引用する。

日本史学家ノ著述ニアルコトク、往古ハ大君ノ威権全ク強カリシ。然シ各国ニ偶有シ如ク、僭偽者天子ヲ弑シテ国権ヲ掌握セシ如キニハ非ルナリ。王権ノ衰微セシハ藤原氏ニヨリ始レリ。(4)

上記の引用部分で、「日本史学家」というのは新井白石のことであり、その「著述」というのは『読史余論』のことである。サトウは『読史余論』の史論にしたがって、「往古」（大昔）には天皇の権威が強かったのが、藤原氏によってそれが衰微し始めたという歴史観を述べる。ただし、その場合、外国によくあるように弑逆などによるものではないという。サトウの『英国策論』のここの部分は、まさに新井白石の『読史余論』に依拠しているのである。それがどうしてわかるのかといえば、サトウが自分で所蔵していた『読史余論』にペンで加えた書込がそのことを物語っているのである。

ケンブリッジ大学図書館は一八六〇（万延元）年刊行の『読史余論』を所蔵している。サトウ旧蔵の『読史余論』である。その『読史余論』の巻一の最初の部分（初丁表）の上欄に、英文で「清和（天皇）は光孝（天皇）のふたつ前の天子、その間の天子が陽成（天皇）である」と書かれてある。書込はペン書きである。その英文の下には、「885-7」および「885」というアラビア数字が書かれている。〝885-7〟は八八五（仁和元）年から八八七（仁和三）年のこと、〝885〟は八八五（仁和元）年のことである。八八五（仁和元）年から八八七（仁和三）年は、光孝天皇の在位期間（本当は八八四―八八七年）、八八五年は仁和の年号が始まった年である。そのサトウの英文の書込に対応する『読史余論』の本文は以下の通りである。サトウによる「清和天皇云々」という英文の書込が『読史余論』の中に含まれているが、下記するのは、その英文の書込の下の部分に印刷されている『読史余論』の本文である。要するに英文の書込に対応する『読史余論』の本文である。

神皇正統記に、光孝より上つかたは一向上古也。万の例を勘ふるにも、仁和より下つかたをぞ申める。五十六代清和幼主にて外祖良房摂政す。是外戚専権の始。〈一変〉基経外舅の親によりて、陽成を廃し光孝を建しかば、天下権帰於藤氏。そののち関白を置き、或は置ざる代ありしかど、藤氏の権おのづから日日盛也。

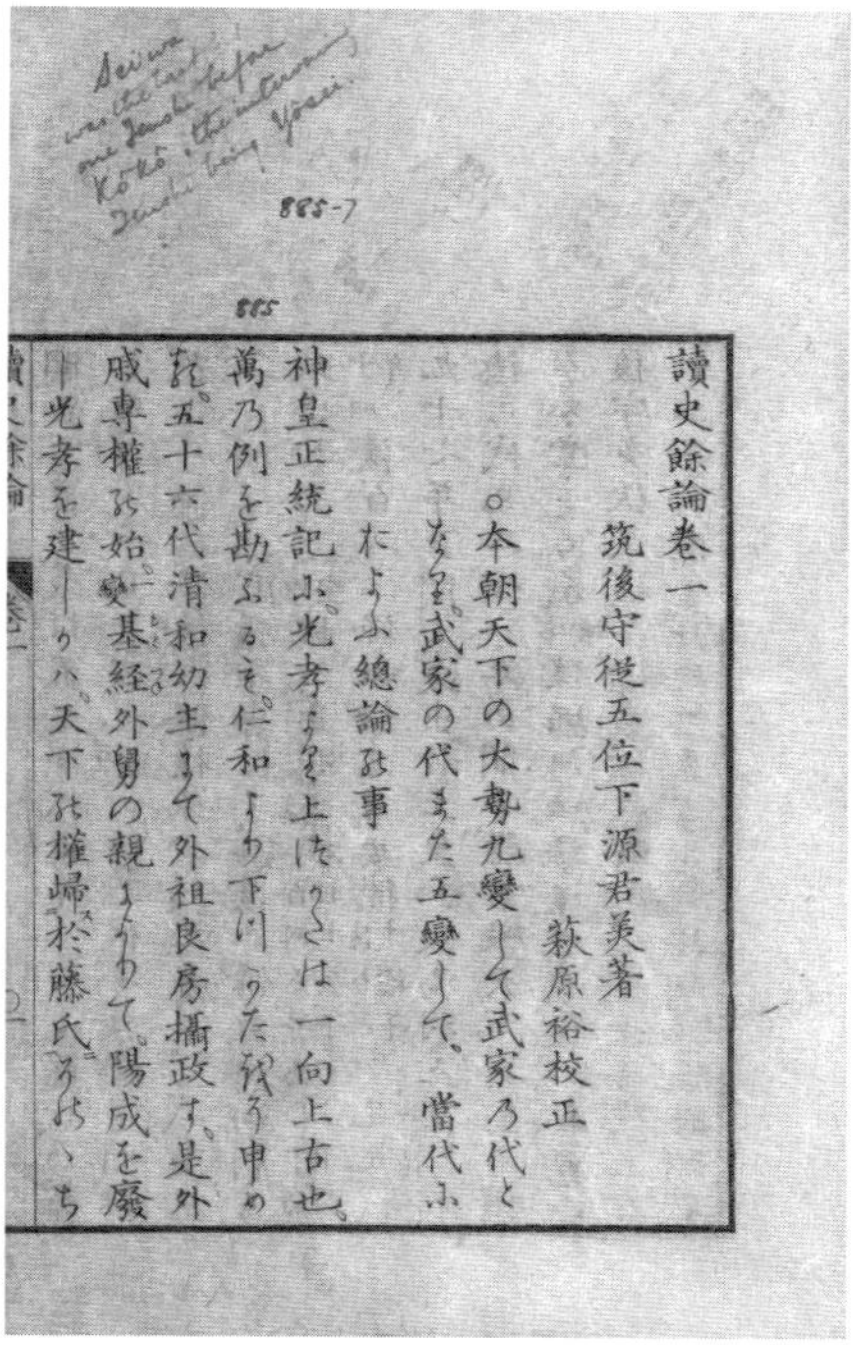
讀史餘論巻一
筑後守従五位下源君美著
萩原裕校正
○本朝天下の大勢九變して武家乃代となり武家の代また五變して當代におよぶ總論の事
神皇正統記に光孝より上たつかたは一向上古也

『読史余論』（サトウ）（巻１初丁表、書込）

以上の引用でわかるように、八八五（仁和元）年に〝上古〟が終わり、天皇の岳父である藤原氏が専権を振るうことになる。藤原氏により元慶八（八八四）年に陽成天皇が廃位し、光孝天皇が即位したことを、八八五（仁和元）年に〝上古〟が終わったとし、それが歴史上〈一変〉にあたるのである。すなわち、〝九変〟のうちの最初の〝一変〟である。日本の歴史上に起きた最初の大きな権力の交代であった。

『読史余論』の巻一の次のページ（初丁裏）には、〝二

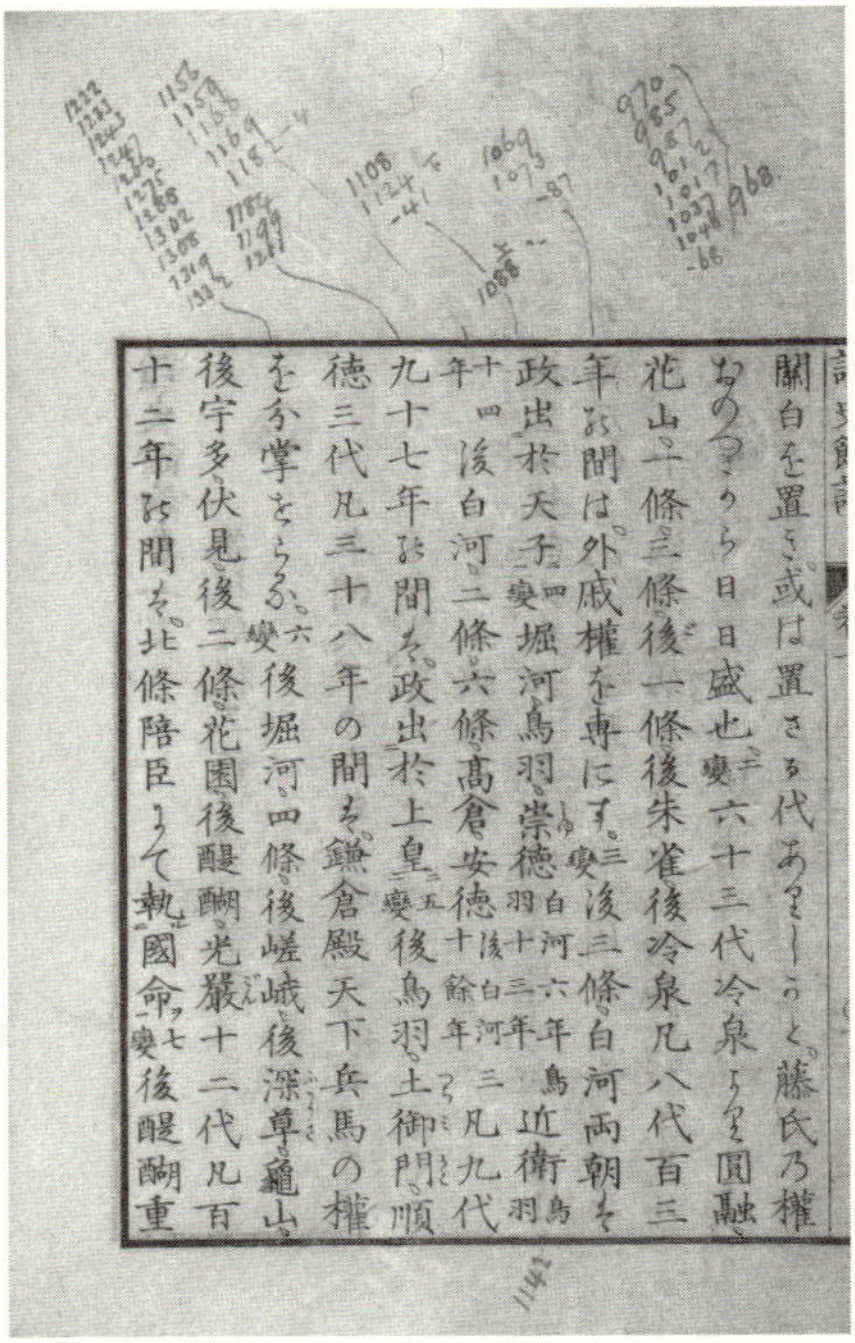
關白を置るゝ或は置さる代ありしかと藤氏乃権
おのつから日々盛也六十三代冷泉より圓融
花山一條三條後一條後朱雀後冷泉凡八代百三
年か間は外戚権を専にす後三條白河両朝を
政出於天子堀河鳥羽崇徳近衛
年後白河二條六條高倉安徳凡九代
九十七年か間は政出於上皇後鳥羽土御門順
徳三代凡三十八年の間は鎌倉殿天下兵馬の権
を分掌せらる後堀河四條後嵯峨後深草亀山
後宇多伏見後二條花園後醍醐光厳十二代凡百
十二年か間は北條陪臣にて執國命後醍醐重

『読史余論』（サトウ）（巻１初丁裏、書込）

〃変〃として、冷泉天皇以下六代一〇三年の間、藤原氏が外戚として権力を専らにしたという。以下、〃三変〃としては、後三條天皇と白川天皇の両王朝が政権を握り、〃四変〃としては、堀河以下九代九七年間上皇が政治を司り、〃五変〃として、後鳥羽以下三世の間、武家が権力を分掌していたことが記述されている。サトウは『読史余論』のページの上欄に〃九変〃（九つの〃変〃）の年代に対応する王朝の年代を西暦で記入したのである。ここの部分の書込は日本の年号に対応する西暦による年数であった。

また、サトウ旧蔵の『読史余論』に使用されている難解な言葉についても書込を入れている。それらの言葉が記載されている行の上欄などに、英文の訳語をペンで付け加えている。たとえば「共主」という言葉には、「sovereign」という訳語が書かれている。主権者というような意味であろう。また読みが難しいところには、ローマ字で読みが書き入れられている。たとえば、「虚器を擁せられしまゝにて」という部分の上に、ローマ字で「kakaera」と記入されている。「擁す」という言葉の読みが「かかえる」ということを表していると考えられる。おそらく、「擁せられしまゝにて」は「かかえせられしままにて」と読まれたのであろう。また、「践祚《せんそ》」には「ascended the throne」、「倉卒《そうそつ》」には「suddenly」、「不予《ふよ》」には「sickness」、「遺詔《いしょう》」には「dying injunction」といったような英語の訳語が書き入れられている。また、「曹司《ぞうし》」は「officers, directors」（役人）、「菅江」は「Sugawara, Ōe」（菅原と大江）のことであることを表す書込もある。清和天皇は八七六（貞観一八）年に譲位し、八七九（元慶三）年に出家するが、その出家することが「薙染《ていせん》」という言葉で表現されていた。外国人でなくても、日本人にとっても難しい言葉である。サトウはその言葉の意味を、英語で「to shave & dye ?? clothes ; i.e. become a priest」と書き入れていた。彼の英文の書込を全部翻字することはできないが、その書込で、「薙染」という言葉が「頭を剃り衣を染めて、出家

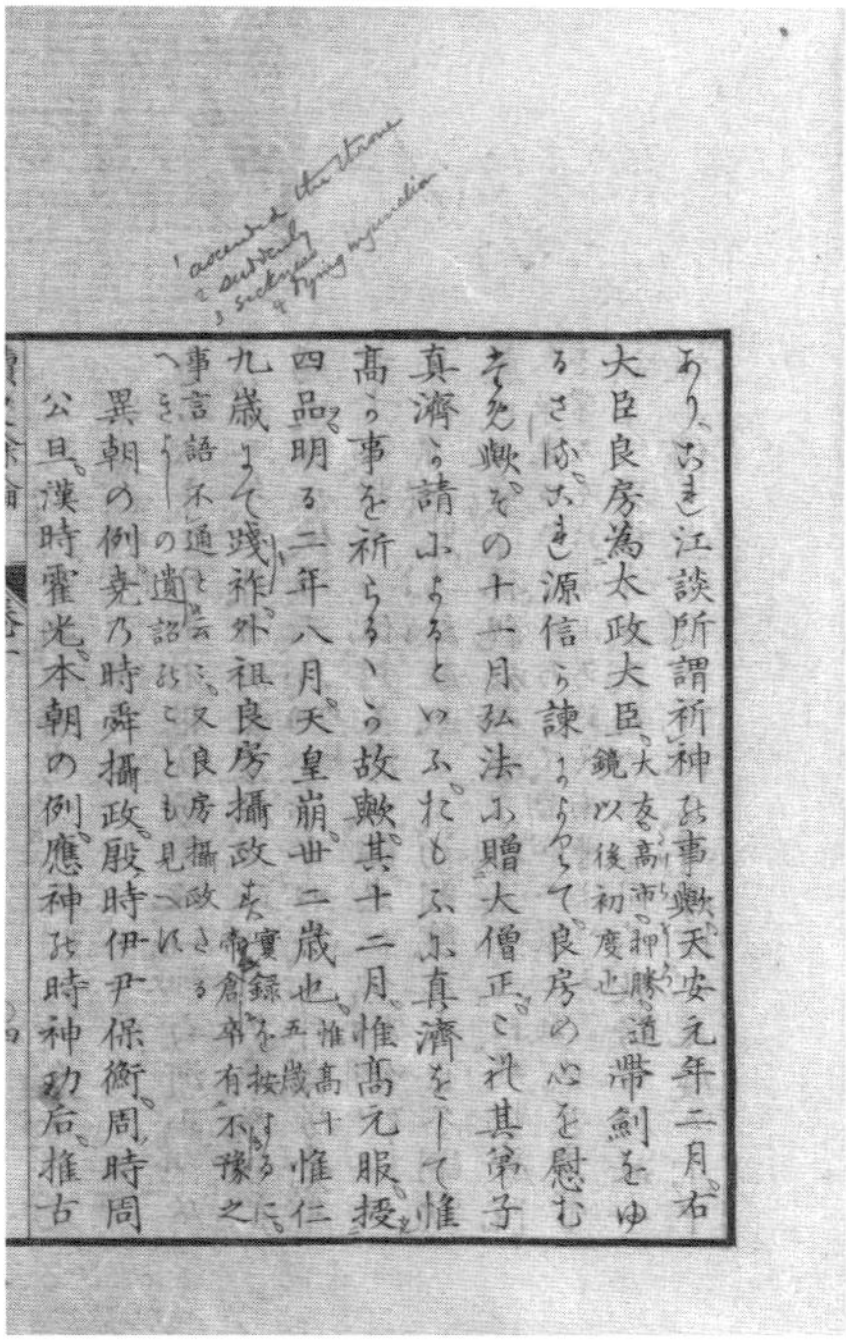

『読史余論』（サトウ）（巻1、4丁表、書込）

することを」を意味していることがわかる。

サトウは一八六五（慶応元）年に英国の雑誌『チャイニーズ・アンド・ジャパニーズ・レポジトリー』（The Chinese and Japanese Repository）に発表した論文「日本語筆記のいろいろな様式」では、日本語の楷書、行書、草書などの書体を例示している。楷書の漢字とひらがなが混じっている例として、『読史余論』の中の一部が図示されている。(5)『英国策論』のもとになった英文の論文（記事）が発表されたのが、一八六六（慶応二）年であり、「日本語筆記のいろいろな様式」という論文がその前年に発表されているので、おそらく、サトウは一八六五（慶応元）年頃に『読史余論』を繙読していたと思われる。その際、サトウはどのようにして『読史余論』を読み解いていたのであろうか。

想像するに、サトウは難しい言葉や言い回しなどを日本語の教師に教えてもらいながら、『読史余論』を読み進んでいったのであろう。先に、九人の神道・国学関係者と九人の日本語教師を列記したが、サトウが『読史余論』を読解しようとした時期には、後者の九人の日本語の教師のだれかがサトウを手助けしたのではないかと思う。たとえば、前出した「薙染」などの難解な言葉の意味は、サトウが自分自身でその意味を探し出すのは、大変困難であっただろうと推測する。やはり日本人の教師などから教えてもらわないと、簡単にはその意味を明らかにすることができなかったのであろう。辞書を使うにしても、日本人の教師からの助けは必要であったと想像する。

『入学問答』

前述したように、サトウが自分の蔵書を使って、神道・国学関係の学習・研究に本格的に取り組むようになるのは一八七四（明治七）年頃であると思われる。その際、サトウが利用したと考えられる神道や国学関係の書籍として、まず最初、平田篤胤著『入学問答』を取り上げてみたい。ケンブリッジ大学図書館は二点の『入学問答』を所蔵している。一点はアストン旧蔵本であり、もう一点はサトウ旧蔵本である。ここでは、サトウ旧蔵の『入学問答』に焦点を当ててみたい。『入学問答』は同じ平田篤胤の『大道或問』などと共に、平田派の国学を学ぶ入門者の手引き書として使われたという。サトウは『大道或問』も旧蔵していたが、一八八五（明治一八）年にチェンバレンに譲渡したので、『大道或問』は最終的にはケンブリッジ大学図書館の所蔵にはならなかった。そこで、残念ながらサトウ旧蔵の『大道或問』は未見であり、また、現在その書籍がどこに所蔵されているのかも不明である。

想像するのに、サトウに教師として雇われた和田重雄は、まず『入学問答』あたりを教科書にして、サトウに平田派の神道・国学を教え始めたのではないかと思う。というのは、『大道或問』の最後に平田派国学の初学者にとって役に立つ書籍が掲げられている。それは同書の校訂者である碧《みどり》川好尚《かわよしひさ》（平田鐵胤の弟）が記したものである。碧川好尚はもちろん『日本紀』および『古事記』などが重要な書籍であることは言を俟つまでもないことであると述べ、しかし、初心者はまず『玉くしげ』、『玉襷』、『古道大意』、『入学問答』などを読むべきであると薦めている。『玉くしげ』は本居宣長の著作であるが、残りはすべて平田篤胤の書籍である。『玉襷』、『古道大意』、『入学問答』の三書の中では、『入学問答』はその題名からおそらく最初に読まれるべき書物であったのであろう。その上、『入学問答』には平田篤胤などの書籍のリストが掲載されているので、初心者にとっては平田派国学を勉強するのには都合がよかったと考えられる。それは書籍収集に余念がないサトウにとっても重宝なリストになったのであろう。
サトウもその『入学問答』については、「古神道の復活」という論文の中で次のように要約している。

これ(『入学問答』)は古道の要諦を初心者に説く短い作品だ。平田の神道に関するその他の著作を読むうえで、優れた入門書の役目を果たすもので、平田が抱いているおおよその見解を習得するにとどまるのであれば、本著作を推奨したい。巻末に平田の定評のある著作すべてを示した書名目録がついているが、これは彼の門弟の手によるもので役に立つ。(6)

サトウ自身が書いているように、『入学問答』は優れた入門書なので、彼は平田派国学を勉強する際、まず『入学問答』あたりから手を付けたのではないかと思う。ただ、サトウの場合、もしかすると『入学問答』と同時に他の書物、たとえば『玉襷』なども一緒に読み始めていたかもしれない。

そのことはサトウが『玉襷』に付けた書込から想像することができる点である。

さて、すでに和田重雄がサトウの神道・国学の先生であったことは記述したが、なぜ、サトウが平田や本居の著作を学び始めた時の教師が和田重雄であると推定できるかという点について、もう少し詳しい解説を加えたい。まず最初の理由は、サトウが和田旧蔵の『毎朝神拝詞記』を譲られていた点である。気吹舎の門人などに手渡される『毎朝神拝詞記』がサトウの蔵書の中に含まれていることから、両者の関係が親しかったことが窺われる。次に重要なのは和田がサトウの教師をしていた時期である。すでに触れたように、和田は一八七四（明治七）年頃に、サトウの教師をしていたと推定することができる。ちょうど同じ頃、サトウも本格的に神道や国学を勉強し始めたと思われる。要するに、サトウは和田のような教師を得ることができたので、神道や国学を本格的に学習することにしたのであろう。ある面では、和田のような教師を確保することができた点と、サトウが復古神道の研究にのめり込んでゆくこととは大いに関係があったかもしれない。

また、サトウ旧蔵の『入学問答』に話題を戻し、『入学問答』に付けられたサトウの手による書込を検討したい。既述したように、『入学問答』の最後に「伊吹能舎先生著撰書目」、「門人著書類」および「伊吹廼屋先生及門人著述刻成之書目」という平田篤胤および門人の著作を記したリストが掲載されている。要するに、気吹舎に入門した門人が読むべき、または入手するべき書籍のリストで、ほとんどが平田篤胤の著作であるが、篤胤の門人の著書も含まれる。既述したように、この著作リストにサトウが鉛筆で書込をしているのである。ほとんどは、「×」という印が付けられてい

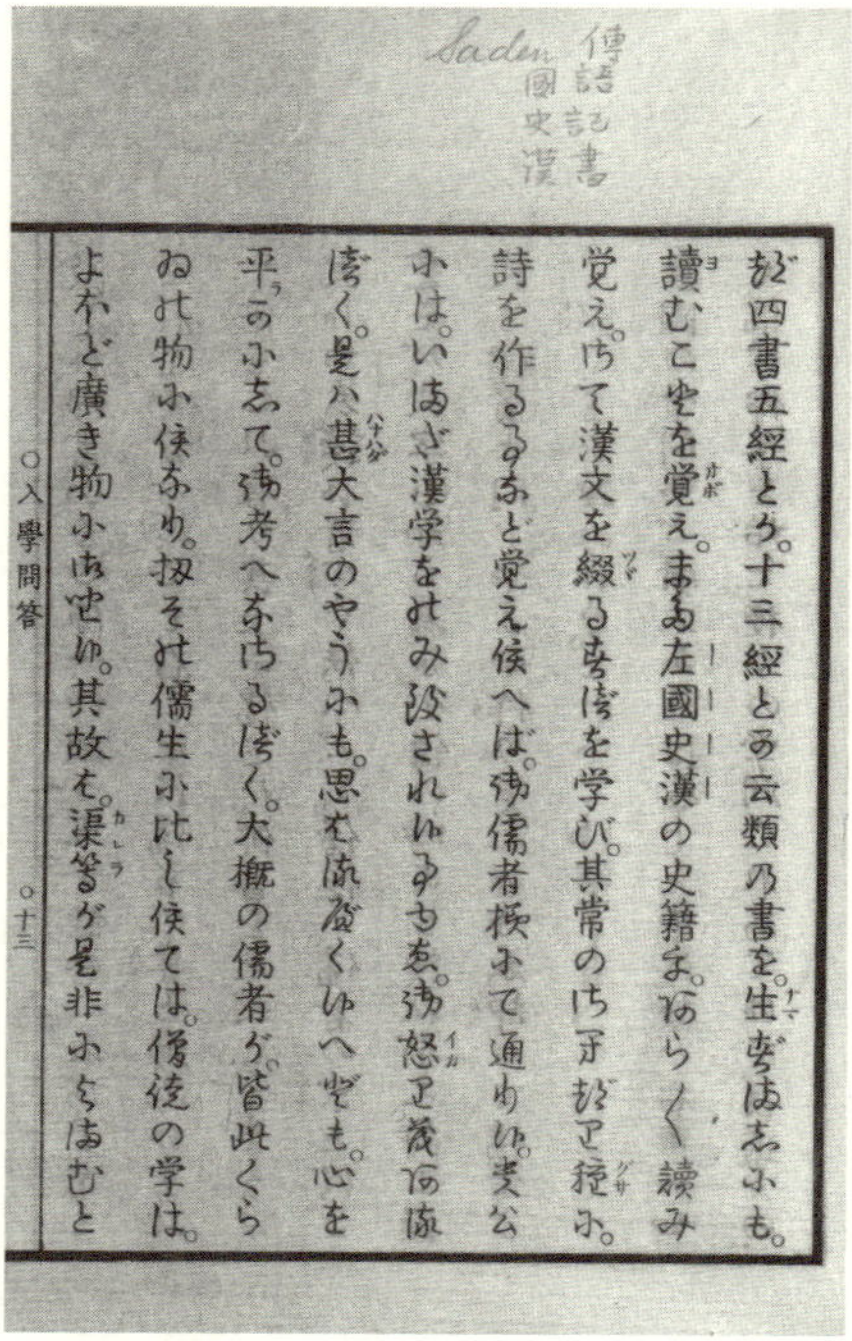

『入学問答』（サトウ）の中に「左・国・史・漢」の書込

るだけである。「×」の印がある著作は、サトウがすでに入手した書籍であるように思われる。または、これから入手するものも含まれているかもしれない。「×」が付いた書籍は、入手に関して何らかの目処が付いたものであると思われる。「×」以外にも、鉛筆で「買うべき」、「入手すべき」、「興味がある」などという英語による注が付されている著作もある。場合によっては、「×」および言葉による注の両方が付いていることもある。また、言葉による注についてさらに付け加えれば、たとえば『巫学談弊《ふがくだんぺい》』という篤胤の著作については、鉛筆で『俗神道大意』のことであるという注が付いている。事実、サトウの書込通り、『巫学談弊』は後には『俗神道大意』と呼ばれるようになった。いずれにしても、サトウは『入学問答』などの出版物の最後に掲載されていたと考えられる篤胤の著作リストなどを使って、網羅的に平田派の神道・国学関係の書籍を入手していたと考えられる。また、実際に彼は多数の平田派国学の著作などを系統的に収集していたのである。

サトウが平田の著作などに鉛筆などで加えた書込で一番多いのは、西暦による年号である。これはアストンの場合も同じで、欧米人が日本語の書籍を読む時に一般的に採用した方法かもしれない。本章の最初で新井白石の『読史余論』に言及したが、その書物にも西暦の年号が多く付されていた。その他には、本文で言及されていることに関係する文献について、英文または漢字などによる書込もある。たとえば、『入学問答』の中で、中国の文献である『尚書』(『書経』)に言及した箇所の上に、英語で『書経』と書き入れているのである。また、別の例では、本文に「左国史漢」と書かれている箇所の上に、漢字で『左伝』(『春秋左氏伝』)、『国語』、『漢書』などと書き入れているのである。また、『入学問答』の中で記載されていること(趣旨)と同様のことが、たとえば『玉襷』にも記載されている場合、サトウは鉛筆で『入学問答』の箇所の上に、『玉襷』の何巻に同じ趣旨の記載があると書き入れている。最後の点については、もしかすると、サトウは『入学問答』や『玉

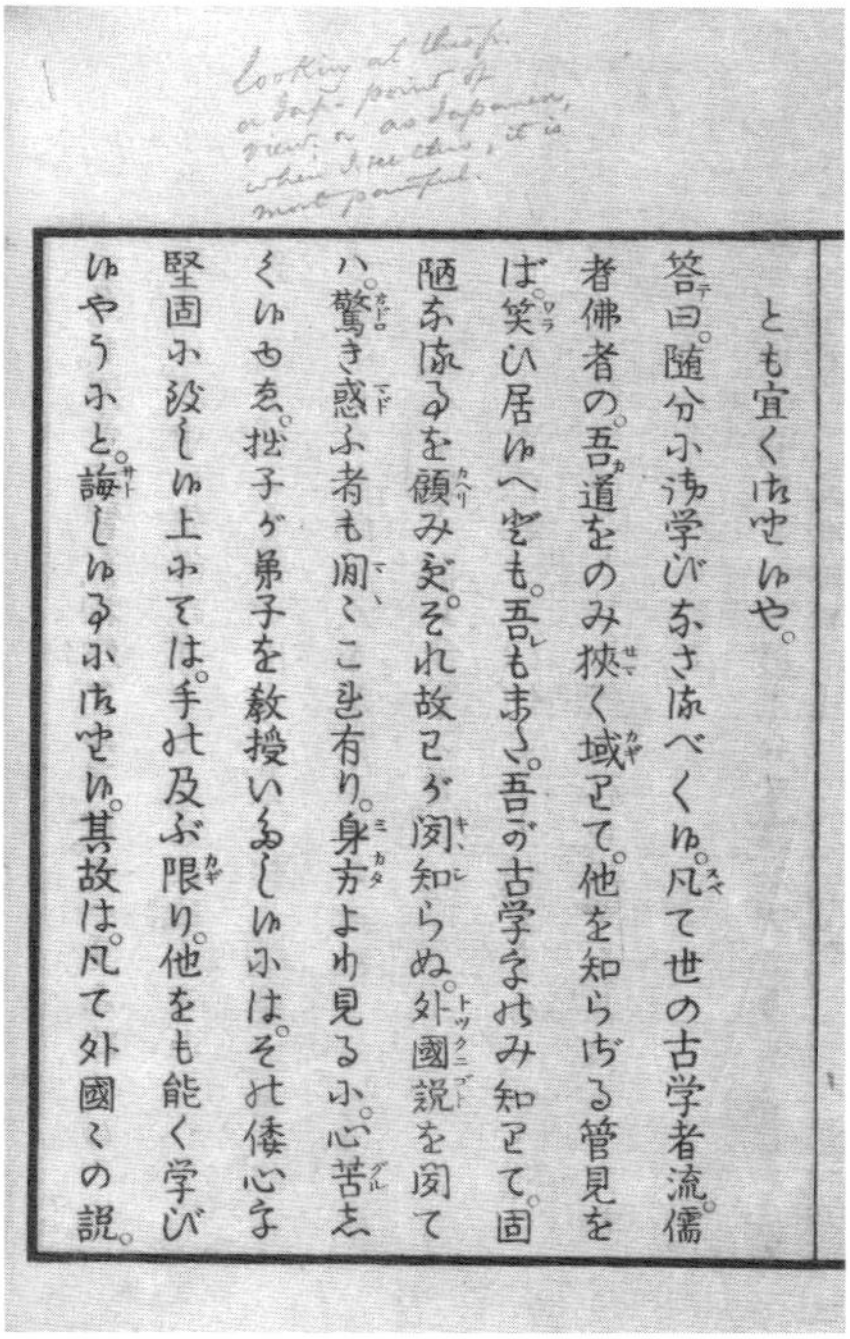

『入学問答』(サトウ)の中に「looking at……」の書込

襷』などを同じ時期に一緒に読んでいた可能性があったかもしれない。

別に『入学問答』の記述だけに限定される訳ではないが、いわゆる平田派や本居宣長などの学問（国学）は、古学と呼ばれている。古道というい方もある。時には、それは和学などと呼ばれる場合もある。要するに、現在我々が国学と呼ぶ学問が古学とか、古道などと呼ばれていたのである。同じことは現在でも和学と呼称されることもある。しかし、平田篤胤は和学という言葉が好きではなかったらしく、篤胤は『入学問答』の中で、はっきり和学と呼ぶのは間違いであると書いている。サトウは『入学問答』のそこの部分に注目し、早速篤胤の主張を学び、同じページに英語で同じ趣旨のことを注記している。さらに、『入学問答』の本文の中で、篤胤が固陋になり外国の説などを学ぼうとしない弟子達を諭すという箇所では、サトウは〝耳が痛い〟という自分の感想を英語で記している。

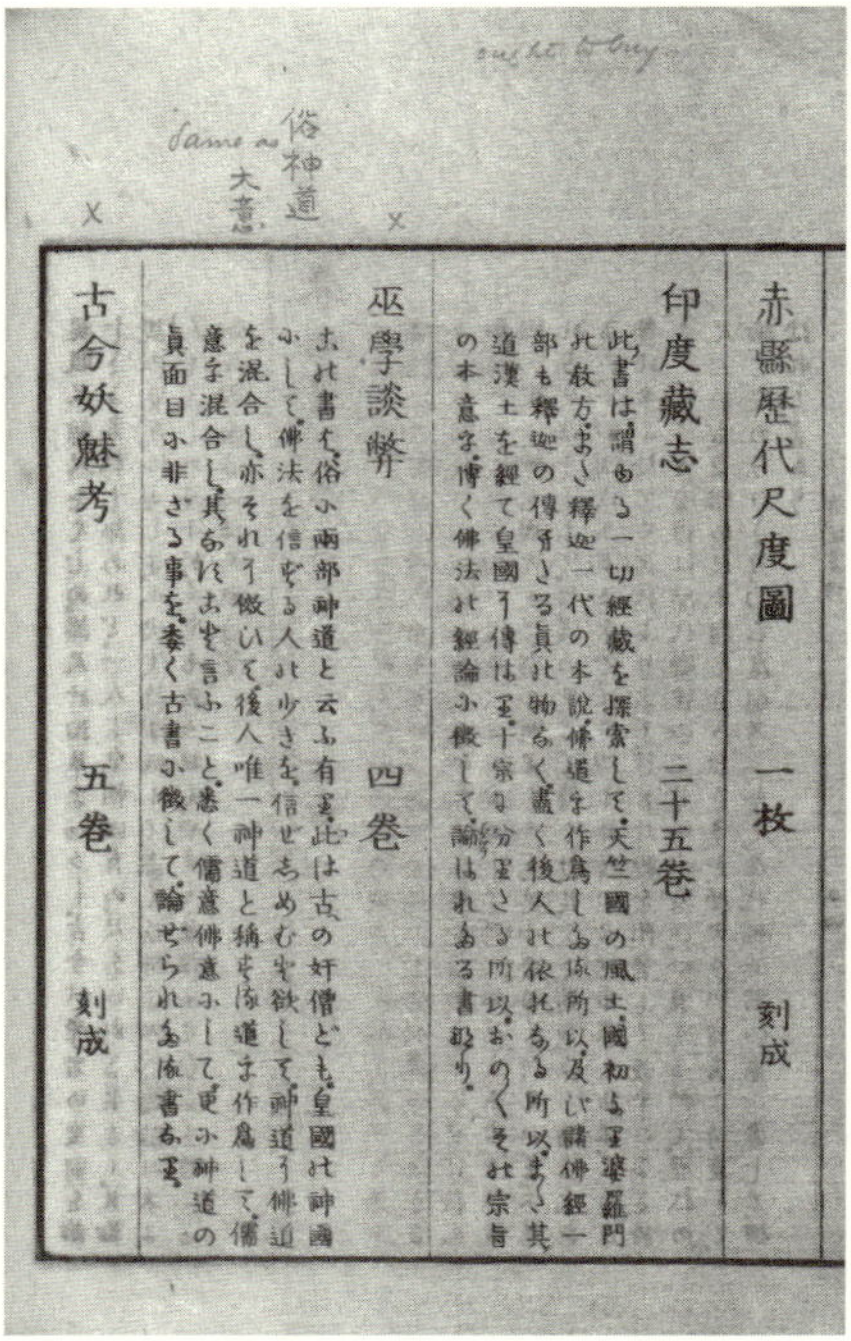

赤縣歴代尺度圖　一枚　刻成
印度藏志　二十五卷
此書は謂ゆる一切經藏を探索して、天竺國の風土、國初より婆羅門の教方、また釋迦一代の本說、佛道を作爲したる所以、及び諸佛經一部も釋迦の傳ざる眞は物なく盡く後人は依托せる所以、また其道漢土を經て皇國へ傳はり、十宗に分りたる所以、おのおのその宗旨の本意を博く佛法は經論に徵して論はれある書なり。
巫學談弊　四卷
此書は、俗に兩部神道と云ふ有るを、此は古の奸僧ども、皇國は神國にして、佛法を信ずる人は少きを、信せしめむと欲して、神道を佛道を混合し、また其を徵いて後人唯一神道と稱する道を作爲して、儒意を混合し、其なれは其を言ふこと、悉く儒意佛意にして、更に神道の眞面目に非ざる事を、委く古書に徵して論ぜられたる書なり。
古今妖魅考　五卷　刻成

『入学問答』（サトウ）の中に「巫学談幣」の書込

もうひとつサトウの学習または読書の方法で特徴的な点は、あまり多くはないが、本文に朱点を加えることである。これは『入学問答』だけに限らず、『玉襷』、『古道大意』、『霊能真柱』などのいくつかの著作を読む時に、サトウが採った方法である。サトウはまず自分でそれらの著作を読んでみて、疑問があるところとか、不明な点、説明が必要な箇所などには朱点を加え、後で教師などから説明を受けて学習したようである。それらの朱点は、一応できるだけ目立たないように付けられている。朱点の付け方も、朱を書き入れるのではなく、赤いごく小さな紙を貼り付ける場合もある。いずれにしても、その朱点を付けた目的は、あくまでもサトウの学習のために付与された目印であると考えられる。この方法はサトウが和田重雄などの教師を雇うことで威力を発揮するやり方であった。たとえば、『入学問答』に付けられた朱点で一例を上げれば、賀茂真淵の和歌についての著作『爾比末奈妣《にいのまなび》』がサトウにとっては不明であったので、そこに朱点が付けられている。

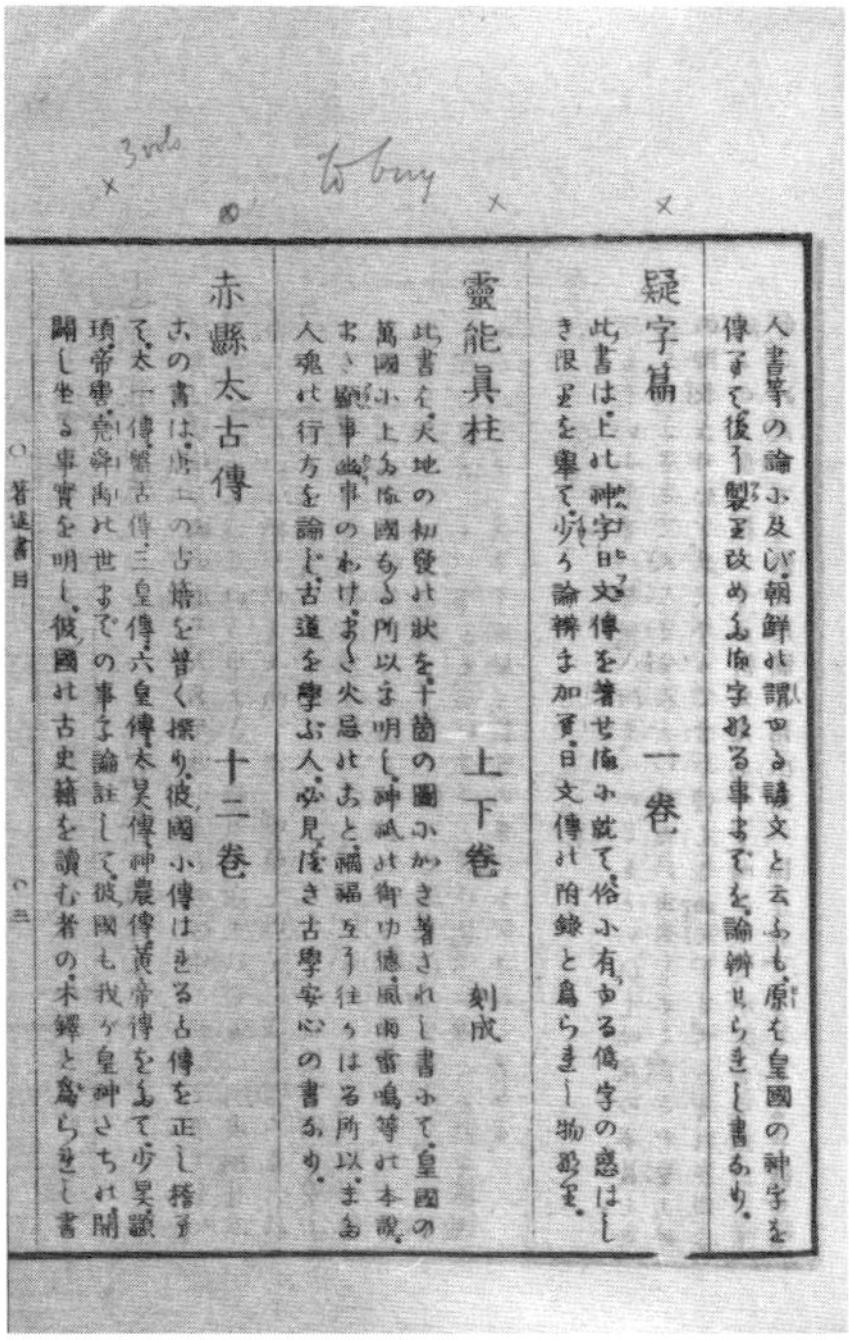

『入学問答』（サトウ）の中に「To buy, 霊能真柱」の書込

おそらく、後で彼は和田重雄などからその歌論書がどのようなものであるのかという説明を受けたものと思われる。

『古道大意』、『玉襷』、『末賀能比連』

すでに言及したように、サトウが神道・国学関係で執筆した本格的な最初の論文は「古神道の復活」という長い論文であった。その論文は復古神道の歴史的な流れ、すなわち国学研究の発展により、仏教や儒教が日本に渡来する以前の本来の神道（古神道、純粋神道）が、新しい宗教として復活する様子を記述したものである。それは国学の歴史的な発達にそって、いわゆる国学の四大人といわれる荷田春満、賀茂真淵、本居宣長そして平田篤胤のそれぞれの伝記、および彼らの代表的な著作についての解説で構成されている。その中でも、復古神道を大成させた平田篤胤、および彼の師にあたる本居宣長に記述の重点が置かれている。たとえば、彼らの著作については、篤胤の主著『霊能真柱』、『古道大意』および宣長の『直毘霊《なおびのみたま》』などが詳しく説明されている。また、それらの著書に関係する書物、たとえば『霊能真柱』の場合、服部中庸《はっとりなかつね》の『三大考』、『直毘霊』の場合、それに対する反論の書である市川匡麻呂《いちかわたずまろ》の『末賀能比連《まがのひれ》』、さらにその市川の書に対する宣長の反論書『葛花』なども引用されている。

サトウが「古神道の復活」という長編の論文を執筆する時に一番参考にした平田篤胤の著作は明

らかに『玉襷』である。その『玉襷』は全部で一〇巻で構成されているが、その中でも特にサトウにとって重要であったのは第九巻とか第二巻であった。サトウ自身も「古神道の復活」という論文の中で、『玉襷』を次のように説明している。

本著書〔『玉襷』〕は、彼［平田篤胤］が門人のために自撰した拝詞に注釈をつけたもので、主題とは無関係な数々の瑣末な事柄になかば埋もれるようにして、神道を宗教としてみる平田自身の見解、および荷田、真淵、本居の伝記が書かれている。当論文〔「古神道の復活」〕で前述した彼ら［荷田、真淵、本居］の伝記は、これを元にしている。(7)

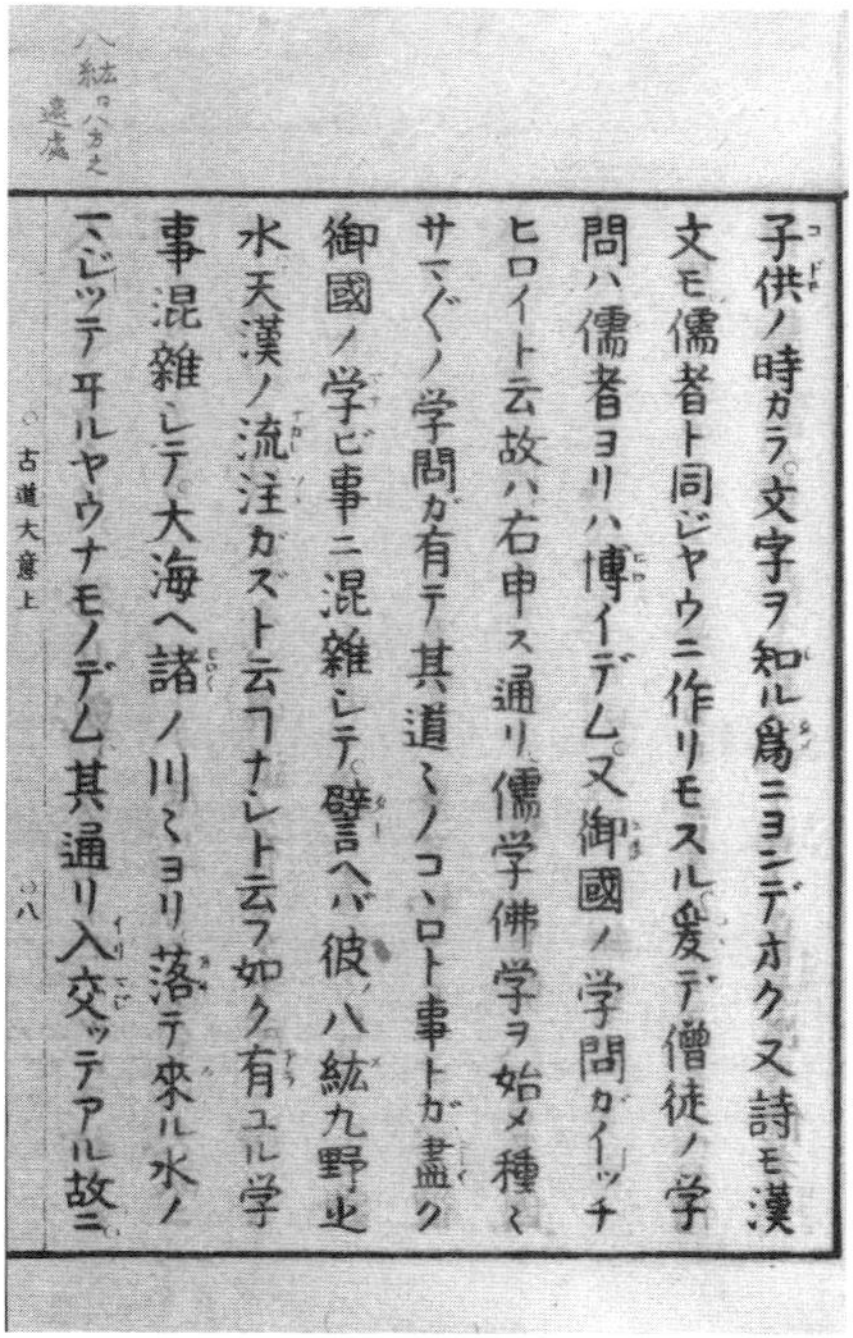
八紘ハ八方之遠處
子供ノ時カラ文字ヲ知ル爲ニヨンデオク又詩モ漢
文モ儒者ト同ジヤウニ作リモスル爰デ僧徒ノ学
問ハ儒者ヨリハ博イデム又御國ノ学問ガイッチ
ヒロイト云故ハ右申ス通リ儒学佛学ヲ始メ種々
サマぐノ学問ガ有テ其道々ノコヽロト事トガ盡ク
御國ノ学ビ事ニ混雑シテ譬ヘバ彼ノ八紘九野ノ
水天漢ノ流注ガズト云フナレト云フ如ク有ユル学
事混雑シテ大海ヘ諸ノ川々ヨリ落テ來ル水ノ
マジッテヰルヤウナモノデム其通リ入交ッテアル故ニ
古道大意上　八

『古道大意』（サトウ所蔵本）（サトウ）の中の「八紘」の書込

以上のサトウの記述から、彼がどのように『玉襷』を利用したのかがわかるのである。すなわち、「古神道の復活」という論文の中に記載されている篤胤を除く国学の三大人に関する伝記の部分は、実は『玉襷』の記述に依拠していたのである。
サトウの主要な論文である「古神道の復活」との関連で、引き続き、彼が平田の著作をどのように学習したかをさぐる作業を継続したい。すでに、平田の『入学問答』については言及したが、『入学問答』を読んだ後、または読んでいる最中、次ぎにサトウが平田篤胤のどの著書に手を付けたかといえば、おそらく『古道大意』とか『玉襷』あたりに進んだものと想像している。もちろん、すでに触れたように、サトウは『入学問答』と同時に『玉襷』や『古道大意』を読み始めていたのかもしれない。ここでは、まず『古道大意』を取り上げてみたい。サトウが『古道大意』をきちんと読んでいたことは、彼が同書に鉛筆で付けた書入で明らかである。まず最初、サトウは鉛筆による書込で『古道大意』の上巻の初丁が重複していることを指摘している。もちろん、これは彼がたまたま所蔵していた『古道大意』が乱丁であったのである。

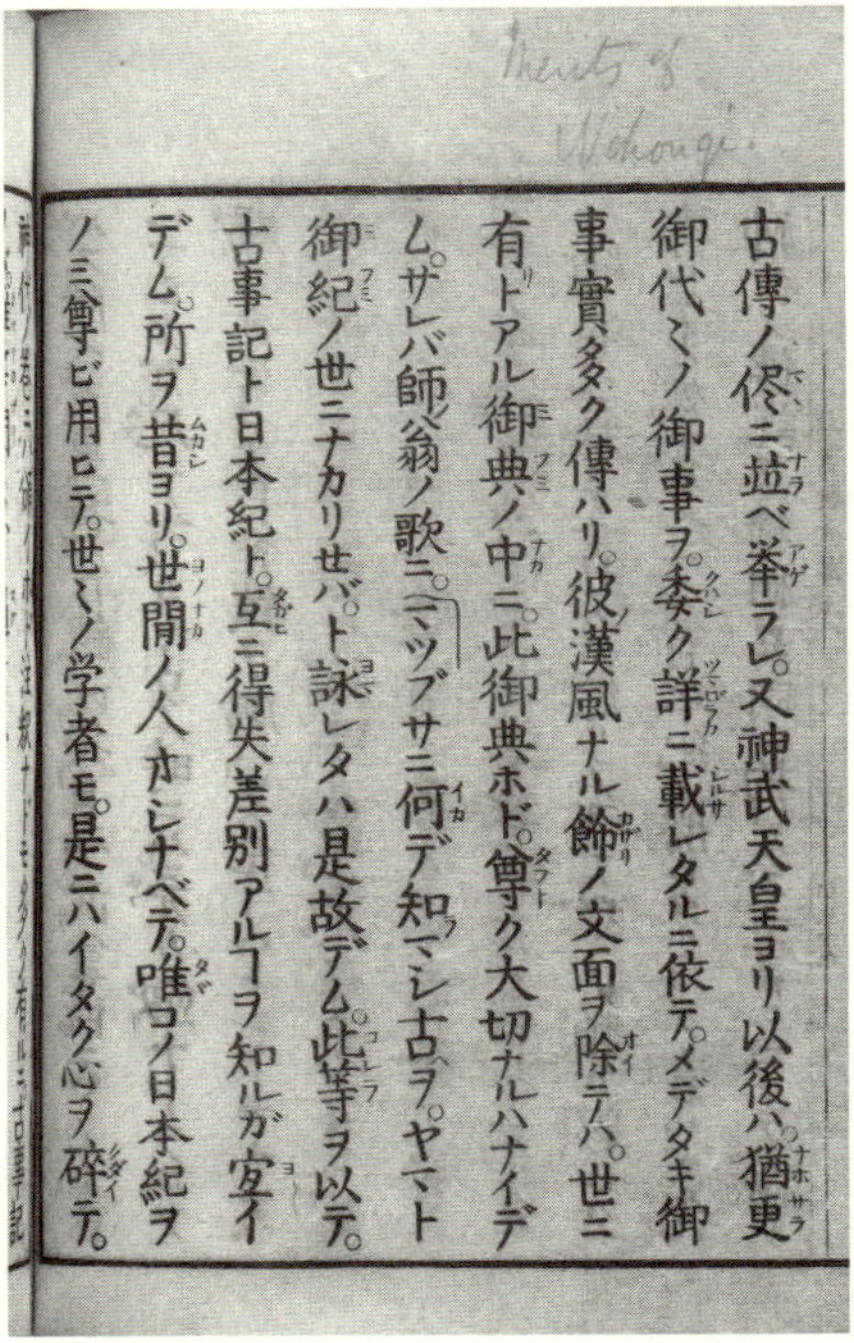
merits of Nihongi.
古傳ノ侭ニ竝《ナラ》ベ挙《アゲ》ラレ。又神武天皇ヨリ以後ハ猶更《ナホサラ》御代々ノ御事ヲ委《クハシ》ク詳《ツマビラカ》ニ載《シルサ》レタルニ依テ。メデタキ御事實多ク傳ハリ。彼ノ漢風ナル飾《カザリ》ノ文面ヲ除《オイ》テハ。世ニ有リドアル御《ミ》典《フミ》ノ中《ナカ》ニ。此御典ホド。尊《タフト》ク大切ナルハナイデム。ザレバ師ノ翁ノ歌ニ。「マツブサニ何《イカ》デ知ラマシ古ヘヲ。ヤマト御《ミ》紀《フミ》ノ世ニナカリセバ。ト詠《ヨミ》レタハ是故デム。此等《コレラ》ヲ以テ。古事記ト日本紀ト。互《タガヒ》ニ得失差別アルコヲ知ルガ宜《ヨ》イデム。所ヲ昔《ムカシ》ヨリ。世間《ヨノナカ》ノ人オシナベテ。唯《タヾ》コノ日本紀ヲノミ尊ビ用ヒテ。世々ノ学者モ。是ニハイタク心ヲ碎《クダイ》テ。

『古道大意』（アストン所蔵本）（アストン）の中の「merits of Nihongi」の書込、アストンの『日本紀』に引用

前述したように、和書を読む時に、サトウは自分の蔵書に朱点を付ける場合がある。彼は『古道大意』の中のいくつかの語句に朱点を付けている。その朱点に注目すると、筆者がたまたま目に付いたところでは次のような例がある。サトウが最初に『古道大意』を読んだ時には、「八紘」という言葉の意味がわからなかったらしく、その言葉に朱点が付されている。後で和田重雄あたりからその意味を教えてもらったようで、サトウは鉛筆書きで「八紘は八方之遠処」と記している。また、彼は「ケウトイ」（キョウトイ、気疎い）という言葉の意味が不明であったので、やはりその言葉に朱点を付けている。そして、後でその意味がわかったらしく、ペンで「Susamajii」と書いている。ただ、「気疎い」の意味が「すさまじい」になるのかどうかは別問題であるが、この場合、サトウはそのように解釈したようである。また、同じように「グラツク」という言葉にも朱点が付けられ、ローマ字で「guratsuku」「vacillate」という注が付けられている。「グラツク」という言葉の場

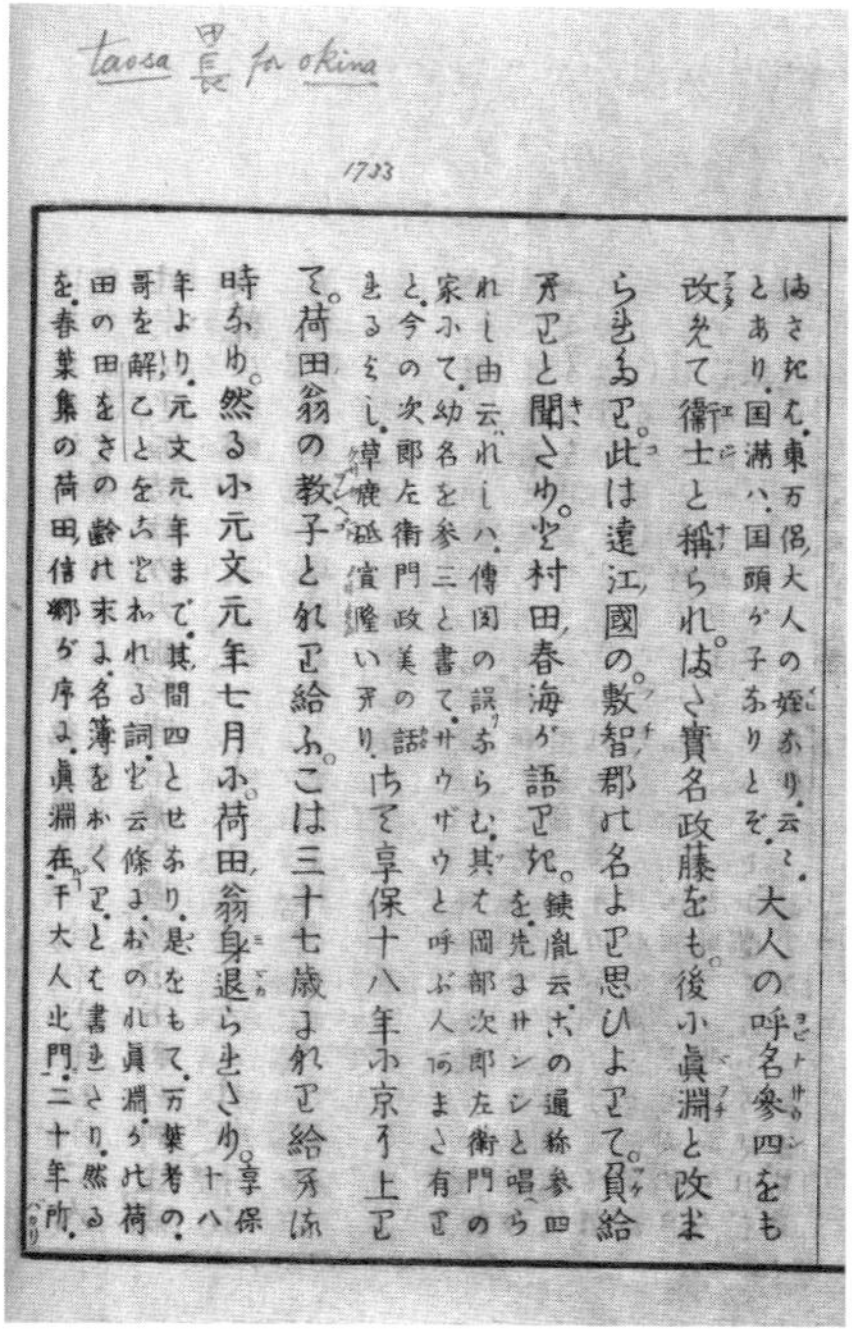

『玉襷』（サトウの所蔵本）第9巻　サトウの「田長」の書込

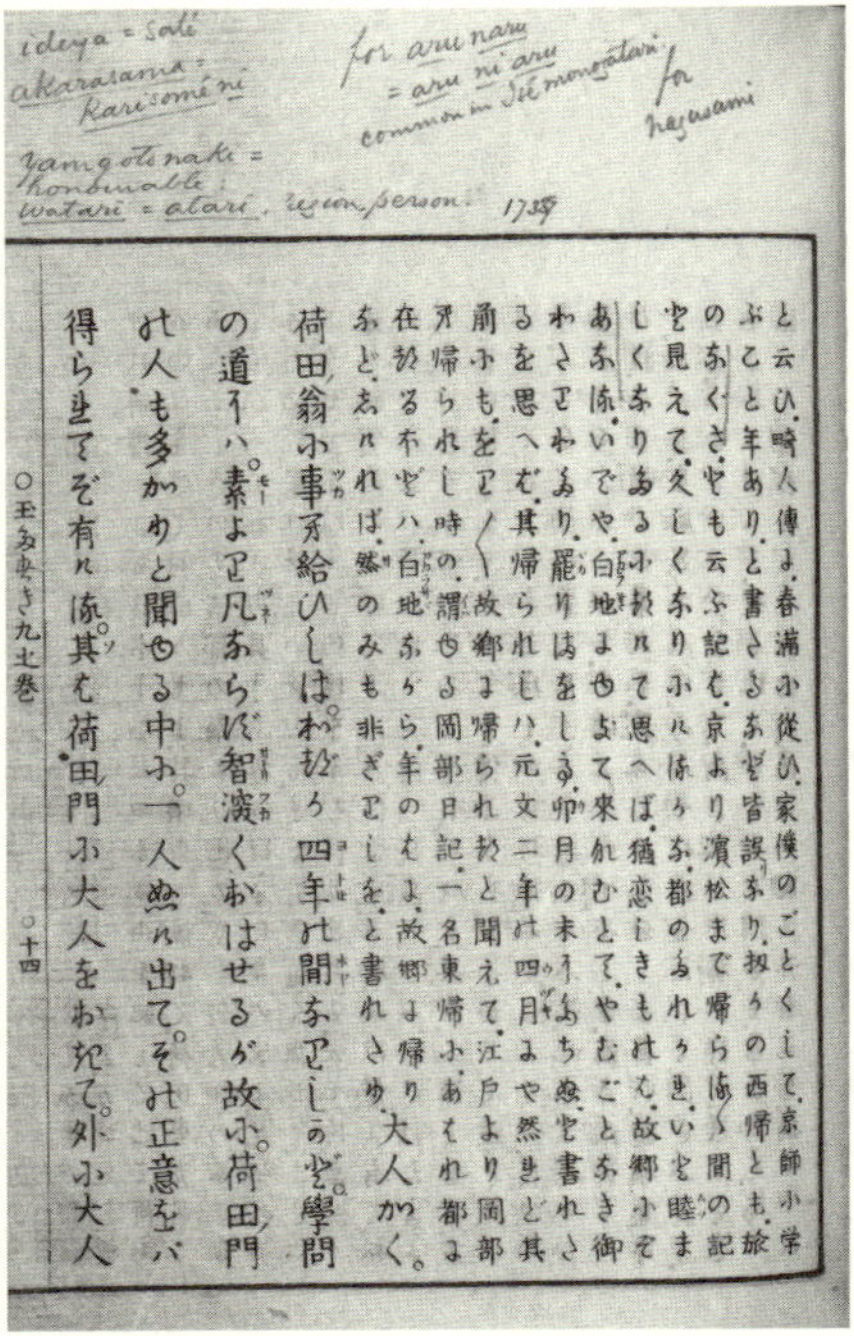

『玉襷』(サトウの所蔵本)第9巻上14丁表　サトウの書込の例

合は正しい訳語(vacillate)が選ばれている。以上のような方法で、サトウは和田重雄などを先生として、平田派の基本的な文献を読破していったのであろう。サトウはもちろん辞書のようなものも利用したと思われるが、疑問点や意味が不明な箇所などについては、直接自分の教師に尋ねたのであろう。参考書や辞書などを使って調べるよりも、こちらの方が的確でありかつ迅速であった。その際、朱点を付与するような手段が利用されたと考えられる。

続いて、平田篤胤の重要な著作である『玉襷』について検討してみたい。すでに『玉襷』の中にある国学の三大人に関する伝記については言及したが、ここでは、もう少し詳しく『玉襷』を調べることにする。『玉襷』は既述したように一〇巻で構成されており、サトウが自分の論文の中で述べているように、全体としては『毎朝神拝詞記』の解説書にあたる。最初の二巻は発題の二巻(上・下)で、「平田学の根本精神とその学の態度とを窺ふに極めて恰当なるもの」で、いわば『玉襷』の「序説とも総論ともいふべきもの」と見なされている。(8) サトウにとっては、発題の二巻の中では第一巻よりも第二巻の方が役に立ったようである。ただし、一〇巻で構成される『玉襷』の中で、サトウにとって一番重要な巻は第九巻で、すでに述べたように「古神道の復活」の中の記述、特に国学三大人の伝記などがこの巻をもとにしている。『玉襷』の最後の巻である第一〇巻には、平田銕胤による「大壑君《たいがくくん》御《ご》一代略記《いちだいりゃっき》」(平田篤胤の年譜)が含まれている。これはサトウが篤胤の伝記を把握するのに役に立った資料であろう。
なお、この『玉襷』第一〇巻には平田銕胤による一八六九(明治二)年の跋文が含まれている。そこで、第一〇巻は同年頃に出版されたと考えられるが、実際に刊行されたのは、一八七三(明治六)年一二月であるという。(9) さらに、第一〇巻には『毎朝神拝詞』が含まれており、それは一八七三(明治六)年一二月に改訂されて刊行された『毎朝神拝詞記』と同じ

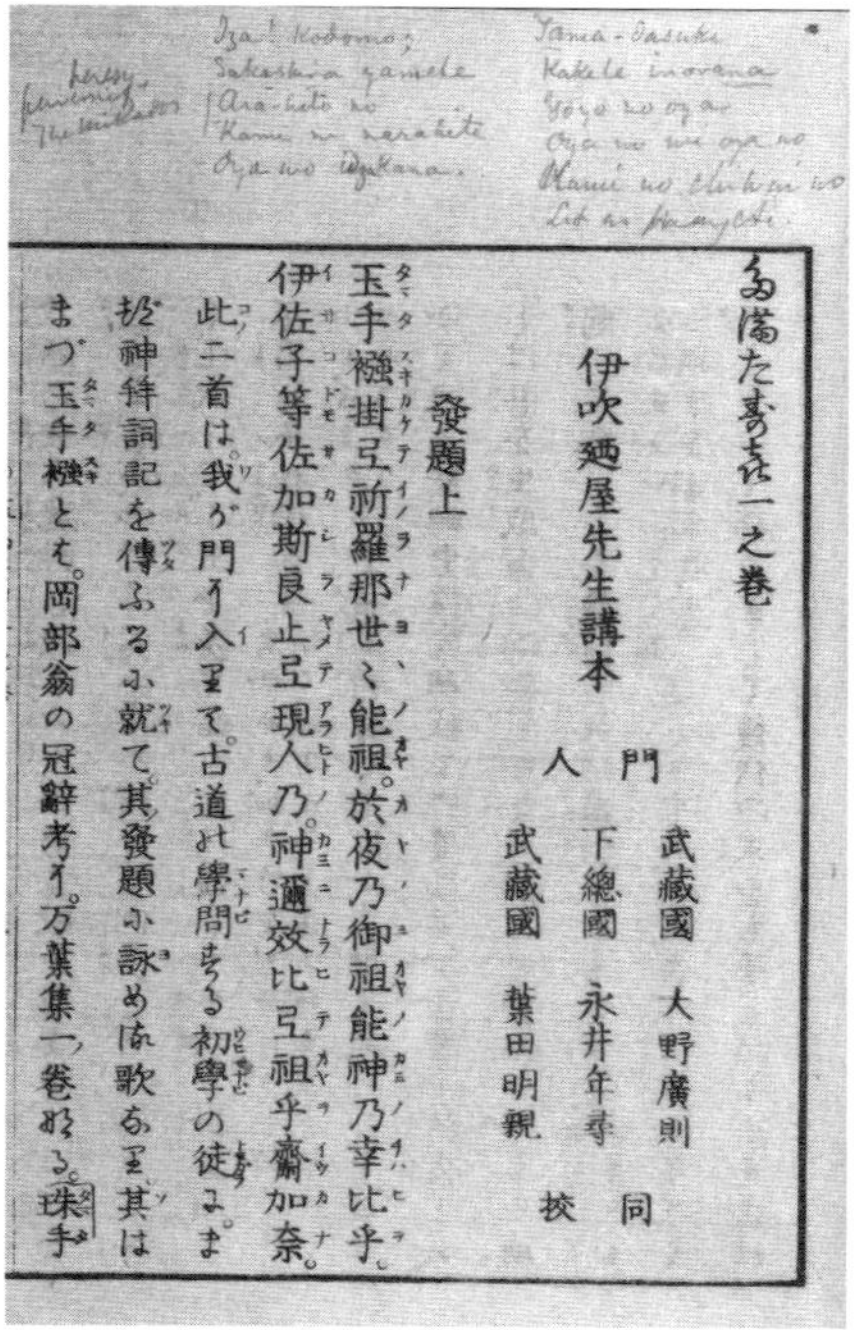
伊吹廼屋先生講本
門人
武藏國　大野廣則
下總國　永井年壽　同
武藏國　葉田明親　校
發題上
玉手襁掛弖祈羅那世〻能祖。於夜乃御祖能神乃幸比乎。
伊佐子等佐加斯良止弖現人乃。神邇效比弖祖乎齋加奈。

『玉襷』(アストンの所蔵本)第1巻　アストンの書込
(アストンの書込の例)

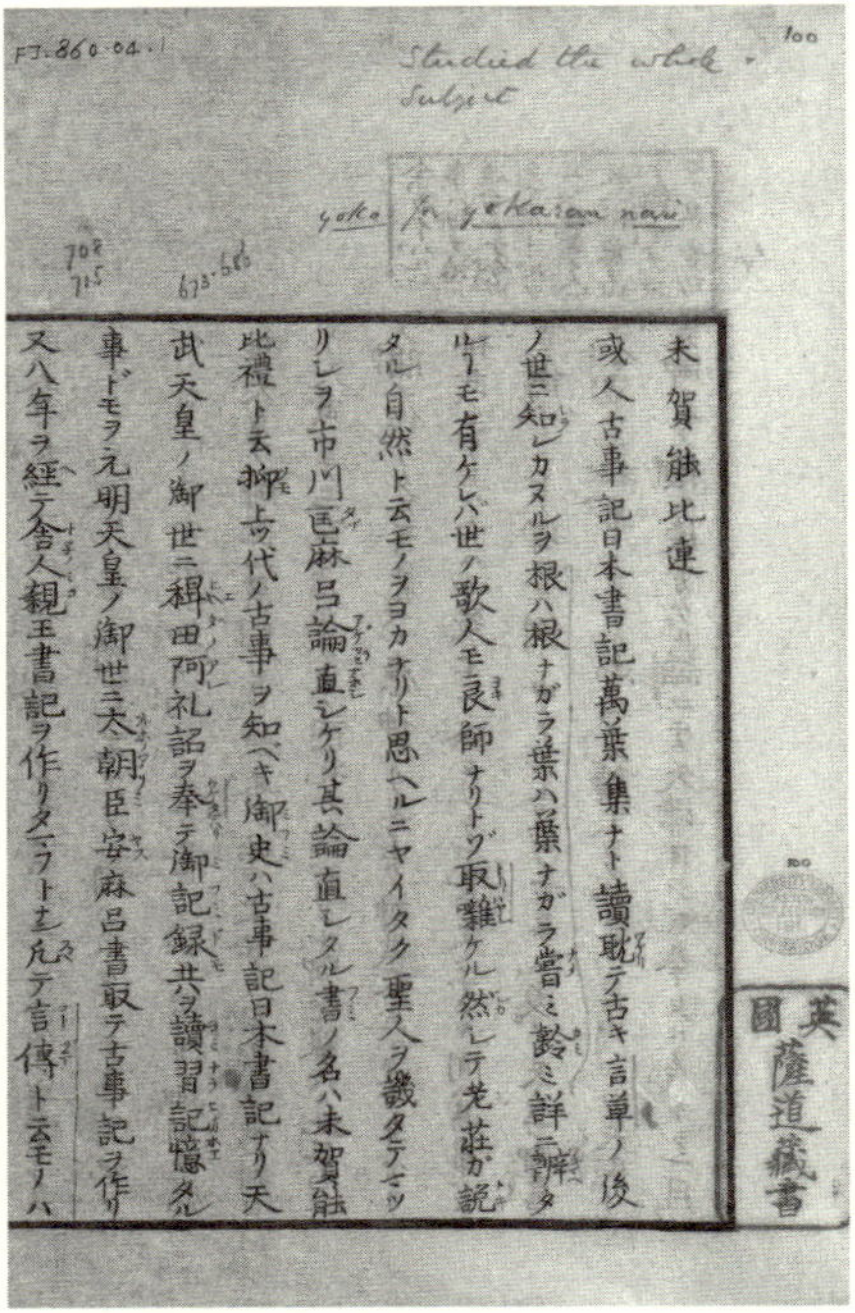

『末賀能比連』（サトウ所蔵本）初丁表サトウの書込

ものであろう。すなわち、サトウ旧蔵の『玉襷』第一〇巻と『毎朝神拝詞記』が、一八七三（明治六）年一二月および一八七四（明治七）年二月と相次いで刊行されたのである。一八七三（明治六）年一二月および一八七四（明治七）年二月は、ほぼ同じような時期であると理解されていたようで、サトウは「古神道の復活」という論文の中では、『玉襷』の第一〇巻は一八七四（明治七）年に刊行されたとしている。(10) いずれにしても、以上述べたように、サトウは一八七四（明治七）年頃、和田重雄を先生として、『入学問答』、『古道大意』、『玉襷』などの平田の主要な著作を精読・読破していったのであろう。

サトウの「古神道の復活」という論文では、その論点の中心となるのは平田篤胤であるが、平田の師にあたる本居宣長についても多く言及している。特に、サトウは宣長と市川匡麻呂との論争に興味があったようである。それは宣長が『直毘霊』で儒学などを批判したことに対して、儒学者である市川匡麻呂が『末賀能比連』を書き、宣長の説に反論した。それに対して、宣長は『葛花』を書いて論難している。いわゆる市川と本居の間で戦わされた〝直毘霊論争〟にサトウは多大な興味を持っていたようである。サトウ旧蔵の『末賀能比連』と『葛花』は、いずれも現在ケンブリッジ大学図書館が所蔵している。それらの書籍にはサトウによる書込がある。たとえば、『末賀能比連』の最初のページ（初丁表）に、サトウは英文で「このテーマについては全部勉強した」と書き入れている。次ぎに、サトウの書込を中心にして、その論争の様子を見てみよう。たとえば、市川は次のような点を指摘している。もし天照御大神（天照大神、あまてらすおおみかみ）が太陽であるとすると、その大御神が生まれる前は闇であったはずであるが、実際には太陽があったという事実があり、本居の論点は矛盾すると市川は述べる。それに対して、サトウも英文で「神々が暗闇で見えなかったという事実は、最初から彼らが天国で太陽を持っていたに違いないことを示している」

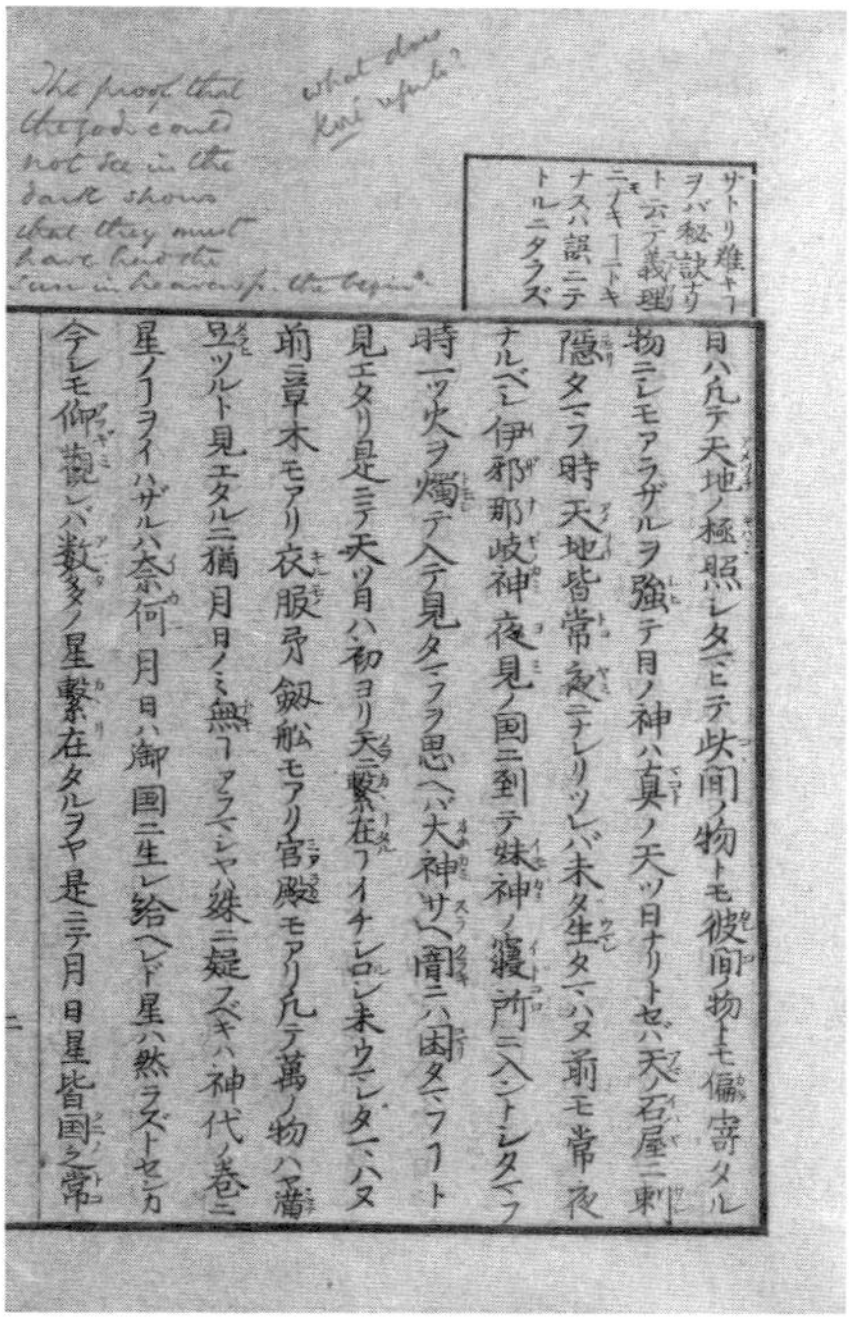

『末賀能比連』（サトウ所蔵本）２丁表サトウの書込（The proof that….）

と市川の著書に書き入れている。この点については、サトウは市川に同意するのである。また、サトウは市川が神代の巻について議論している箇所では、英文で「日本は他の国とは異なるべきであると見なす人たちは、おそらく神代の巻を理解することはできないであろう」というコメントも付けている。また、市川が人に貴賤の別がないと議論している箇所の上の部分に、英文の書込を入れ、サトウは「人はみな平等である、徳にかなった地位は、その徳が崇拝される限り名誉に価する、徳のないただの地位は徳がある農民よりも劣る」という意見を書き入れ、この問題に関する自分の意見を要約している。

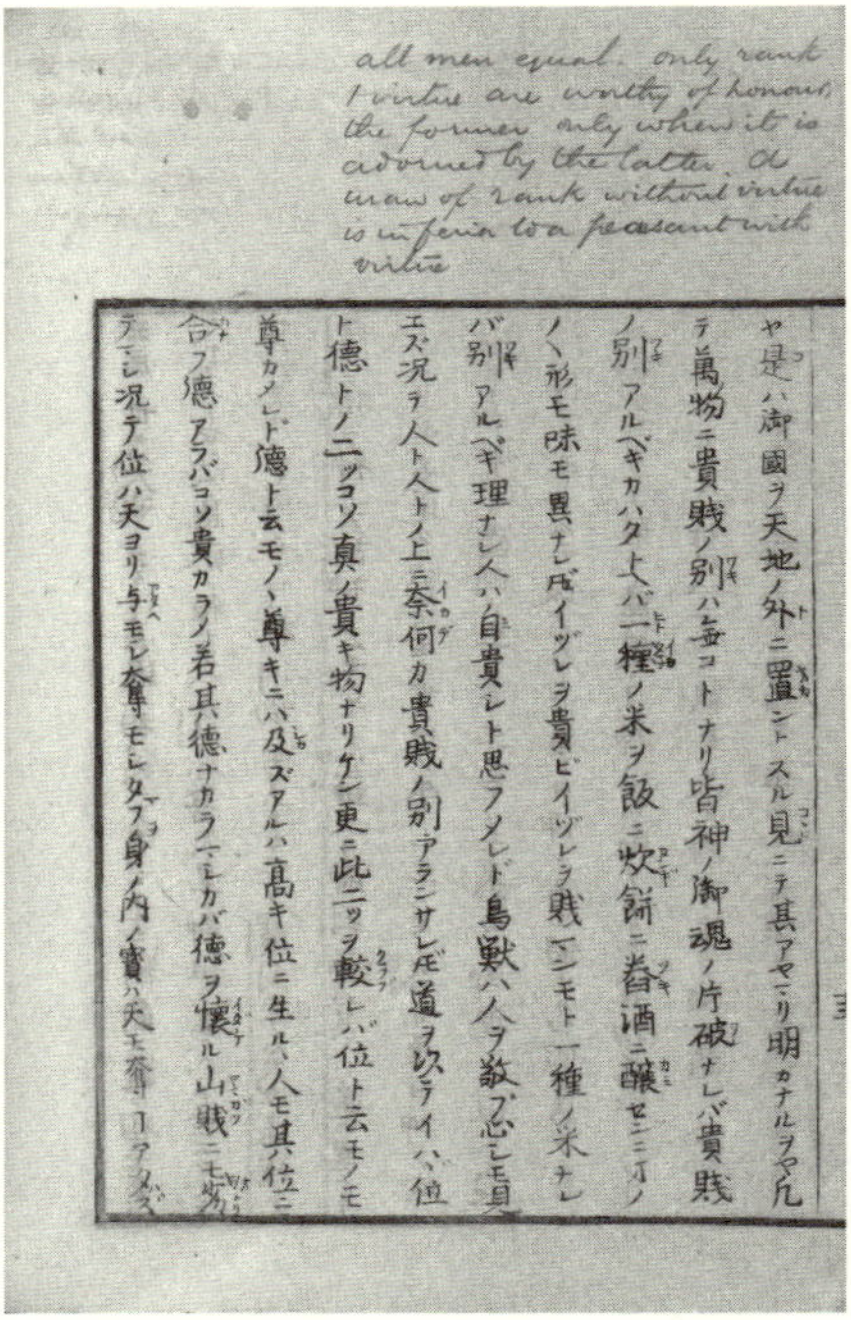

『末賀能比連』（サトウ所蔵本）15丁裏サトウの書込（All men equal….）

サトウは宣長の『葛花』にも、宣長の反論の要点を英語で書き込みながら読み進んだようで、そのサトウの旧蔵書には鉛筆書きの書入が残されている。たとえば、天照大御神が生まれる前は闇であったかどうかという点について、キリスト教の旧約聖書にある創世記のように、太陽〔天照大御神」が生まれる前にも光はあったという宣長の説を書き入れている。また、宣長が日本は永遠に天《あま》津日嗣《つひつぎ》が伝わる国であると書いているところ（天壌無窮の神勅）には、サトウは英文で「日本は君主の系列が途切れなく続いている唯一の国であり、英国〔イングランド〕はその次に古い国である」と英文でコメントしている。いずれにしても、サトウが自分の旧蔵書に鉛筆やペンで印した書入の量から判断して、彼はこの直毘霊論争には多くの関心を抱いていたように思われる。この論争はサトウにとって大いに勉強になったようである。

注
（1）Ernest Satow, 'The Various Styles of Japanese Writing', *The Chinese and Japanese Repository of Facts and Events in Science, History, and Art, Relating to Eastern Asia*, Vol. 3, No.20. pp.140-141.
（2）W・G・アストン著／芝野六助訳補『日本文学史』（大日本図書、一九〇八年）五四八、五六四頁。
（3）新井白石『読史余論』（岩波書店、一九三六年）一三頁。
（4）ストウ『英国策論』（[不明]、一八六八年）一二頁。
（5）Ernest Satow, op. cit., pp.140-141.
（6）アーネスト・サトウ著／庄田元男訳『アーネスト・サトウ神道論』（平凡社、二〇〇六年）一二二―一二三頁。
（7）同前、一二六―一二七頁。
（8）山田孝雄「解題」（平田篤胤『多満太須幾』青葉書房、一九四四年）一四頁。
（9）中川和明「平田国学による祭祀の創意とその波紋：『毎朝神拝詞記』――『玉襷』を例に」（『書物――出

版と社会変容』一九、二〇一五年一〇月一〇日)。
(10) アーネスト・サトウ著／庄田元男訳、前掲書、一二七頁。

『アメリカ百科事典』と『群書一覧』

前述したように、神道・国学関係を含めてサトウの日本研究の基礎には、写本を含めた旧蔵の和漢古書（日本語書籍）があった。彼はそれらを読みこなす日本語読解能力を獲得することにより、和漢古書に蓄えられた膨大な学識情報に接近することができたのである。もちろん、すでにサトウの日本語書籍収集の部分で言及したように、まず彼がいわゆる日本研究にとって大きく貢献した点のひとつは、大量の和古書を収集し所蔵していたことである。サトウは三〇〇〇冊とか四〇〇〇冊以上に相当するかもしれない日本語書籍を収集していたのである。また、サトウの場合、単に和古書を収集しただけではなく、実際にそれらの書籍に目を通していたのである。そこで、そのサトウの日本語書籍に関する知識のひとつの頂点を指し示す彼自身の論文を紹介してみたい。それはアメリカの百科事典に寄稿した論文である。一応ここでは日本語書籍と表現したが、サトウの論文執筆時では現在我々が和古書と呼んでいる書物のことである。また、その論文がその当時のサトウの和古書に関する知識の到達点を表していると述べたが、もちろん本書の趣旨が示唆するように、サトウの学識の背後に国学が控えていたのである。サトウの論文が国学者の影響を受けている点については後述する。サトウの論文を掲載した『アメリカ百科事典』は一八七九（明治一二）年に刊行された。全部で一六巻で構成されていた。その百科事典は一八五七年から一八六六年にかけて出版された『新アメリカ百科事典』の第二版（改訂版）に当たる。この百科事典の書名でややこしいのは、古い版に「新」が付いていて、逆に改定版の書名から「新」が削除されていることである。もとの版である『新アメリカ百科事典』については、この百科事典はカール・マルクスやフリードリッヒ・エンゲルスなどが寄稿したことでもよく知られている。

改訂版の『アメリカ百科事典』の第九巻には日本に関する記事があり、その日本についての記事の中に「日本語と日本文学」という項目が含まれていた。前版の『新アメリカ百科事典』には無署名の日本語についての項目はあったが、日本文学についての記載がなかった。すなわち、改訂版である『アメリカ百科事典』に初めて日本文学に関する記事が掲載されたのである。その「日本語と日本文学」という項目はふたりの著者によって記述されていた。「日本語」についてはジェームズ・カーティス・ヘボン、「日本文学」についてはサトウによって寄稿された。ヘボンは初めての和英辞典『和英語林集成』の出版およびヘボン式ローマ字の考案者としても有名である。サトウが担当した部分のタイトルは一応日本文学としたが、いわゆる狭い範囲の日本文学だけに限定されていなくて、日本語で書かれた文献という意味合いが含まれている。英語の「literature」という言葉は、日本語でいえば「文学」と「文献」に当たる言葉の両方の意味を含んでいる。また、実際にサトウによって著述された論文（記事）は、いわゆる文学書だけに限定されていなくて、歴史書などを含む日本語で書かれた著作を広範囲に網羅していた。まさに内容からいえば、論文の名称としては、日本文学というよりも日本語文献と翻訳した方がよりふさわしいものであった。実はこのあたり、すなわち日本文学の概念とか捉え方に関するサトウの理解には、国学の影響が色濃く反映している。この場合、英語の「literature」という言葉の意味が国学の文学の概念に似ていたのである。国学の影響については後述する。

アストンは一八九九（明治三二）年に後述する『日本文学史』を出版するが、そのアストンの業績の先駆けにあたるのが、このサトウの『アメリカ百科事典』に寄稿した論文であった。事実、アストンも自著の参考文献のところで、最初にサトウの論文を掲示している。アストンが『日本文学史』の参考文献の欄で真っ先に上げたのがサトウの論文であった。アストンも指摘しているように、サトウの論文は百科事典の様式に制約され、凝縮され過ぎているような印象を受ける。アストンは、そのことをサトウの論文はどちらかといえば読者を満足させるというよりも、彼らの好奇心を刺激する方に向いていると表現している。いずれにしても、サトウの論文は細かい活字で印刷され、ページ数としてはわずか一四ページ強に過ぎないが、けっして読みやすいものではない。その内容も狭いスペースに多くの書籍の情報を詰め込んだものになっている。ざっと数えたところでも、サトウの論文では少なくとも二七四点の和書が言及されている。アストンは『アメリカ百科事典』の読者はサトウの論文を読んだ時、それらの多数の和書をまったく無視したのであろうと記している。確かにアストンの指摘は的を得ている。サトウの論文には、書名の羅列が多いのである。ほとんど知られていない書籍（和書）の書名の列挙に終わっているような印象を与える。現代の日本人でも知らないような和書の題名が多く含まれている。

ただ、そのサトウの論文を詳細に検討すると、それなりにいろいろと興味深い点が浮かび上がってくる。まず重要な点は、このサトウの論文は江戸時代後期に刊行された『群書一覧』という国書の解題書をもとにしていることである。『群書一覧』は国学者尾崎雅嘉《おざきまさよし》の重要な著作であった。サトウの論文が尾崎雅嘉の解題書を根拠にしていることは、両者を比較するとすぐわかる点である。サトウがどのように『群書一覧』を利用して、「日本文学」という項目（論文）を書き上げたのかという点については、後で具体的に説明する予定である。『群書一覧』という書籍は「近世後期成立の書目解題書では、最も優れたものの一つであ[1]」り、また「近世後期から明治初期を通じて、よく流布した代表的なもの[2]」であった。その意味で、日本文学について『アメリカ百科事典』への寄稿を依頼されたサトウが、まず『群書一覧』に目を付けたのはごく自然なことであったかもしれない。賢いやり方であった。アストンも自著『日本文学史』の参考文献の欄で、『群書一覧』は日本語で書かれた一番役に立つ書誌であると褒めている。
全部で六巻六冊の『群書一覧』には、尾崎雅嘉が三〇年来渉猟してきた版本一〇七七種、写本六五二種が含まれ、それらが三四部門に分けて掲載されている[3]。さらに、『群書一覧』の「例言」には、次のようなことが書かれている。

遠境、僻邑の人、国学に志はありながら、書をもとむるたよりなきともがらの、しるべともなさんと、おもふこゝろあれば、国学に益あるものは、瑣屑の俗書、及び予が自撰の書といへども、繁蕪をいとはずして、これを載［す］[4]。

この例言の引用部分からも、この解題書が国学を学ぶ人の案内に役立つことを意図している点が理解できる。国学者尾崎雅嘉の意図がそこに表明されていた。一八七〇年代半ば(明治時代の初期)頃から、国学の研究を本格化し始めたサトウにとっては、『群書一覧』はまさに彼の研究にとって最も適した解題書・目録であった。ジェームズ・カーティス・ヘボンなどを通じて、『アメリカ百科事典』へ日本文学(日本語文献)に関する論文を寄稿してほしいという依頼を受けていたサトウは、早速尾崎雅嘉の『群書一覧』を種本として、日本文学の歴史についての記事(論文)を書き上げることにしたのであろう。その判断に関して、結果としてはサトウが『群書一覧』を自分の論文の基本に据えたことは正しかったといえる。また、そのことにより、サトウの論文には国学の影響が色濃く反映されることになった。

サトウの論文に掲載された和書

サトウの論文には、以下のような少なくとも二七六点の和書(日本語の書籍)が大きく一六に分けた部門に掲載されていた。以下は、ローマ字で表示されたそれらの文献をもとの日本語の書名に戻して掲示したものである。一六部門の名称も、適宜英語から日本語に翻訳したものである。一応、サトウの論文からローマ字で表現された和書の題名を拾い集める際には、できるだけ見落としがないように注意を払ったが、多少見落とした部分があるかもしれない。その原因の一端として、サトウの論文は非常に読みにくい点を上げることができる。また、記載されている書名が不完全な場合には括弧などで補記した。さらに、サトウの論文に記載されている書籍のうち、一八七〇年代半ば（明治時代初期）当時、サトウが所蔵していたと思われる書籍には書名の前に「＊」を付加した。これは、サトウが自分の論文に記載した書籍をどの程度自分で所蔵していたかという割合をさぐるために付けた印である。それを調査するのには、林望、ピーター・コーニツキー共編『ケンブリッジ大学所蔵和漢古書総合目録』[5]、川瀬一馬、岡崎久司共編『大英図書館所蔵和漢書総目録』[5]およびサトウの蔵書目録である『茶色蔵書目録[6]』、『王堂君ヱ贈致スル書籍目録[7]』などを利用した。サトウが自分の論文で言及した和書二七六点のうち、彼は少なくとも一九五点は自分で所蔵していた。割合からいえば、約七一パーセントの書籍は自分で所蔵していたことが判明する。自己所蔵の割合はかなり高かったということができる。サトウはそれなりに実物を確かめながら書名を掲載していたのである。

1．国史

＊古事記
＊旧事紀（先代旧事本紀）
＊古語拾遺
＊古事記伝

*日本紀（日本書紀）
*続日本紀
*日本後紀
*続日本後紀
*文徳実録（日本文徳実録）
*三代実録（日本三代実録）
*類聚国史
本朝世紀
*扶桑略記
日本紀略
本朝通鑑
国史実録
大日本史
日本春秋
*古史通
*読史余論
*日本外史

＊政記（日本政記）

2. 雑史

＊大鏡
＊水鏡
＊増鏡
＊栄花物語
＊続世継（今鏡）
＊保元物語
＊平治物語
参考保元物語
参考平治物語
保建大記
＊源平盛衰記
＊平家物語
＊平家物語抄
＊吾妻鏡

愚管抄
＊保暦間記
＊神皇正統記
＊太平記
参考太平記
＊太平記綱目
＊明徳記
応永記
椿葉記
＊応仁記
鎌倉大草紙
＊王代一覧（日本王代一覧）
＊太閤記

3. 法制

＊群書類従
金玉掌中抄

*令義解
*標注令義解校本
*類聚三代格
弘仁式
貞観式
*延喜式
*儀式
*内裏式
法曹類林
政事要略
裁判至要抄
*北山抄
*江家次第
*拾芥抄
*行基式目
*貞永式目（御成敗式目）
日中行事

年中行事（建武年中行事）
＊職原鈔
＊標注職原抄校本
＊官職備考（本朝官職備考）
札儀類典
日次記
＊新撰姓氏録

4. 伝記

聖徳太子伝暦
太子伝暦備講
菅家御伝記
太宰府天満宮故実
菅家実録
北野藁草
西行物語
夢想録

＊元亨釈書
扶桑禅林僧宝伝
＊百将伝（本朝百将伝）
＊日本古今人物史
＊扶桑隠逸伝
本朝列女伝
＊本朝女鑑
＊先哲叢談
＊近世畸人伝
＊続近世畸人伝
＊玉襷
＊近世三十六家集略伝

5. 詩歌

＊万葉集
＊万葉考（万葉集考）
＊万葉集略解

＊古今和歌集
＊古今和歌集打聴
＊遠鏡（古今集遠鏡）
後撰和歌集
拾遺和歌集
＊百人一首
＊宇比麻奈備
＊一夕話（百人一首一夕話）
＊峯梯（百人一首峯梯）

6. 物語

＊竹取物語
＊宇津保物語
＊浜松中納言物語
＊住吉物語
＊伊勢物語
＊大和物語

＊落窪物語
＊源氏物語
＊湖月抄
＊狭衣
＊和泉式部物語（和泉式部日記）
＊とりかへばや（とりかへばや物語）
今物語
＊今昔物語
＊宇治拾遺物語
＊堤中納言物語
＊秋夜長物語
＊松帆物語（松帆浦物語）

7. 雑書

＊枕草子
暮露々々草紙
＊徒然草

文段抄（徒然草文段抄）
*諸抄大成（徒然草諸抄大成）
*御伽草子
折々草

8. 日記

*紫式部日記
*蜻蛉日記
*弁内侍日記
方丈記
*富士御覧記
*柴屋軒宗長記
*宗長九々記

9. 紀行文

*土佐日記
須磨記

松島日記
*更級日記
*十六夜日記
藤川の記
*詞林意行集
*扶桑拾葉集
拾遺後葉集

10. 演劇
*狂言記
舞の本

11. 辞書と語学書
*和名類聚抄
*新撰字鏡
*真草字引
*日本釈名

＊東雅
＊倭訓栞
＊雅言集覧
＊和漢合類節用集
仮名文字遣
類字仮名遣
和字正濫鈔
倭字通例書
＊字音仮字用格
＊漢字三音考
＊古史本辞経
＊同文通考
和読要領

12. 地誌

日本国分記
筑前国続風土記

*雍州府志
*山州名跡志
山城志
*大和志
河内志
*和泉志
摂津志
大和名所記
摂陽群談
新編鎌倉志
淡海志
信濃地名考
*東海道名所図会
*日光山志
*木曾（路）名所図会
*江戸名所
京都名所？

紀伊名所？
*伊勢参宮名所図会

13. 神道文献

*古事記伝
*直毘霊
*末賀能比連
*葛花
*鉗狂人
*衝口発
*神代正語
*歴朝詔詞解
祝詞解（延喜式祝詞解）
*祝詞考
*古史成文
*古史伝
*俗神道大意

＊神道五部書
神道五部書抄
＊大神宮儀式帳（皇大神宮儀式帳）
＊天地麗気記
神別記
＊天書紀
＊唯一神道名法要集
＊元元集
二十一社記
古老口実伝
神道集
＊両部神道口訣鈔
＊神道名目類聚抄
＊本朝神社考
喪葬記
獣肉論
＊中臣祓

14．仏教文献

＊沙石集
発心集
＊三部仮名鈔
＊心学道の話
＊鳩翁道話
＊手島道話

15．近世小説

膝栗毛（東海道中膝栗毛）
＊操形黄楊小櫛
＊娘節用（仮名文章娘節用）
田舎源氏（偐紫田舎源氏）
＊いろは文庫
＊浮世六枚屏風
＊幼婦孝義録
＊絵本忠臣蔵

絵本三国妖婦伝
絵本孝感伝
＊本朝錦繍談図会

16. 雑文献

＊本朝書籍目録
＊日本書籍考
＊和板書籍考
＊弁疑書目録
＊合類書籍目録大全
＊国朝書目
和漢群書作者目録
＊近代名家著述目録
＊和漢三才図会
＊貞丈雑記
＊玉石雑誌
＊集古十種

しんちょう（??）
もんしゅう（問集??）
＊勧善夜話
＊田家茶話（奇説著聞集）
＊想山著聞奇集
＊本朝里諺
＊諺草
＊和事始（和漢事始）
＊漢事始（和漢事始）
＊俗説弁（広益俗説弁）
＊群書類従
＊五事略
＊西洋紀聞
＊采覧異言
＊政談
経済録
＊冠辞考

新学
＊馭戒慨言
＊玉くしげ
＊うい山ぶみ
＊玉あられ
＊玉の小櫛（源氏物語玉の小櫛）
＊玉勝間
＊出定笑語
＊あゆひ抄
＊かざし抄
＊詞八衢
＊百人一首一夕話

部門の構成から見たサトウの論文

以上掲示したサトウの論文に記載されている部門と書名を利用して、『群書一覧』とサトウの論文との類似関係をさぐってみたい。まず、部門の組み立てであるが、『群書一覧』は以下のような三四部門で構成されている。『群書一覧』では部門を「類」と呼んでおり、記載された書籍は以下の三四類に分けて掲載されていた。

国史類、神書類、雑史類、記録類、有職類、氏族類、字書類、往来類、法帖類、物語類、草子類、日記類、和文類、記行類、撰集類、私撰類、家集類、歌合類、百首類、千首類、類題類、和歌集類、撰歌類、歌学類、詩文類、医書類、教訓類、釈書類、管弦類、地理類、名所類、随筆類、雑書類、群書類従

以上の『群書一覧』に掲載されている三四の「類」を、サトウはどのようにして自分の論文の一六の部門に編成し直したのかをさぐってみたい。ここで、サトウの論文に記載されている一六の部門を表示する際、部門の主題の後に括弧で部門の番号（アラビア数字）も参考のために付け加えた。まず、サトウの論文では、国史類を国史（1）、雑史類を雑史（2）とした。神書類は神道文献（13）とした。『群書一覧』では二番目に位置している神書類は、仏教などの宗教関係の部門と一緒に取り扱う関係上、論文の後ろの部分に回されたのである。記録類はほとんど無視して、記録類に含まれる『日次記《ひなみき》』と『礼儀類典』は、法制（3）の後ろの部分に入れた。また、有職類の中の多くの書籍は法制（3）に入れることにした。氏族類は伝記（4）でカバーすることにした。
字書類は辞書と語学書（11）に入れることにした。往来類と法帖類は無視。物語類は物語（6）

とした。草子類は雑書（7）、日記類は日記（8）とした。和文類はほとんど無視して、記行類を紀行文（9）とした。詩歌（5）については、撰集類から『万葉集』、賀茂真淵の『万葉考』、加藤千蔭の『万葉集略解』、『古今和歌集』、賀茂真淵の『古今和歌集打聴《こきんわかしゅううちぎき》』、本居宣長の『古今集遠鏡《こきんしゅうとおかがみ》』、『後撰和歌集』、『拾遺和歌集』を採り、百首類からは『百人一首』を採り、さらに『群書一覧』には含まれていない賀茂真淵の『宇比麻奈備』、尾崎雅嘉の『百人一首一夕話《ひゃくにんいっしゅひとよがたり》』および衣川長秋《きぬがわながあき》の『百人一首峯梯《ひゃくにんいっしゅみねのかけはし》』を付け加えて出来上がったのである。尾崎雅嘉の『百人一首一夕話』はサトウの論文の最後にもう一度登場する。以上のような記載の結果、撰集類、私撰類、家集類、歌合類、百首類、千首類、類題類、和歌集類、撰歌類などに含まれる万葉集と三代集関係以外の書籍には、あまり注意を払わなかったことになる。演劇（10）には『舞の本』と『狂言記』のみが含まれる。それらはもともと草子類に含まれていた。地誌（12）は地理類および名所類の書籍で構成されている。神道文献（13）はすでに述べたように神書類の和書を含む。仏教文献（14）には釈書類や心学などの書物が入る。第一三番目の神道文献、第一四番目の仏教文献と、宗教関係の文献が並ぶようにそれぞれの部門を配置した。近世小説（15）に記載されている書籍はほとんど『群書一覧』に含まれていないものが多い。そして最後に、随筆類、雑書類などに記載されている書物が、サトウの論文では雑文献（16）の中に含まれているのである。

サトウが『群書一覧』の三四類を、自分の論文では一六の部門に再構成した手順からもわかるように、彼が一応『群書一覧』を土台にして、その枠組みを利用しながら、適宜に変更を加えながら、自分の論文を作成したのである。それは単に一六の部門だけに限らず、各部門の中味にもはっきりと表れている。たとえば、物語（6）であるが、サトウはこの部門に一八点の書籍を載せている。この一八点の掲載順序は『群書一覧』の掲載順序とまったく同じである。また、書名についても『群書一覧』のそれとまったく同じである。たとえば、『和泉式部日記』は『和泉式部物語』、『とりかへばや物語』は『とりかへばや』、『松帆浦物語《まつほのうらものがたり》』は『松帆物語』と表示されている。また、この一八点のうち、サトウは一七点を自分で所蔵していた。唯一『今物語』だけがサトウの蔵書に含まれていたことが確認できないのである。サトウの論文に書かれている写本である『今物語』の記述は、『群書一覧』の解題を参考にしていることは明白である。両者を比べるとすぐに判明する。

サトウの論文の紀行文（9）には、九点の書籍が掲載されている。その中の六点は『群書一覧』の記行類から転載されたもので、記載の順序もまったく同じである。例外は『更級日記』、『扶桑拾葉集』と『拾遺後葉集』である。これらはサトウが追加したものである。『更級日記』は『群書一覧』に含まれていないので、サトウが追加したのである。『扶桑拾葉集』と『拾遺後葉集』は、『群書一覧』の和文類から移動させた書籍である。また、『群書一覧』の記行類から紀行文（9）に転載された『須磨記』と『松島日記』についても、それぞれ菅原道真と清少納言の作とされているが、サトウはいずれも偽物であると自分の論文の中で明言している。これも『群書一覧』の解題を引き写した記述である。いずれにしても、サトウの手法からわかることは、サトウの論文は尾崎雅嘉の『群書一覧』をもとにしているが、単なる丸写しではない。サトウは『群書一覧』にないことも付け加えている。

サトウの地誌（12）の部分には、全部で二一点の書籍が掲載されている。最初の一四点は『群書一覧』の地理類からの転載である。掲載順序も、最初の二点『日本国分記《にほんくにわけき》』と『筑前国続風土記』の順番を入れ換えただけで、残りはまったく同じである。サトウはさらに地誌（12）に七点を付け加えた。これらは全部『群書一覧』に記載されていない書籍である。そのうち二点を除き、いずれもサトウが所蔵していた書籍である。サトウが所蔵していない二点は『京都名所』と『紀伊名所』で、サトウの蔵書である『江戸名所』に続いて掲載されている。もしかすると、これはサトウの筆が滑った結果かもしれない。『京都名所』という書籍は実際に存在するようであるが、『紀伊名所』という題名の書籍は存在しないかもしれないのである。地誌（12）の一番最後の掲載書籍として、『伊勢参宮名所図会』が含まれている。これはサトウが「伊勢神宮」という論文を『日本アジア協会紀要』に掲載した時に利用した文献であった。サトウは「伊勢神宮」について書いた論文で『伊勢参宮名所図会』を閲読したので、この書籍は熟知した書物であった。『伊勢参宮名所図会』は『群書一覧』には掲載されていない書籍ではあるが、あえて地誌（12）の最後に追加したのであろう。

サトウが『アメリカ百科事典』に掲載した「日本文学」について執筆した論文で興味深いのは、一番最後に位置している雑文献（16）という部門である。雑文献（16）はひとつの部門であるが、ここでは前半部と後半部のふたつに分けて説明することにする。まず、前半部について説明する。

その前半部の最初の部分に七点ほどいわゆる書目類が掲載されている。ほとんどが『群書一覧』の雑書類から転載されたものである。続いて、現在の図書館でいえば参考図書に相当する書籍が一〇数点掲載されている。そのグループの最後には『群書類従』が含まれている。尾崎の『群書一覧』でも、雑書類という部門の後に『群書類従』が配置されている。サトウの論文では、『群書類従』に言及した後、ごく手短に日本の文学史また文献史を四期に分けて略述する。サトウは「日本文学」に関する論文の中では、雑文献（16）という部門の前半部の最後で、日本文学史の骨子を概説するのである。四期に分けて略説される文学史では江戸時代（近世）が第四期になる。ここの部分は文学史の概説なので作者などには言及しているが、作品などは具体的に掲載されていない。たとえば、第四期は江戸時代のことであるが、江戸時代の文学に関する状況やその時代の作品などは、後述するように雑文献（16）の後半で扱うことになる。

すでに部分的に言及したように、雑文献（16）という部門の後半部では、サトウは日本の文学なり日本語の文献に関係する江戸時代の状況を自分なりに概略するのである。サトウのやり方で江戸時代の様子をまとめるのである。サトウは「日本文学」という論文では『群書一覧』から多くのことを引用したが、ここの部分には、サトウ自身による日本の学問についての要説が表示されている。雑文献（16）の前半部と後半部で、サトウは一応重要な漢学者や儒学者も含めて学者の名前を列記しているが、それらの中で彼が注目するのは、新井白石と国学者たちだけである。『アメリカ百科事典』が出版された一八七九（明治一二）年頃までの話であるが、それまでにサトウが自分の研究と関係付けて真剣に取り組んだ日本語文献の執筆者（文学者、学者）は、結局新井白石と国学者ぐらいに限られるのかもしれない。サトウの読書範囲は広いのであるが、他の文学者や学者の書物についてはあまり深入りしなかったと思われる。日本文学史に関する論文（百科事典の記事）を執筆する時には、どうしても自分が熟読した作品の執筆者に記述を集中せざるをえなかったのかもしれない。

　サトウにとっては、国学者と共に『読史余論』などで親しんだ新井白石は重要な学者であった。本書の中でもサトウが繙読した書籍として新井白石の『読史余論』と平田篤胤と本居宣長の著作などを取り上げたが、「日本文学」という論文の最後の部門である雑文献（16）の後半部で、日本の学問を要説する際にも、サトウはやはり似たような選択をしているのである。サトウは新井白石を他の国学者と一緒に取り扱っているのである。新井白石はもともとは漢学者であったかもしれないが、サトウにとっては本居や平田のような国学者同様に重要な学者であった。サトウは「日本文学」の最後の部分、すなわち雑文献（16）という部門の後半部で、国学者たちを列記し、賀茂真淵の『冠辞考』、『新学《にひまなび》』、本居宣長の『馭戒概言《ぎょじゅうがいげん》』、『玉くしげ』、『うい山ぶみ』、『玉あられ』、『源氏物語玉の小櫛』、『玉勝間』、平田篤胤の『出定《しゅつじょう》笑《しょう》話《わ》』、富士谷成章の『あゆひ抄』、『かざし抄』、本居春庭の『詞八衢』を掲示する。国学者の代表作として、これらの書籍を列記したのである。

　そして、サトウの論文の一番最後で言及した書籍が、実は『百人一首一夕話』という書物であった。『百人一首一夕話』はサトウの論文の最後尾に掲げられた書籍である。『百人一首一夕話』がどのような書物かといえば、『群書一覧』の著者である尾崎雅嘉が百人一首の和歌や歌人についてまとめた注釈書であった。自分の論文の一番最後に、尾崎雅嘉の代表作である『百人一首一夕話』を掲載したところに、サトウが尾崎雅嘉の学識に対して持っていた尊敬の念が込められているのかもしれない。ただ、すでに詩歌（5）でも『百人一首一夕話』は『一夕話』（*Hitoyogatari*）として取り上げられていた。今回は『百人一首一夕話』（*Hiakuninshiu Hitoyo-gatari*）として掲載されている。同じ書物を二回掲載したのはサトウの間違いであると思われる。また、アストンは後述するように、松下見林の『異称日本伝』を「日本上古史」という自分の論文の基礎として積極的に利用するが、その『異称日本伝』の続編である『続異称日本伝』を刊行したのも、実は国学者尾崎雅嘉であった。まさに近代日本研究の開拓者であったサトウおよびアストンの両方にとって、尾崎雅嘉は重要な学者であったのである。サトウはその学者の著作（代表作）をもとにして、『アメリカ百科事典』に寄稿した「日本文学」という論文を書いたのである。そのサトウの論文からサトウの日本研究に国学の影響がにじんでいる様子を見て取ることができるのである。

注
（1）菅宗次「解題」（『定本群書一覧』別巻、ゆまに書房、一九八四年）七頁。
（2）菅宗次『群書一覧研究』（和泉書院、一九八九年）一三頁。
（3）同前、一六頁。
（4）尾崎雅嘉著、入田整三補訂『参照群書一覧』（吉川弘文館、一九三一年）三頁。

（5）川瀬一馬、岡崎久司編『大英図書館所蔵和漢書総目録』（講談社、一九九六年）。
（6）「茶色蔵書目録」（『ケンブリッジ大学図書館所蔵アーネスト・サトウ関連蔵書目録』一、ゆまに書房、二〇一六年）。
（7）「王堂君エ贈致スル書籍目録」（『ケンブリッジ大学図書館所蔵アーネスト・サトウ関連蔵書目録』四、ゆまに書房、二〇一六年）。

文法研究

すでに述べたように、ウィリアム・ジョージ・アストンは一八八八（明治二一）年一一月に、長年外交官・領事官として勤務した日本を永久に後にした。アストンの帰国の事情および彼の履歴や人柄について、当時の朝日新聞は次のように「アストン氏の帰国」（句読点は追加）という記事で報道していた。

同氏〔アストン〕は曾て神戸港の英国領事たりしが、後又栄転して朝鮮国駐箚の総領事となり、仁川港に居留中肺病に罹り、余程危篤なりしにより当春神戸に来りて養生ありしに、幸に稍快方に赴きたるを以て、再び任地に赴き居られしが、今回其職を辞し来月中には帰国の途に就るべしといふ。附けて言ふ、同氏は維新前より英国公使の書記官となりて東京に駐在し、我国語は固より人情風俗にも能く通暁し、尚朝鮮語をも学び頗る博雅の聞えありし人なり。(1)

アストンは英国の朝鮮臨時総領事の時、朝鮮の開化派が起こしたクーデター（甲申政変）に直接巻き込まれた。現場から逃げ去る際などに受けた寒気などが原因で、健康を損ねてしまった。朝日新聞の記事は彼が肺病に罹ったと説明している。彼は英国に帰国後デヴォン州のいなかに退隠し年金生活に入ったが、日本を離れた後も日本研究を続ける意向は持っていた。また、実際にアストンは日本学者としては英国に戻った後に、以前にも増して大きな成果を上げることになる。もちろん、アストンはすでに日本に在住している時に、『日本口語文典』や『日本文語文典』などの語学関係の書籍や、『日本アジア協会紀要』などに語学、文学、歴史などに関係する日本研究の重要な論文を活発に発表していた。彼は日本に滞在していた時から、すでに日本学者として高い名声を獲得していた。

アストンの日本語などの研究にも、当然日本語文献が多く利用されたと想像される。特に、日本文法の研究に国学関係の書籍が多く活用されたと考えられる。ケンブリッジ大学図書館所蔵の和漢古書を使用してそのあたりの事情をさぐると、いろいろと興味深いことがわかってくる。たとえば、一八七二（明治五）年に出版されたアストンの『日本文語文典』第一版の巻末には、「日本の文法論考一覧」として、二五点の日本人の著作が掲載されている。[2] 一八七七（明治一〇）年に刊行された第二版には、第一版に掲載された二五点から一五点が除かれ、その代わり四点が付け加えられ、全部で一四点が掲載されている。[3] まず、『日本文語文典』第二版に掲載された一四点の日本語書籍（古書）を、『ケンブリッジ大学所蔵和漢古書総合目録』で調べると、ケンブリッジ大学図書館はそれらをすべて所蔵している。また、『日本文語文典』第一版には掲載されたが、第二版で削除された書籍は、いずれも英国図書館（旧大英博物館図書館）が所蔵している。アストンが『日本文語文典』の巻末に、日本語参考文献として掲載した書籍の所蔵状態を、当時（一八七〇年代）の状況に合わせて説明すると、次のようなことがいえる。まず、ケンブリッジ大学図書館で所蔵している日本語書籍は、すべて当時は日本にあった。一方、大英博物館図書館所蔵の書籍はもちろんロンドンに置かれていた。アストンにとっては、日本にある書籍は簡単に見ることができるが、大英博物館図書館の蔵書は、容易に閲覧することができないので、彼は『日本文語文典』第二版では、大英博物館図書館所蔵の書籍を省き、日本で所蔵されている文献に限定したのである。もちろん、アストン自身は大英博物館図書館所蔵の参考文献を、賜暇などで英国に帰国した際に閲覧したことは確かであろう。

その『日本文語文典』第二版に掲載された一四点について、細かく分析すると次のような事情がわかる。アストンはそれらの書籍の多くを自分で所蔵していたが、全部ではなかったのである。そのことは『ケンブリッジ大学所蔵和漢古書総合目録』でそれらの書籍の旧蔵者を調べると判明する。一四点の中の二、三点は、一八七〇年代の時点では、アストンの所蔵ではなく、サトウ所蔵の和古書であったのである。たとえば、アストンが一四点の中で一番重要であると見なしている書籍は鈴木重胤著『詞捷径《ことばのちかみち》』である。これはサトウ旧蔵書であり、アストンの旧蔵書ではなかったのである。以上の事情などを考慮すると、次のようなことがわかってくる。すなわち、アストンはサトウの蔵書がまだ日本にあった時代から、すでにサトウの書物を利用することができたのであろう。サトウの蔵書は、単にサトウの日本研究に利用されただけではなく、ある意味ではアストンの日本研究も支えていたのかもしれないのである。

国語学者古田東朔は「アストンの日本文法研究」という論文の中で、まず「外国人の日本文法研究史をかえりみるとき、アストンを見のがすわけにはいかない」[4]と述べ、アストンの研究を高く評価する。また、アストンの『日本文語文典』第一版の巻末に掲載された「日本の文法論考一覧」に言及して、「アストンの方は、多くの国学者の成果を踏まえた上に立って、日本語の文法について考えることができた」[5]としている。すなわち、アストンは国学者の成果を取り入れて、日本語文法の研究を進めたというのである。具体的には、品詞分類についても「アストンに至って、日本の国学者たちの分類を考慮に入れた上で、処理することになった」とか、また動詞の活用の処置についても、「アストンが、国学者の成果を踏まえた上で、みずからの考えを示そうとしたことは、用言の扱いにおいても、明らかに見られる」[6]と、古田はアストンの方法を説明している。以上のように、古田論文では、明らかにアストンが日本文法の研究で国学者の影響を多く受けたことが示唆されている。

また、一九世紀の西洋日本語学として、アストンとチェンバレンの日本語研究を比較した岩熊幸男も、「国学の成果を充分にとり入れた」アストンは、「日本語動詞句の性格理解」の点で、「幕末・明治期の西洋人による日本語研究のうち」「最高の達成を示している」という[7]。岩熊は以上のように、アストンが国学の成果、特に動詞の活用に関する研究の影響を受けていたことを指摘している。また、芳賀矢一も日本古来の文法書について記した著作で、アストンの『日本文語文典』は鈴木重胤の『詞捷径』に拠るところが多いと述べている[8]。以上のように、外国人による日本語文法についての研究を詳しく調べた日本人研究者の論考によると、やはりアストンの日本語研究、特に日本語文法の研究の基礎には国学の成果があったということを指摘することができる。

同じようなことは、次の場合でもいえるであろう。アストンは日本研究および日本語研究だけではなく、朝鮮語も学び、朝鮮研究も進めた。朝鮮については、既述したように、彼は朝鮮駐在の最初のヨーロッパ人外交官として漢城(現在のソウル)に滞在したのである。もちろん、アストンは朝鮮に赴任する以前から、日本研究と同時に、すでに自分の研究を日本語と朝鮮語の比較および日朝関係史にまで拡大させていた。彼の研究成果は、一八七九(明治一二)年に「日本語と朝鮮語の比較研究」[9]、一八七八(明治一一)年から一八八三(明治一六)年にかけては「秀吉の朝鮮侵略」[10]などの論文として刊行された。前者の論文の主題である日本語と朝鮮語の比較研究については、アストンはこの分野においてはまさに先駆者であった。彼の研究は「国語の系統問題上最も緊要なる国語と朝鮮語との比較の如きも又氏の先鞭をつけたるところにあらずや」[11]と評価されている。続いて、アストンがまだ離日する前に日本アジア協会で発表し、彼が英国に戻った後に『日本アジア協会紀要』の論文として刊行されたのが「日本上古史」であった。この論文も後述するように、単に日本の古代史だけを扱っているのではなく、実は古代史における日朝関係が重要な部分を占めるのである。

「秀吉の朝鮮侵略」

一方、アストンの「秀吉の朝鮮侵略」という論文は文禄・慶長の役を取り扱った研究の成果である。この論文とケンブリッジ大学図書館所蔵日本語コレクションとの関係で興味深いのは、次に述べるように、実はアストンとサトウの旧蔵書の錯綜した関係が含まれていた点である。まず、その論文の最後には、アストンが論文作成に利用した以下の八点の文献(12)が掲示されている。

征韓偉略
懲毖録《ちょうひろく》
絵本朝鮮征伐記
朝鮮物語（附）柳川始末
朝鮮物語
外番通書
日本外史
五事略

以上の八点の書籍について、アストンおよびサトウがそれらの書籍を蔵書として所蔵していたのかどうかを調べると、次のような点が明らかになる。八点のうち七点については、一八八〇年代前半の時点では、いずれもアストンだけではなく、サトウも同じ書籍を所蔵していた。要するに両者が七点を自分の蔵書として所有していたのである。それらのうち、サトウは所蔵していたがアストンが所蔵していなかったのは『懲毖録』だけであった。実は、アストンの論文の中で一番重要な書籍はこの『懲毖録』であった。アストンの『日本文語文典』の巻末に「日本の文法論考一覧」が掲載され、その参考文献の中では、鈴木重胤の『詞捷径』が一番重要な文献とされていたが、その『詞捷径』はアストン旧蔵ではなくサトウ旧蔵であった。『懲毖録』の状況も『詞捷径』の場合とよく似ていた。アストンの「秀吉の朝鮮侵略」にとって一番重要であった『懲毖録』は、アストン旧蔵ではなく、実際にはサトウ旧蔵であった。その『懲毖録』については後述する。残りの七点については、現在ケンブリッジ大学図書館で所蔵しているのは『征韓偉略』(アストン所蔵本とサトウ所蔵本)、『絵本朝鮮征伐記』(サトウ所蔵本)、『朝鮮物語(附)柳川始末』(サトウ所蔵本)、『朝鮮物語』(サトウ所蔵本)、『外番通書』(アストン所蔵本とサトウ所蔵本)、『日本外史』(アストン所蔵本とサトウ所蔵本)、『五事略』(アストン所蔵本とサトウ所蔵本)である。なお、アストン旧蔵の朝鮮本および朝鮮関係の和書が、ロシア科学アカデミー東方学研究所(旧ソビエト連邦科学アカデミー東方学研究所)に所蔵されている。(13)しかも、アストン所蔵本の『征韓偉略』、『絵本朝鮮征伐記』、『朝鮮物語(附)柳川始末』、『朝鮮物語』(二部)がその中に含まれているのである。(14)おそらく、アストンが日本でそれらの所蔵本を入手する際には、サトウが関わっていたのであろう。想像するに、全部ではないかもしれないが、サトウの手助けでアストンはそれらの書籍を入手していたかもしれない。
ここで問題なのは前述した『懲毖録』である。この柳成龍著、貝原益軒編の四巻本はサトウ所蔵本で、アストンの書入がある。また、アストン自身「秀吉の朝鮮侵略」という論文は、主としてこの『懲毖録』に拠っていると記述している。[15] すなわち、アストンの論文の種本が『懲毖録』であったのである。そのことから、アストンは一八七〇年代の終わりから一八八〇年の初めにかけて、サトウの蔵書を利用して、主要な論文を書いていたことがわかるのである。それは、サトウ、アストン、チェンバレンの英国三大日本学者が、自分たちの蔵書についてお互いに協力し合っていたことのひとつの証になるであろう。

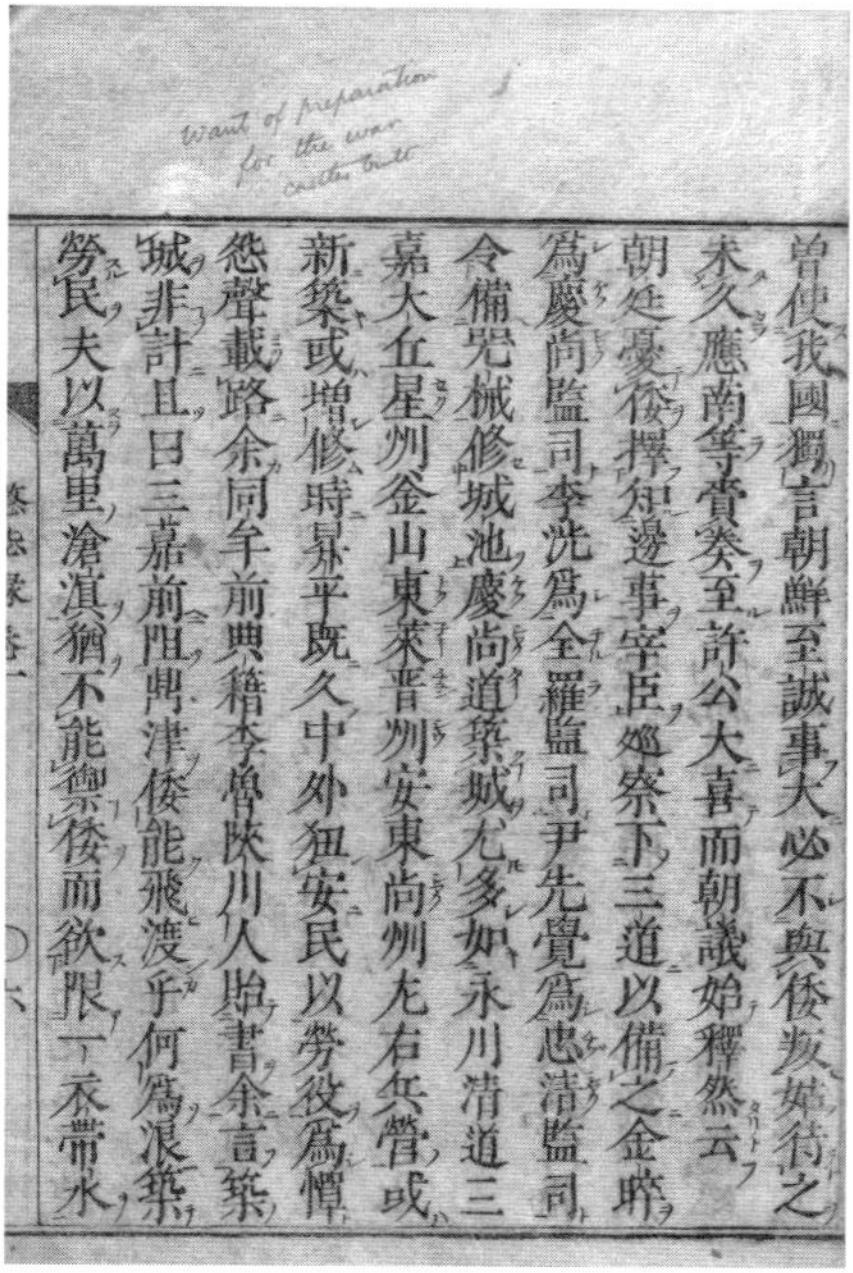

曾使我國獨言朝鮮至誠事大必不與倭叛始待之
未久應南等賫奏至許公大喜而朝議始釋然云
朝廷憂倭擇知邊事宰臣巡察下三道以備之金睟
爲慶尚監司李洸爲全羅監司尹先覺爲忠淸監司
令備器械修城池慶尚道築城尤多如永川淸道三
嘉大丘星州釜山東萊晉州安東尚州左右兵營或
新築或增修時昇平既久中外狃安民以勞役爲憚
怨聲載路余同年前典籍李魯陜川人貽書余言築
城非計且曰三嘉前阻鼎津倭能飛渡乎何爲浪築
勞民夫以萬里滄溟猶不能禦倭而欲限一衣帶水

『懲毖録』（サトウ所蔵本）アストンの書込（戦争の準備のために城を建てる……）

さらに、アストンが離日する一八八八（明治二一）年頃に、日本から英国に送付したと思われるアストン所蔵の日本語や朝鮮語の書籍の目録（『アストン蔵書目録』）の中にも、『懲毖録』が記載されている。同目録の「朝鮮関係書類」に、『懲毖録』（一冊）という記述がある。[16] また、サトウがタイのバンコクから一八八五（明治一五）年頃に、英国に住むフレデリック・ヴィクター・ディキンズ宛に送付した書籍の目録である『枡目原稿用紙サトウ蔵書目録』にも、『懲毖録』（三）という記入がある。[17] この場合「三」は三巻とか三冊の意味であろう。『枡目原稿用紙サトウ蔵書目録』に記載されている書籍は、後にはアストンに譲渡され、最終的にはケンブリッジ大学図書館の所蔵になるのである。先に、サトウ所蔵本の『懲毖録』にはアストンの書入があると記したが、実は書入があるのは、四巻本のうちの第一巻のみである。以上のことから判明することは次のような事情である。四巻本のうち、第一巻はなんらかの事情でアストンが所蔵して、彼の蔵書として英国に送付された。残りの三巻はサトウによってバンコクからディキンズに送られ、英国で他のサトウ旧蔵の書籍と一緒にアストンに譲渡され、ここで四巻本が再び一緒になり、最終的にケンブリッジ大学図書館の所蔵に帰すことになるのである。四巻本の『懲毖録』という書物の中にも、それなりの複雑な歴史が含まれているのである。また、その『懲毖録』は朝鮮で出版された朝鮮本ではなく、貝原益軒の序文が付されて、一六九五（元禄八）年に出版された和刻本であったのである。本文はいわゆる白文ではなく、返り点や送り仮名などが付されているのである。

さらに、ケンブリッジ大学図書館が所蔵している『懲毖録』（複数の所蔵本）については、他にもいろいろと興味深い点が含まれている。まず、ケンブリッジ大学図書館は既述のサトウ所蔵本を含めて、全部で三部（セット）の『懲毖録』（四巻本）を所蔵している。二部（セット）はハインリッヒ・シーボルトの旧蔵本である。彼は朝鮮、琉球、アイヌ関係に興味をもっていたので、その関係で『懲毖録』を所蔵することになったのであろう。また、英国図書館（旧大英博物館図書館）も『懲毖録』を所蔵しているが、それはシーボルト旧蔵本である。ハインリッヒの父フィリップ・フランツ・フォン・シーボルトが収集し、大英博物館図書館が彼の長男アレキサンダーから購入したコレクションの中の一点であった。他の朝鮮関係や国学・神道関係の書籍の場合からもわかるように、幕末・明治初期には和漢古書などは、比較的入手しやすい時期であった。アストンはサトウ所蔵本とは別に『懲毖録』を購入することができたのに、なぜか自分では『懲毖録』を入手しなかったのである。一方、ハインリッヒ・シーボルトは同じ書籍を二部収集していたのである。さらに大シーボルト（ハインリッヒの父親）も同書を所蔵していた。一方、アストンはサトウの蔵書を比較的自由に利用することができたので、『懲毖録』をわざわざ入手することをしなかったのであろうか。『懲毖録』はアストンの研究にとって重要な書籍であったので、同書を自分で所蔵していても不思議ではなかった。

なお、アストンの「秀吉の朝鮮侵略」という論文は、増田藤之助によって日本語に翻訳され、英和対訳本として『豊太閤征韓史』という題名で一九〇七（明治四〇）年に出版されている。[18] 増田藤之助による序文の日付は、日韓新協約（第三次日韓協約）の報が届いた一九〇七（明治四〇）年七月下旬になっている。増田は対訳本の序文で、アストンの「秀吉の朝鮮侵略」を次のように称賛している。

叙述公平にして穏当、文辞また平明雅健。一小篇ながら一個の良史たるを失はず。凡そ日本歴史上の重要著大なる一節たる豊太閤征韓の事を記するに於て、斯くの如く整然秩序あり組織的にして善く要を得たるもの、本邦にも未だ之れを見ざるが如し。[19]

アストンの「秀吉の朝鮮侵略」について、翻訳者の増田が「本邦にも未だ之れを見ざるが如し」という高い評価を与えている。ただ、増田の評価がどこまで的を得ているのかは議論の余地がないのではない。文禄・慶長の役に関する文献としては、山路愛山の二冊本『豊太閤』がある。山路は『豊太閤』の後編で文禄・慶長の役を詳細に扱っているが、[20]その『豊太閤』が出版されたのが、一九〇八（明治四一）年—一九〇九（明治四二）年のことであった。増田の対訳本はそれよりも前に出版されていたことは確かであった。

山路愛山は『豊太閤』の中で、文禄・慶長の役に関する史料として朝鮮や中国の文献をたくさん利用した。その際、山路は直接原史料に当たらず、史料集である『異称日本伝』から引用したという。[21]『異称日本伝』は松下見林が三〇年かけて中国や朝鮮の書物から日本に関係する記事を抜き出して三巻にまとめた史料集であり、後述するようにアストンも同書を利用した。アストンの例からもわかるように、『異称日本伝』は事実大変有用な書籍であった。山路は『豊太閤』の中で、アストン同様文禄・慶長の役についての最重要史料である『懲毖録』を引用しているが、山路の場合、出版物または写本である『懲毖録』そのものを利用せずに、『異称日本伝』に掲載されている

『懲毖録』のテキストを利用したという(22)。それに対して、アストンは『異称日本伝』に掲載されている『懲毖録』のテキストを参照したかもしれないが、少なくとも実物の『懲毖録』も確実に利用していたのである。その『懲毖録』は朝鮮本ではなく、日本で刊行されたものであったかもしれないが、アストンはちゃんと『懲毖録』の実物を利用していたのである。文禄・慶長の役の引用史料に関しては、アストンの方が民間史学の代表として活躍した史論家山路愛山よりも適切に取り扱っていたのである。

日本研究と種本

アストンの日本研究、特に日朝関係に関連する日本研究については、「秀吉の朝鮮侵略」に続いて重要なのは、すでに言及した『日本アジア協会紀要』に掲載された「日本上古史」という論文であった。実は、この「日本上古史」がアストンの日本滞在中の日本研究と、英国帰国後の日本研究の橋渡しをする役割を担っていたのである。仕事柄および研究上の成り行き（日本語と朝鮮語の親近関係究明、神道・国学分野の研究など）で、アストンは古代の日朝関係に多大な興味を持つようになり、その結果、彼がいずれはその分野で一番重要な書籍である『日本書紀』（『日本紀』）の英訳に向かうのは、ある意味では自然な道筋であったと想像することができる。そして、離日後も英国でその分野の研究を継続することにより、アストンは一八九〇年代以降も英国を代表する日本学者にふさわしい成果を上げるのである。すなわち、一八九六(明治二九)年の英訳『日本紀』、一八九九(明治三二)年の『日本文学史』そして一九〇五(明治三八)年の『神道』の刊行が、それに該当するのである。

アストンの日本における日本研究、および英国における日本研究の継続・発展と、最終的にケンブリッジ大学図書館に収蔵された彼の蔵書との関連について洞察すると、次のようなことがいえるであろう。それは要するにアストンの日本研究と蔵書をめぐる問題である。以下の点については、もうすでに触れたかもしれないが、ここでもう一度その要点を繰り返すことにする。アストンは健康状態からやむをえず英国外務省を退き英国に戻ることになったが、退職後も日本研究を続ける意欲を持っていて、特に「日本上古史」との関係で、『日本書紀』(『日本紀』)を英訳しようと考えていた。すでにアストンの論文「秀吉の朝鮮侵略」のところでも触れたように、彼の文禄・慶長の役についての研究は主に『懲毖録』に依拠していた。しかも、その『懲毖録』(漢文)は日本で刊行された訓点が付されたもので、彼はそのテクストを漢文訓読のかたちで読解したと思われる。漢文で書かれた朝鮮の書籍を、いきなり朝鮮語の読み方で読んだのではなく、日本の漢籍の読み方である漢文訓読のかたちで読解していたのであろう。

別にアストンだけに限らないが、研究者が自分の研究を推進する際、一番多く依拠する書籍とか資料などがある場合が多い。それらは、場合によっては種本と呼ばれるケースがある。外国人による日本研究の場合、ある程度それらの種本を推定することができる場合がある。アストンも論文や研究書を執筆した際、いろいろな種本を利用した。一応ここでは、アストンが参考にした和漢書などを仮にわかりやすく種本と表現したが、別のいい方をすれば、アストンが自分の研究に依拠した和漢書と呼ぶこともできる。いずれにしても、彼の日本研究との関係で、その種の和漢書を掲示することができる。依拠または参考の度合いなどはいろいろと異なるが、日本史や神道・国学などに関する主要な業績（著書や論文）に非常に役に立ったと思われる書籍については、比較的簡単にそれらを指摘することができる。それらの書籍については、アストン自身が自分の著書や論文の中で触れている場合もあるし、また彼が自分で付箋（紙片）などに書き残した注などからも判明するのである。後者が何かといえば、ケンブリッジ大学図書館が所蔵しているアストンの旧蔵書には付箋（紙片）があり、そこにアストンが短い注を付けていたのである。すでに言及したものも含めて、一応該当するアストンの著書や論文（いわゆる種本を利用した研究）としては、以下のようなものが考えられる。

「秀吉の朝鮮侵略」（一八七八―八三）：『懲毖録』
「一八〇八年の長崎フェートン号事件」[23]：（『長崎乱妨記』）
「日本上古史」：『異称日本伝』
「マレー諸島における日本人船乗りの冒険　一七六四―一七七一」[24]：『南海紀聞』

また、いわゆる種本の類いに関しては、アストンだけに限らず、サトウの場合にも数点簡単に上げることができる。両者の場合、旧蔵書がケンブリッジ大学図書館の蔵書に含まれているので、それらの実物を使って検証するのはそれほど困難ではない。また、種本というい方はもしかすると誤解を招くかもしれないが、最初に指摘したように、研究の参考にしたとかきっかけになった書籍や資料は、単に日本研究者に限らず多くの研究者にも存在する。

アストンが「秀吉の朝鮮侵略」の執筆を継続している最中に取りかかったのが、「一八〇八年の長崎フェートン号事件」という論文で、その論文のもとになったのが、アストンが偶然見つけたフェートン号事件（一八〇八年）についての日本側の記録である『長崎乱妨記』という写本であった。『長崎乱妨記』という写本については、アストンは確かに所蔵していて、離日する一八八八（明治二一）年に日本から英国に送付したはずである。というのは、アストンが英国に送った日本語書籍の目録である『アストン蔵書目録』に、その『長崎乱妨記』が記載されているからである。[25]ただし、現在ケンブリッジ大学図書館はこの書籍を所蔵していない。また、アストンの蔵書が一九一一（明治四四）年にケンブリッジ大学図書館に収蔵された時の目録であるCatalogue of W. G. Aston's Collection of Japanese Booksにもその記載がない。現在アストン旧蔵の『長崎乱妨記』がどこにあるのかは不明である。アストン旧蔵の類似の書籍として、ケンブリッジ大学図書館は『異国船書附』という写本を所蔵している。この『異国船書附』についておもしろいのは、サトウも早速アストン所蔵の『異国船書附』の転写本を作成して、自分の蔵書として所蔵していた点である。アストン旧蔵とサトウ旧蔵の両方を引き継いだケンブリッジ大学図書館は、現在両書（複本）を所蔵している。さらに『通航一覧』という書籍にも、フェートン号事件に関する史料が掲載されている。アストンの旧蔵書として、ケンブリッジ大学図書館も『通航一覧』を所蔵している。ただし、ケンブリッジ所蔵本は『通航一覧』の全巻ではなく、存巻は限られている。残念ながら、その存巻の中にはフェートン号事件の史料は含まれていない。

「日本上古史」

アストンの研究業績の中で最も重要な論文のひとつは、すでに言及した「日本上古史」である。「日本上古史」はアストンの日本滞在中である一八八七（明治二〇）年一二月に、日本アジア協会において口頭で発表され、一八八九（明治二二）年に『日本アジア協会紀要』に掲載された。このアストンの論文の種本または資料集になったのが、すでに言及した『異称日本伝』という非常に有用な書物である。松下見林が、中国および朝鮮の文献から日本に関する記事を集録し、三〇余年かけて上中下三巻全一五冊の書籍として刊行したものである。松下見林は江戸時代前期の国学者・漢学者で、世代としては契沖（国学者）とほとんど同時期の人物であった。『異称日本伝』に引用された記事には、それに対する見林の見解も付されていた。『異称日本伝』は時代的にいえば古代から江戸時代まで網羅しているが、古代の部分で注目すべきは「魏誌倭人伝」（『三国志』魏書東夷伝倭人条）

の邪馬台国に関する記述が引用されている点である。なお、いわゆる邪馬台国論争については、一六八八（元禄元）年に成立し、一六九三（元禄六）年に刊行された『異称日本伝』よりも後年のことになるが、一七一六（正徳六）年に成立した新井白石の『古史或問』が、その論争の始まりとされている。『異称日本伝』に関して、さらに興味深いのは、松下見林は自分の見解として邪馬台国を大和国に比定し、邪馬台国女王卑弥呼は神功皇后のことであると主張していることである。後者の点については、後述するようにアストンは見林の説をそのまま引き継ぐのである。
　ケンブリッジ大学図書館は『異称日本伝』を二点所蔵している。一点はアストン旧蔵、もう一点はサトウ旧蔵である。すでに述べたように、アストンはサトウ旧蔵の書籍を含めて、自分が所蔵していた書籍に付箋（紙片）を付けていた。それには書籍の主題（いわゆる件名）などと一緒に、時々アストンの評価も加えられていた。二点の『異称日本伝』には次のようなアストンの意見が記入されていた。

アストン旧蔵本
中国の書き手たちが使った日本の称呼を古い時代から拾い集めたもので、極めて有意義。漢文体だが、行間に訓点が付されている。ＢＭになし。置くべし。(26)

サトウ旧蔵本

早い時代の中国文献から日本を示す記事を集めたもの。研究上、極めて価値あり。日本アジア協会紀要掲載のW・G・A「日本古代史」を見よ。(27)

アストンは以上のふたつの紙片に『異称日本伝』に対する高い評価を書き付けていた。アストン旧蔵本の方に記載されているBMは、大英博物館（図書館）のことで、彼は大英博物館図書館も同書を所蔵すべきであると推奨している。ちなみに、大英博物館図書館の蔵書を引き継いだ英国図書館は、『異称日本伝』を所蔵していない。また、サトウ旧蔵本の紙片には、『日本アジア協会紀要』に掲載されたアストンの「日本上古史」（「日本古代史」）を見よと推挽している。アストンが「日本上古史」を執筆する際、松下見林の『異称日本伝』を利用したことを窺わせるコメントである。

アストンは日本の古代を調べる場合、日本の書籍とともに中国や朝鮮の文献が大変役に立つことを『異称日本伝』を通じて理解したと思われる。日本側の史料が欠けていたり、または不正確な場合、隣国（中国と朝鮮）の文献は貴重な情報をもたらしてくれる。そのような意味で、アストン自身が紙片に記入した注からもわかるように、『異称日本伝』は大変重宝な資料集で、日本古代史の研究にとっては価値が高いものであった。たとえば、アストンは一八九五（明治二八）年に出版した「日本古代の家族関係」という論文の中でも、『異称日本伝』が引用する文献が与えてくれる情報が大変重要であることに言及していた。(28)いずれにしても、松下見林の『異称日本伝』がアストンの研究にとって役に立ったことは確実であった。なお、アストンがどのようにしてその『異称日本伝』

を知ることになったのかについては、大変興味があるが、残念ながら詳しいことは不明である。ただ、アストンではないが、同じ英国三大日本学者のひとりであるチェンバレンが、一八八三（明治一六）年に出版した英訳『古事記』の総論の部分で、松下見林の『異称日本伝』は大変有益な書物であるとすでに紹介しているのである。(29)また、同じ英国三大日本学者のサトウも、『異称日本伝』の松下見林とはまったく無縁ではなかった。サトウは享保八（一七二三）年刊行の版本の『延喜式』を所蔵していた。その版本の序に「松下氏」の名前が記載されている。サトウはその「松下氏」という名前が記載されている部分の上欄に、鉛筆で「見林」と書き加えていた。要するに、サトウはこの「松下氏」は松下見林のことであると書き込んでいたのである。以上のことからわかることは、英国三大日本学者であるサトウ、アストン、チェンバレンの間では、松下見林のことはそれなりによく知られた存在であったという点である。

アストンの「日本上古史」は、既述したように一八八七（明治二〇）年一二月に口頭で発表され、一八八九（明治二二）年に出版されたが、その論文の中心的な主題のひとつが紀年問題であった。日本の紀年（皇紀）は神武天皇の即位を元年として、『日本書紀』の記述により作成された。皇紀の根拠は『日本書紀』の記述である。ただ、その『日本書紀』の紀年には間違いが多くあり、実際の紀年よりも、およそ六〇〇年ほど歴史を遡る方に延長されているといわれる。紀年をめぐる議論である「紀年論」については、関連資料が辻善之助によって一冊にまとめられ、一九四七（昭和二二）年に『日本紀年論纂』として出版された。(30)同書には、「紀年論」に関連した江戸時代の著述や戦前に出版されたほとんどの論文・記事・著作などが収載されている。アストンやチェンバレンの論考も日本語に翻訳されて収録されている。以上の掲載内容の説明からもわかるように、『日本紀年論纂』は「紀年論」に関する重要な書籍である。その『日本紀年論纂』によって、論争の歴史を概略すると次のようであった。明治時代においては、東洋史学者那珂通世はすでに一八七八（明治一一）年に『洋々社談』という雑誌に「上古年代考」[31]を出版して、紀年に関する問題点を発表していた。彼はさらに一八八八（明治二一）年に『文』という雑誌にも「日本上古年代考」[32]を発表した。その那珂の論文が注目を集め、その後紀年について多くの論議が引き起こされることになった。

アストンは那珂の「日本上古年代考」が出版された同じ頃（少し前）に、日本アジア協会で「日本上古史」を発表した。アストンは「日本上古史」の中で、『日本書紀』の紀年について次のような論点を展開する。まず、この問題については、アストンの先輩にあたるサトウもすでに疑問を投げかけていたことを報告する。[33]続いて、やはりアストンと同じ外国人日本研究者であるウィリアム・ブラムセンやバジル・ホール・チェンバレンの論考を紹介しながら、アストンはさらに踏み込んで、歴代の天皇が異常に長寿であること、『日本書紀』記載の紀年が一二〇年繰り上げられていたことなど、紀年に誤謬が多く含まれていることなどを指摘する。また、アストンが紀年の誤認を指し示す場合、日本の史料だけに限定せず、朝鮮の文献である『東国通鑑』なども援用する。いずれにしても、以上のような疑問点などを挙げ、アストンは「日本上古史」という論文で、『日本書紀』の紀年について強い疑念を表明したのである。

ここで、アストンが言及したブラムセンやチェンバレンの論考も簡単に紹介してみたい。ブラムセンはデンマークの最初の日本学者で、日本の年表、古銭、度量衡などを研究した。彼は*Japanese Chronological Table*[34]（『日本年代表』）で、神武天皇から仁徳天皇までの一七代の天皇の平均寿命が一〇九歳、一方、履中天皇から崇峻天皇までの一七代の天皇の平均寿命は六一歳であることから、前の一七代の天皇の期間は半年が一年として数えられていたという説（一年二歳論）を立てた。一方、チェンバレンは英訳『古事記』の総論の部分（日本語訳の題名は『日本上古史評論』[35]）で、当該の年代はまだ日本に中国から暦法が伝わる以前のことであり、それなのに『日本書紀』では年月などが詳細に記載されているなど、『日本書紀』の紀年については疑問が多いという意見を提出した。

アストンは「日本上古史」の中で、紀年の問題以外にもさまざまな点にも触れている。たとえば、朝鮮側の文献との比較で、『日本書紀』に記載されている神功皇后の朝鮮征伐についても疑問を出している。これは彼の研究が日本側の文献だけに限定されていないことからもたらされた利点でもある。また、彼は松下見林の『異称日本伝』に記載されている「魏誌倭人伝」から、邪馬台国や卑弥呼に関する記述を抜粋し、問題の卑弥呼は実は神功皇后のことであったと示唆する。もちろん、卑弥呼＝神功皇后説は、アストンの説というよりも松下見林の説で、彼は単に『異称日本伝』から松下見林の説を受け継いだに過ぎない。いずれにしても、アストンは『異称日本伝』から多くのことを学び、彼の研究に関連する史料の博捜を朝鮮本まで広げていたのである。

もうすでに述べたように、アストンの「日本上古史」という論文は取り扱う内容および文献から、英国帰国後に彼が最初に上げた大きな業績である『日本書紀』の英訳（英文『日本紀』）の刊行に向けての橋渡しの役割を担ったのである。「日本上古史」などに結実する日本古代史の研究を通じて、アストンは海外の日本研究者のために『日本書紀』を英訳しようと決断することになったのであろう。次に、アストンによる『日本書紀』（『日本紀』）の英訳について言及してみたい。

『日本紀』の英訳

アストンの英文による『日本紀』は、一八九六（明治二九）年に『ロンドン日本協会紀要』の附録一の二巻本（上下二冊）[36]として出版された。おそらく、アストンは英国に帰国した一八八八（明治二一）年の二、三年後あたりから、すでに『日本書紀』の英訳の準備を始めていたと思われる。しかし、実際にその英訳をロンドンの日本協会が発行する紀要の附録として刊行するという話が煮詰まったのは一八九三（明治二六）年頃であった。ロンドンの日本協会は一八九一（明治二四）年の終わりに設立され、初代議長が日本美術史家として有名なウィリアム・アンダーソン、初代会長は駐英日本公使河瀬真孝、実質的な創設者は名誉書記であるアーサー・ディオジーであった。一八九三（明治二六）年当時、会長は河瀬真孝から駐英日本公使青木周蔵に代わっていた。アンダーソンは明治初期に日本海軍の招きで軍医養成のために来日した医師で、滞在中日本の美術品を多く収集した。その後、彼の日本美術品の収集物（アンダーソン・コレクション）は大英博物館に売却された。アンダーソン・コレクションは大英博物館では最も重要な日本美術の収集品である。ロンドン日本協会名誉書記ディオジーの父親は、ハンガリーの革命家コシュートの秘書で、英国に亡命したハンガリー人であった。亡命者の息子であるディオジーは、小さい時から日本や中国に興味を抱き、馬場辰猪が著した英文による日本語の文法書などを使って日本語を自習した。日本人の著作としては、馬場の日本語の文法書は英文による最初のものであった。日本語を学んでいたディオジーは、偶然ロンドンの劇場でその馬場と知り合うことになり、それが縁で馬場などが中心となって明治初期にロンドンで組織した日本学生会の顧問役を務めた。一九世紀末に出版されたディオジーの著書 *The New East*（新しい東洋）は、一九〇二（明治三五）年に成立した日英同盟に貢献したといわれる。

一八九三（明治二六）年五月にロンドンで開かれた日本協会の例会で、アストンは「日本古代の家族関係」という論文を発表する予定であった。しかし、健康上の理由でその例会に参加できなかった。彼の論文はかわりに別人が読んだ。一八九五（明治二八）年に、アストンの論文とその時の例会の会議録が掲載された『ロンドン日本協会紀要』の第二巻が刊行された。[37] それによると、ディオジーはその例会でアストンの『日本書紀』の英訳は完成に近づいていると述べ、さらに、その会議録には一八九五（明治二八）年四月に日本協会が会員向けに発行したチラシの記事も引用されていた。[38] 同じ記事は、刊行されたアストンの『日本紀』（英訳『日本書紀』）にも掲載されていた。そのチラシによると、『日本紀』は『ロンドン日本協会紀要』の附録として、第一巻が一八九五（明治二八）年、第二巻が一八九六（明治二九）年に出版されると予告されていた。実際には、英文

『日本紀』の二巻（上下巻）は一八九六（明治二九）年に刊行された。いずれにしても、アストンの英訳『日本紀』はロンドンの日本協会の刊行物として出版された。
アストンは『日本紀』の序文で、[39]次のような出版の趣旨などを著していた。まず、彼の英訳の主要な目的はヨーロッパの学者が『日本書紀』を利用できるようにすることであるが、英訳『日本紀』は英語が理解でき、西洋の一学者が自分たちの古代史や伝統に対してどのような見方をするのかという点を知りたがっている多くの日本人に対しても、興味深いものになるかもしれないと述べる。また、彼は今回の英訳について、まずチェンバレンとサトウ、さらには『日本書紀』（部分）を独訳したカール・フローレンツに感謝する。フローレンツを含めて同僚の日本学者たちの仕事が、アストンの英訳を助けたのである。アストンは同じように『日本紀』を英訳する時に日本人の学者である本居宣長と平田篤胤の業績に依拠したことを認め、国学のふたりの〝大人〟である宣長と篤胤を次のように讃えるのである。

彼らの宗教的、愛国的偏見のために、ヨーロッパの読者は彼らの見解についてしばしば異議を唱えざるをえないが、西洋の学者で彼らの広大な博識に張り合う、またはそれらに近づくことができると考える者は一人もいない。その広大な博識は本当のところはやさしく優雅なのであるが、平凡に学者ぶった言葉で表現されているのである。翻訳者〔アストン〕は喜んで今回の機会をとられて長い間持ち続けた二人〔本居宣長と平田篤胤〕に対する強い称賛の念を表した

い。(40)

以上の引用した箇所からもはっきりわかるように、アストンは本居宣長と平田篤胤の著作に対して高い価値を認めていたのである。まさに、英訳『日本紀』のここの部分は、〝国学者〟アストンが国学の二大巨人に学恩を感謝したところと捉えることができるのであろう。アストンが長い間持ち続けた本居宣長と平田篤胤に対する強い称賛の念を表明した英訳『日本紀』の序文は、彼の『日本紀』の英訳だけに限らず、アストンの日本学が本居宣長と平田篤胤のふたりを中心として完成した〝国学〟に多く依拠していることを示唆している。

『書紀集解』と『日本紀』刊行後の展開

続いて、『日本紀』の序文で、アストンは具体的に英訳に利用した『日本書紀』の通釈書の話題に移り、河村秀根の『書紀集解』と谷川士清《たにかわことすが》の『日本書紀通証』の二点を列記する。この二点の中では、アストンの英訳に一番役に立ったのは河村の『書紀集解』の方である。というのは、『書紀集解』は単に『日本書紀』の通釈書としてだけではなく、アストンの英訳のテキストとしても利用されたのである。翻訳の場合、もとのテキストに何を使用するかという問題はそれなりに重要であるが、アストンの場合、『書紀集解』に記載されている『日本書紀』の原文を利用したのである。

『書紀集解』は書名通り『日本書紀』（『日本紀』）の解説書である。その解説書には原文が掲載されており、その原文をアストンは英訳のテキストとして使ったのである。アストンはその『書紀集解』について『日本紀』の「紹介」の部分で次のように説明している。

『集解』版は概してもっとも有益なもので、印刷はよく、中国語〔漢文〕によるたくさんの注釈がのっている。それとたやすく参照ができるように、この版の巻とページを本訳書の欄外に記入しておいた。『集解』の大きな黒い字体が、原文である。「本来の註釈」と他からの引用は、小さな字で印刷されている。それらは本訳書に加えた。しかしそれらは本来の『日本紀』とは区別されている。(41)

要するに、アストンの英文『日本紀』は『書紀集解』の本文をテキスト（原文）として使い、さらに『書紀集解』の注釈も英文『日本紀』の欄外に加えていたのである。

ここで、アストンの『日本書紀』英訳の実態をさぐる一例として、『書紀集解』に付け加えられた書込を紹介してみよう。まず、アストンが所蔵していた『書紀集解』（三〇巻）には書込がある。通常の書込は鉛筆によるが、ペン書きのものもある。第一巻の書名（『書紀集解』）が印刷されている見返しには、鉛筆で〝W.G. Aston〟と自分の名前を記入していた。この署名から、この『書紀集解』が明らかにアストンの手沢本であったことがわかる。河村秀根の『書紀集解』の第二五巻は、

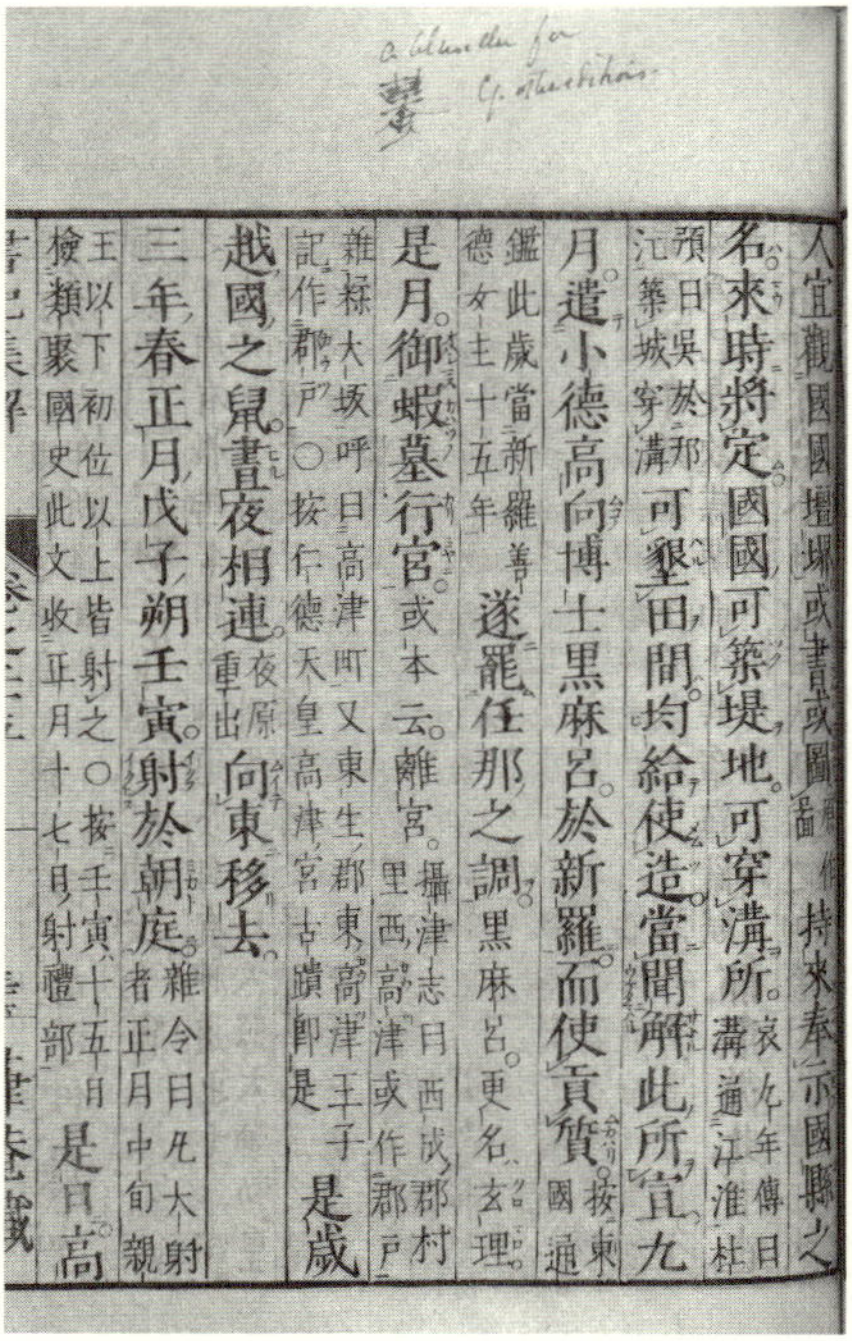
名來時將定國國可築堤地可穿溝所
月遣小徳高向博士黒麻呂於新羅而使貢質
是月御蝦墓行宮
越國之鼠晝夜相連向東移去
三年春正月戊子朔壬寅射於朝庭

『書紀集解』（アストン所蔵本）アストンの「蟇」の書込
（孝徳天皇紀の部分）

孝徳天皇の在位期間（六四五―六五四年）を扱っている。その孝徳天皇の在任中の大化二（六四六）年九月の部分に、天皇が〝かわず〟（〝かはづ〟）という場所にある離宮に滞在したという記事がある。その記事（部分）は、『書紀集解』には次のように記載されている。

是月、〔天皇〕蝦墓（かわず）の行宮（かりみや）におわします。
〔原文は漢文〕

アストンはそこの部分の上方に、次のような書込をペンで加えた。

A close cha[racter] for 蟇 of other editions

この書込は何を表しているかといえば、『書紀集解』に掲載されている『日本書紀』の原文では、〝かわず〟（〝かはづ〟）が「蝦墓」という漢字で表現されているが、『日本書紀』の別の版では、似た漢字として「蝦蟇」（または「蟇」）が使われているという意味であろう。「墓」と「蟇」が類似の漢字であることを示している。ここでは、「蝦墓」や「蝦蟇」（または「蟇」）はカエル（蛙）とかヒキガエル（ガマ）などを意味するのではなくて、地名、たとえば高津（こうづ）などを表すのであろう。アストンはこの書込で『日本書紀』の他の版では「蟇」という漢字が使用されていることを指摘したのである。彼は『日本書紀』の版による相違点も『書紀集解』などを通じて承知していたのである。この書込から、わずかであるかもしれないが、アストンの学習なり研究の様子を窺うことができるかもしれない。

前述したように、アストンはサトウ旧蔵の書籍を含めて、自分が所蔵していた書籍、すなわちケンブリッジ大学図書館が一九一一（明治四四）年にアストンの遺族から購入した日本語の書籍に付箋（紙片）を付けていた。それには書籍の主題（いわゆる件名）などと一緒に、時々アストンの評価も加えられていた。実は、アストンとサトウの両方の旧蔵者が河村秀根の『書紀集解』を所蔵していた。その結果、ケンブリッジ大学図書館は二セットの『書紀集解』を所蔵している。その二セットの『書紀集解』に対して、アストンは次のような自分の意見を付け加えていた。

アストン旧蔵本
本書は元々は七二〇年に舎人親王と太朝臣安万侶によって編纂された。現本は一七八五年の版。本書はもっとも有益な書物であり、またかつてアストンが日本協会紀要に『英訳日本紀』を執筆した際に必要とされた書物であった。(42)

サトウ旧蔵本
日本紀の注釈がついた権威のある本。私の翻訳はこの本から作られた。W・G・アストン(43)

アストンは河村秀根の『書紀集解』が『日本紀』の英訳を執筆する際に必要であった書物であったと述べ、彼の英訳は『書紀集解』から作られたと明言している。「私の翻訳はこの本から作られた」といういい方から、『書紀集解』がアストンの英訳『日本紀』にとっていかに重要な書籍であったかが想像できるであろう。

注
(1) 「アストン氏の帰国」(『朝日新聞』一八八八年九月一八日)一頁。
(2) William George Aston, *A Grammar of the Japanese Written Language*, printed for the author, at the office of the "Phoenix", 1872.

（3）三沢光博「アストン「日本文語文法」（A GRAMMAR OF THE JAPANESE WRITTEN LANGUAGE）における動詞論」（『日本大学文理学部（三島）研究紀要』一四、一九六五年）一―一三頁。
（4）古田東朔「アストンの日本文法研究」（『国語と国文学』五五―八）四一頁。
（5）同前、四三頁。
（6）同前、四六、四八頁。
（7）岩熊幸男「一九世紀の西洋日本語学――アストンとチェンバレン」（『一九世紀日本の情報と社会変動』京都大学人文科学研究所、一九八五年）二三三、二七一頁。
（8）『芳賀矢一遺著』（冨山房、一九二八年）一九二頁。
（9）William George Aston, 'A Comparative Study of the Japanese and Korean Language', *The Journal of the Royal Asiatic Society of Great Britain and Ireland*, Vol. 11, 1879, pp.317-364.
（10）William George Aston, 'Hideyoshi's Invasion of Korea', *Transactions of the Asiatic Society of Japan*, Vol.6, 1878, pp.227-245; Vol.9, 1881, pp.87-93, pp.213-222; Vol.11, 1883, pp.117-125.
（11）亀田次郎「国語学上に於けるアストンの功績」（『国学院雑誌』一八―一）五頁。
（12）William George Aston, 'Hideyoshi's Invasion of Korea', *Transactions of the Asiatic Society of Japan*, Vol.11, 1883, pp.117-125.
（13）Nozomu Hayashi & Peter Kornicki, *Early Japanese Books in Cambridge University Library: A Catalogue of the Aston, Satow, and von Siebold Collections*, Cambridge University Press, 1991. p.50.
（14）Ibid., pp.366-367.
（15）帇尾達哉「ケンブリッジ大学図書館蔵「アストン和書目録」について（六）」（『鹿児島大学法文学部紀要人文科学論集』六五、二〇〇七年）五九頁。
（16）「アストン蔵書目録」（『ケンブリッジ大学図書館所蔵アーネスト・サトウ関連蔵書目録』五、ゆまに書房、二〇一六年）四四七頁。

(17)「枡目原稿用紙サトウ蔵書目録」(『ケンブリッジ大学図書館所蔵アーネスト・サトウ関連蔵書目録』三、ゆまに書房、二〇一六年)一五一頁。
(18) W・G・アストン著/増田藤之助訳『豊太閤征韓史——英和対訳』(隆文館、一九〇七年)。
(19) 同前、二頁。
(20) 山路愛山『豊太閤』(文泉堂、服部書店、一九〇八—一九〇九年)。
(21) 田中健夫「山路愛山と『異称日本伝』——史料集からの無断引用は孫引きではないのか」(田中健夫『対外関係史研究のあゆみ』吉川弘文館、二〇〇三年)二一七—二二一頁。
(22) 同前、二一八—二一九頁。
(23) William George Aston, 'H.M.S. "Phaeton" at Nagasaki in 1808', *Transactions of the Asiatic Society of Japan*, Vol.7, 1879, pp.323-336.
(24) William George Aston, 'Adventures of a Japanese Sailor in the Malay Archipelago, A.D. 1764 to 1771', *The Journal of the Royal Asiatic Society of Great Britain and Ireland* for 1890, pp.157-181.
(25)「アストン蔵書目録」(『ケンブリッジ大学図書館所蔵アーネスト・サトウ関連蔵書目録』五、ゆまに書房、二〇一六年)四七七頁。
(26) 乕尾達哉「ケンブリッジ大学図書館蔵「アストン和書目録」について(二)」(『鹿児島大学法文学部紀要人文科学論集』六一、二〇〇五年)七七頁。
(27) 乕尾達哉「ケンブリッジ大学図書館蔵「アストン和書目録」について(一〇)」(『鹿児島大学法文学部紀要人文科学論集』七一、二〇一〇年)六〇頁。
(28) William George Aston, 'The Family and Relationships in Ancient Japan (Prior to A.D. 1000)', *Transactions and Proceedings of the Japan Society, London*, Vol.2, 1895, pp.160-176.
(29) Basil Hall Chamberlain, *Kojiki: Records of Ancient Matters*, Asiatic Society of Japan, 1883. p.xcvi.
(30) 辻善之助編『日本紀年論纂』(東海書房、一九四七年)。

（31）同前、二九―三五頁。
（32）同前、五八―八三頁。
（33）Ernest Mason Satow & A.G.S. Hawes, *A Handbook for Travellers in Central & Northern Japan*, 2nd rev. ed., John Murray, 1884. Introduction, p.69.
（34）William Bramsen, *Japanese Chronological Tables: Showing the Date, According to the Julian or Gregorian Calendar, of the First Day of Each Japanese Month, from Tai-kwa 1st Year to Mei-ji 6th Year (645 A.D. to 1873 A.D.) : With an Introductory Essay on Japanese Chronology and Calendars*, [s.l.], 1880.
（35）チャンバーレン著／飯田永夫訳『日本上古史評論』（史学協会出版局、一八八一年）。
（36）William George Aston, *Nihongi, Chronicles of Japan from the Earliest Times to A.D. 697*, K. Paul, Trench, Trübner & Co., 1896. (*Transactions and Proceedings of the Japan Society, London*. Supplement 1).
（37）*Transactions and Proceedings of the Japan Society, London*, Vol. 2, 1895.
（38）Ibid., p.190.
（39）William George Aston, *Nihongi, Chronicles of Japan from the Earliest Times to A.D. 697*, K. Paul, Trench, Trübner & Co., Vol. 1, 1896. Preface.
（40）Ibid., Preface.
（41）W・G・アストン著／安田一郎訳『神道』（青土社、一九八八年）三三四頁。
（42）乕尾達哉「ケンブリッジ大学図書館蔵「アストン和書目録」について（三）」（『鹿児島大学法文学部紀要人文科学論集』六二、二〇〇五年）九四頁。
（43）同前、六五頁。

エドマンド・ゴッスの依頼

アストンの『日本文学史』は英文『日本紀』(『日本書紀』の英訳)から『神道』の刊行という彼の研究の道筋とは少し異なる経緯で著述された書籍である。一九世紀から二〇世紀に移る世紀の変わり目前後に、『世界文学史叢書』(*Short Histories of the Literatures of the World*)というシリーズが英米の出版社から刊行された。全部で一〇数冊出版されたようである。そのシリーズの編集者で、同時に第三巻の『近代英文学史』(*A Short History of Modern English Literature*)の執筆者がエドマンド・ゴッスであった。ゴッスは英国の詩人、批評家、執筆家などとして知られ、ケンブリッジ大学で英文学を講じたこともあった。大英博物館の館員であるリチャード・ガーネットが著者である第四巻の『イタリア文学史』、ケンブリッジ大学の中国学の教授のハーバート・ジャイルズが著した『中国文学史』なども同じシリーズに含まれる。

エドマンド・ゴッスは、自分が編集しているシリーズに日本文学史を含めようと考え、まず最初にバジル・ホール・チャンバレンに依頼の手紙を出した。なぜそのことがわかるかといえば、そのゴッスの依頼に対して、チェンバレンが送った返事が保管されているからである。英国のリーズ大学図書館にゴッスに関係した文書が保存されており、その中にゴッスが受け取った手紙も含まれている。次に言及するゴッスとアストンとの手紙のやり取りの場合も同じであるが、リーズ大学図書館で所蔵しているのは、ゴッスが受け取った手紙だけであり、ゴッスが送った手紙は保存されていない。いずれにしても、ゴッスは『日本の古典詩歌』（*The Classical Poetry of the Japanese*）などの著作があるチェンバレンが日本文学史の著者にふさわしいと考え、日本に住んでいたチェンバレンに書簡で連絡を取ったと思われる。
ゴッスからの申し出に対して、チェンバレンは箱根の宮ノ下から一八九五（明治二八）年八月二〇日付の返事を出し、ゴッスからの依頼は大変喜ばしいが、彼の視力の状態から日本文学史の執筆を引き受けるは無理なので、代わりにアストンを推薦すると伝えた[1]。チェンバレンはゴッスが期待しているような日本文学史を著作するのには、いろいろと調査をする必要があり、彼の視力はそれに耐えられないことを悟っていたと思われる。興味深いのは、チェンバレンがゴッス宛に出した返事で、日本文学について、次のような意見をゴッスに伝えていたことである。

その主題〈日本文学史〉はいささか広いものになる。というのは、日本にはすでに西暦八世紀の初め以降、詩人および散文作家が存在していたからである。実際には、彼らはいずれもヨーロッパの二流に位置する作家や思想家にも及ばないのであるが、しかし、そのうちの数人には安っぽい飾物の類いの魅力がある。さらに、彼らが光を投げかける過去の風俗や習慣、特に古い宮廷の生活は、興味深いものになるかもしれない。残念なことに、あなたが望んでいるような書籍を執筆することができる人物は二、三人しかいない。唯一、私が思い付くことができるのは、W・G・アストン氏（C.M.G.）（Woodlands, Seaton, Devon）だけである。彼はいい文体と専門的な知識を持っている。不幸なことであるが、彼の健康状態はあまりよくない(2)。

以上のように、チェンバレンは日本文学に対して想像以上に低い評価を与えているのである。同様なことは、実は次に引用するアストンのゴッス宛の手紙でも表明されていた。チェンバレンとアストンという英国三大日本学者のうちのふたりが、日本文学について低い格付けをしていたのである。チェンバレンとアストンはあれほど苦労して日本文学と格闘したのに、それに対する評価が想像以上に低いのは予想外のことであった。

また、ゴッスの日本文学史の執筆依頼の問題に戻ると、チェンバレンからの返事を受け取ったゴッスは、あらためて英国のデヴォン州のいなかに住んでいたアストンに手紙を送り、日本文学史執筆の要請をした。それに対して、アストンは一八九五(明治二八)年九月三〇日付の返事で、ゴッスの提案を受け入れるのである(3)。その受託の手紙で、アストンは次の六ヶ月から八ヶ月の間は『日本紀』の英訳に専念しなければならないし、また彼の健康が勝れないので、日本文学史の執筆を急ぐこともできず、日本文学史の出版は少なくとも二年以上後になることを伝えていた。実際には、アストンの英文『日本文学史』が出版されたのは、それから約四年後の一八九九(明治三二)年のことであった。すでにチェンバレンの書簡のところでも触れたように、『日本文学史』の執筆を引き受けたアストンも、次のような日本文学に対する意見をゴッスに伝えていた。

私は日本文学を称賛するような意見は持っていない。その中に珍しい興味深いことは含まれているが、実際には、その様式や事柄のどちらにも偉大な特質があるのではない。ちょうど、掛物とターナーやルーベンスを比べる場合のように、一番いい作品でも、ほとんどヨーロッパ文学の傑作とは比較にならないのである。円熟した思想の完全なる言辞を期待する人は、だれでも失望するであろう。しかしながら、私は日本文学が持つ長所も知っており、それをできるだけ多く取り出すようにするべきであると考える。比較の観点から新鮮であることが、もちろん重要な利点になると思われる。(4)

アストンはチェンバレンと同じように、日本文学をヨーロッパの文学と比較してそれほど高く評価はしないが、ゴッスの提案を引き受けたので、日本文学史を出版する意義を強調することも忘れてはいなかったのである。もしアストンが執筆することになれば、それがヨーロッパの言語で出版される最初の日本文学史になるということも、アストンにとっては魅力になったのであろう。
アストンが英文による『日本文学史』の執筆を引き受けたもうひとつの隠れた要素は、これはあくまでも筆者の想像であるが、すでに日本で最初の本格的な日本文学史である三上参次、高津鍬三郎共著『日本文学史』が一八九〇（明治二三）年に出版されていた点である。日本文学史の著述を承諾したアストンにとっても、直接参考になる書籍がすでに日本語で出版されていたことは、彼がゴッスの要請を承諾する拠り所のひとつになったのであろう。このあたりの経緯については後述する。

アストンの『日本文学史』の序文と参考文献

アストンの『日本文学史』と国学との関係、および同書とケンブリッジ大学図書館の蔵書（アストン・サトウ・シーボルト・コレクション）との相関関係については、いろいろなことが考えられるが、差し当たり、アストンの『日本文学史』に記載されている序文と、巻末に掲載されている参考文献などを糸口にして、それらの関係を調べることにしよう。アストンは『日本文学史』の序文の最初で、わずか四〇年前には「我英国人の如きは、日本の書物とし云へば、只の一頁だも読むこと能ばざりし」(5)という状態であったという。要するに、英国人が日本語の書籍を読み始めたのは、たかだか四〇年前のことに過ぎなかったというのである。もちろん、最初に日本の書物を読み始めた英国人はサトウやアストンたちであった。また、アストンは同じ序文で、日本人を含めて誰も日本文学史を著作しようとしなかったことを、次のように表現している。

尚広き日本文学の原野は、其の儘に残れるを、一人の、能く西洋の詞を以て、之を解説・批評せし人あるを見ず。且つ、日本人は、其の文学の此の方面に向って力を尽せども、未だ差したる成功も無し。(6)

上記の引用部分では、アストンは日本人の著作を含めて未だにちゃんとした日本文学史が出版されていないことを強調していた。アストンにとっては、三上参次、高津鍬三郎共著『日本文学史』は〝成功〟した日本文学史ではなかったのである。
続いて、アストンは同じ序文で、以下のように文学史の方法にも簡単に言及している。

日本の文学の如き文学の歴史には、必要なる文学者の小伝を掲げて、其の為人を説明し、又、其の文学を摘訳するは、却ってよかるべし。我が文学史は即ち此の主義を採る。(7)

結局、アストンの文学史にとって重要な要素は、彼自身が書いているように、文学者の小伝と彼らの作品の摘訳であると見なすことができる。アストンが採用した方法も作者の小伝と適訳であった。このことは、アストンの場合、文学作品を歴史的経過にしたがってどのように組織するのかという方法については、おおかた三上参次、高津鍬三郎共著『日本文学史』に依拠していたことを裏付けるのかもしれない。
アストンは序文の最後で、アーネスト・サトウと『世界文学史叢書』の編集者であるエドマンド・ゴッスに対する感謝の言葉を付け加えている。ここで興味深いのはサトウへの謝辞の理由で、アストンは次のような事情を記している。

君〔サトウ〕は、余〔アストン〕が本書を編むに方って、其の蔵書の大部分を貸与せられたるのみならず、余に向って、多大な貢献を為したる日本の新刊書をも、又常に供給せられたり。(8)

以上引用したサトウへの謝意の理由として、アストンはサトウが自分の蔵書を一八九二(明治二五)年にアストンに貸与したことと、『日本文学史』の執筆に大変役に立った日本語の新刊書をアストンに提供したことを上げている。サトウの蔵書がアストンの『日本文学史』執筆に役に立った点に関しては、ケンブリッジ大学図書館の蔵書を利用して、もう少し具体的に説明してみたい。すでに述べたように、ケンブリッジ大学図書館が所蔵するアストンの蔵書(もともとのアストンの旧蔵書とアストンに譲渡されたサトウの旧蔵書)に、アストンが紙片(付箋)を付け、それに短くいろいろな情報を書き入れていた。アストン自身が書き付けたコメントから、一八九二(明治二五)年にサトウからアストンに譲渡されたサトウ旧蔵書のうち、少なくも五五点の書籍がアストンの『日本文学史』の執筆に実際に貢献したことが判明するのである。(9)アストンは少なくも五五点のそれら書籍の紙片に、「アストンの『日本文学史』を見よ」などというコメントを書き入れていたのである。このことから、逆にそれらのサトウ旧蔵書がアストンの『日本文学史』の執筆に役に立ったことを示唆するのである。アストンは自分が執筆した『日本文学史』とそれらの五五点のサトウ旧蔵書が関連があるので、それらの書籍に「アストンの『日本文学史』を見よ」という注意書きを加えたのである。それは、アストンがそれらの書物(サトウ旧蔵書)を『日本文学史』の執筆に利用したということを意味するのであろう。アストンの付箋からどのようなサトウ旧蔵書がアストンの『日本文学史』に貢献したかが具体的に判明するのである。

それでは、またアストンが『日本文学史』の序文の最後に記したサトウへの謝意の二点の理由（サトウ旧蔵書の譲渡と日本の新刊書）に戻り、その二点目の理由（日本の新刊書）について検討してみたい。要するに、サトウはアストンに日本語の新刊書を送付し、それらがアストンの執筆を援助したという。それでは、サトウがアストンに送付した『日本文学史』の執筆に大変役に立った日本語の新刊書は一体何であったのであろうか。どのような日本語の新刊書がアストンの『日本文学史』の執筆に参考になったのであろうか。それは大変興味深い疑問である。それに対する回答は、実は『日本文学史』の参考文献のところに記載されているのである。

本書では、アストンの『日本文学史』から引用する場合、通常は芝野六助が訳し、一九〇八（明治四一）年に出版された日本語版を利用してきたが、実は芝野六助訳補の『日本文学史』には欠けている部分がある。英語版の原本にはあるが、芝野六助訳補の『日本文学史』にはないのが「第八章　東京時代（一八六七―一八九八）」と「参考文献」の欄である。また、アストンの『日本文学史』は川村ハツエによっても翻訳されている。(10) その川村ハツエ訳の『日本文学史』にも、アストンの原著にある「参考文献」の部分は掲載されていない。その原著の「参考文献」の部分で、アストンは三上参次、高津鍬三郎共著『日本文学史』と『大日本人名辞書』に言及している。参考文献として掲示されている日本の新刊書は、この両書以外には関根正直著『小説史稿』と『帝国文庫』だけである。後者の二点については、おそらく単に関係する分野の文献として掲示しただけであろう。ケンブリッジ大学図書館はアストン旧蔵の『小説史稿』と一三点の『帝国文庫』[11]を所蔵している。アストンが実際にそれら一四点の書籍を手に取ったのは確かであろう。ただ、『日本文学史』の執筆の際、アストンはそれらの文献(『小説史稿』と『帝国文庫』)を非常に役に立つ書籍として利用したのではない。『小説史稿』と『帝国文庫』は単なる〝参考文献〟であったのである。しかし、前者の二点、すなわち三上参次、高津鍬三郎共著『日本文学史』と『大日本人名辞書』は、実際に執筆に利用された本当の意味の〝参考文献〟だったのである。
アストンの『日本文学史』の参考文献の部分に記載されている前者の二点、すなわち、三上と高津の『日本文学史』と『大日本人名辞書』については、アストンは次のように記述している。アストンの『日本文学史』に掲載されている「参考文献」の部分からの引用である。

しかしながら、東京帝国大学の三上参次、高津鍬三郎両氏が、この主題(日本文学史)にとってはるかに価値のある仕事となる『日本文学史』を、一八九〇年に出版するまでは、文学史という名前に価するものは現れなかった。両著者の批判的な意見については、いつでもヨーロッパ人に推薦できる訳ではないが、両著者が、日本文学の主要な事実を明瞭な、組織的な方法で明らかにすることに成功したことは確かである。私は、喜んで彼らの仕事に多く恩義を負っていることを認めたい。……最も良い人名辞書は、『大日本人名辞書』(一八八六)という題名の多数の著者による大部な書籍である。[12]
以上の参考文献に関するアストンの記述から、サトウがアストンに送付した「多大な貢献を為したる日本の新刊書」は、どうも三上参次と高津鍬三郎の『日本文学史』や『大日本人名辞書』のことを指すようである。それらの日本語の参考文献の「版」に関しては、次の点を指摘することができる。『大日本人名辞書』については、アストンが利用したのは一八八五（明治一八）年および一八八六（明治一九）年の両年に刊行された初版ではなく、一八九一（明治二四）年に出版された訂正増補版であった。なぜそれがわかるかといえば、ケンブリッジ大学図書館がアストン旧蔵書として所蔵しているのが訂正増補版の『大日本人名辞書』であり、また、アストン自身が自分の旧蔵書に付した紙片に、一八九一（明治二四）年発行の『大日本人名辞書』は「参考書として最も有益」というコメントを残しているからである。[13]
すでに引用した参考文献の箇所からもわかるように、アストンは三上参次、高津鍬三郎共著の『日本文学史』に多くの恩義を負っていることは認めた。また、芝野六助訳補『日本文学史』（アストンの日本文学史の日本語版）に掲載された芳賀矢一の「序」でも、アストンの著作が「三上高津二氏の日本文学史に準拠せるはアストン氏の明言せるところ[14]」であると記していた。また、訳者の芝野六助も「訳者自序」で、両書の関係を次のように表現していた。

アストン氏の日本文学史は、大体の結構を、高津、三上両氏の日本文学史に採り、上下二千六百年に亘れる日本の文学を、おもしろく、巧に、簡明に評論せり。故に、高津三上両氏の書の、名著たることを知る人は、未だ繙かずして、既にアストン氏の書の、名著たることを首肯せん(15)
芝野は、アストンの著作は大体の結構を名著である高津、三上の『日本文学史』から採っているので、読者はページを開かずして、すでにアストンの『日本文学史』が傑作であると認識するとまでいい切っているのである。いずれにしても、両書をよく知っている芳賀と芝野は、アストンの『日本文学史』は高津、三上の著述に依拠していることと認識していたのである。
アストンの著作の訳者である芝野が指摘するように、アストンは日本文学史の大枠に当たる時代区分に関しては、江戸時代までを六区分して、三上参次、高津鍬三郎共著の『日本文学史』の時代区分をそのまま踏襲していた(16)。アストンの場合は、さらに明治時代を第七番目の区分として付け加えていた。時代区分だけに限らず、芳賀や芝野が言明するように、取り上げる作品や作者などの選択についても、アストンは三上、高津の『日本文学史』を参考にしていたことは想像できそうである。
三上参次、高津鍬三郎共著『日本文学史』に関しては、ケンブリッジ大学図書館はふたつのセットを所蔵している。ひとつはアストン旧蔵であり、一九一一(明治四四)年にアストンの遺族から購入したものであり、もうひとつは一九一三(大正二)年にサトウから寄贈されたものである。また、アストンおよびサトウ旧蔵の『日本文学史』（上巻と下巻）は上巻の一点を除き、一八九〇（明治二三）年一〇月および一一月に出版された初版ではなかった。両方の下巻は一八九二（明治二五）年八月二五日発行の訂正三版であった。上巻については、アストンの分は一八九〇（明治二三）年一〇月の初版、サトウの分は一八九四（明治二七）年五月刊行の三版であった。

アストン旧蔵の三上参次、高津鍬三郎共著『日本文学史』には、かなり多くの鉛筆による書込がある。字体は明らかにアストンによるものである。この書込の量を考慮すると、アストンが『日本文学史』を執筆した際に、三上、高津の『日本文学史』をかなり参考にしたことが明らかになる。また、アストンは参考文献のところで『大日本人名辞書』は最良の人名辞書であると称賛し、またその人名辞書に付けた紙片にも、「参考書として最も有益」というコメントを付けていた。実はアストンが三上、高津の『日本文学史』に加えた書込にも、『大日本人名辞書』に関するものがある。『日本文学史』の中で、作者名などが記述されている部分の上のスペースに、「See B.D. I. 177」、「B.D. II. 1220」、「B.D. II. p.1176」などの書込がある。これは『大日本人名辞書』の上巻とか、下巻のそれぞれのページに該当する人物についての記述があることを表示しているのである。B.D. は「Biographical Dictionary」のことであり、I は上巻、II は下巻を意味しているのであろう。

三上参次、高津鍬三郎共著『日本文学史』

また、ケンブリッジ大学図書館が所蔵する二セットの三上参次、高津鍬三郎共著『日本文学史』の話題に戻ると、実はこれらの書籍にもそれなりの由来がありそうなのである。先に、アストンが一八九五（明治二八）年九月三〇日付のゴッス宛の手紙で、『日本文学史』の執筆の依頼を受け入れたことを記したが、実は、そのことと三上、高津の『日本文学史』が関係しているかもしれないのである。それには、英国三大日本学者であるサトウ、アストンそしてチェンバレンの三人が関わっているように思われる。まず、アーネスト・サトウは駐日英国公使に任命され、一八九五（明治二八）年七月に日本に赴任した。サトウは同年八月以降、箱根の宮ノ下に滞在するチェンバレンを訪問していた。ふたりは定期的に会っていたのである。そのチェンバレンは同年八月二〇日付の返事で、ゴッスに『日本文学史』の著者としてアストンを推薦していた。そこで、サトウは同年九月頃アストンにゴッスから『日本文学史』の執筆の依頼が送られるだろうということは十分承知していたと考えられる。以下はあくまでも筆者の想像の領域に含まれることかもしれないが、その当時日本に滞在していたサトウは、もしかすると二セットの三上参次、高津鍬三郎の『日本文学史』を入手し、一セットは自分の蔵書とし、もう一セットをアストンに送付したのではないだろうか。それらの二セットを入手した時期は、同じ時ではなかったかもしれないが、しかし、それほど離れてもいなかったのであろう。また、日本文学史の分野で最近役に立ちそうな書物が出版されたという情報は、おそらくチェンバレンあたりがサトウに知らせたのかもしれない。というのは、チェンバレンは帝国大学における三上参次や高津鍬三郎の恩師であったので、ふたりが『日本文学史』を出版したことは、上梓後すぐに承知していたのであろう。いずれにしても、重要なことはアストンの著作の序文にあるように、サトウが『日本文学史』を執筆するのに役に立つ日本語の新刊書をアストンに送付したという事実と、それらの新刊書の中には必ず三上参次、高津鍬三郎共著の『日本文学史』が含まれていたのであろうと考察することができる点である。

なお、チェンバレンの蔵書と三上参次、高津鍬三郎共著『日本文学史』との関係については、次のような事実が判明している。チェンバレンの蔵書目録（厳密にいえば蔵書目録の稿本）である『赤坂文庫書目土代』は、後述するように塙保己一の孫塙忠韶《はなわただつぐ》によって作成された。その『赤坂文庫書目土代』にも三上参次、高津鍬三郎共著『日本文学史』が掲載されているが、下巻のみである。上巻は含まれていない。アストンとサトウは三上参次、高津鍬三郎共著『日本文学史』については、それぞれ上下両巻を所蔵していたが、チェンバレンは下巻のみである。先にアストンとサトウが所蔵している三上、高津の『日本文学史』の版について説明したが、両者の『日本文学史』の下巻は両方とも訂正三版であった。一方、上巻に関しては、サトウの上巻は訂正三版で、アストンの上巻のみが初版であった。もしかすると、サトウたちが入手しようとした時には、三上、高津の『日本文学史』の上巻はもうすでに手に入れにくくなっていたのかもしれない。そこで、チェンバレンはやむをえず下巻のみを入手したのかもしれない。または、チェンバレンは自分が持っていた上巻をアストンに譲ったということも考えられる。そのあたりの細かい状況はよくわからないが、一応以上のような状況から判断すると、おそらく三上、高津の『日本文学史』の入手については、サトウ、アストンそしてチェンバレンの英国三大日本学者はお互いに何らかの協力をしていたのであろう。この件で三人が関係していたことは容易に想像することができる。

一応、以上のようないきさつを経て、アストンは三上参次、高津鍬三郎共著『日本文学史』を、遅くとも一八九五（明治二八）年の終わり頃までには英国で落手していたと思われる。アストンが鉛筆で書込を加えながら、その三上と高津の『日本文学史』を精読したことはすでに述べたが、では彼はいつ頃からその書籍を精読し始めたのであろうか。それをさぐる手がかりは、実はアストンの書込の中にあるのである。『日本文学史』の上巻の初めの部分（第一篇日本文学の起源及び発達）に、「二月二十三日」という日付が鉛筆で記載されている。英語の日付ではなく、日本語の日付である。

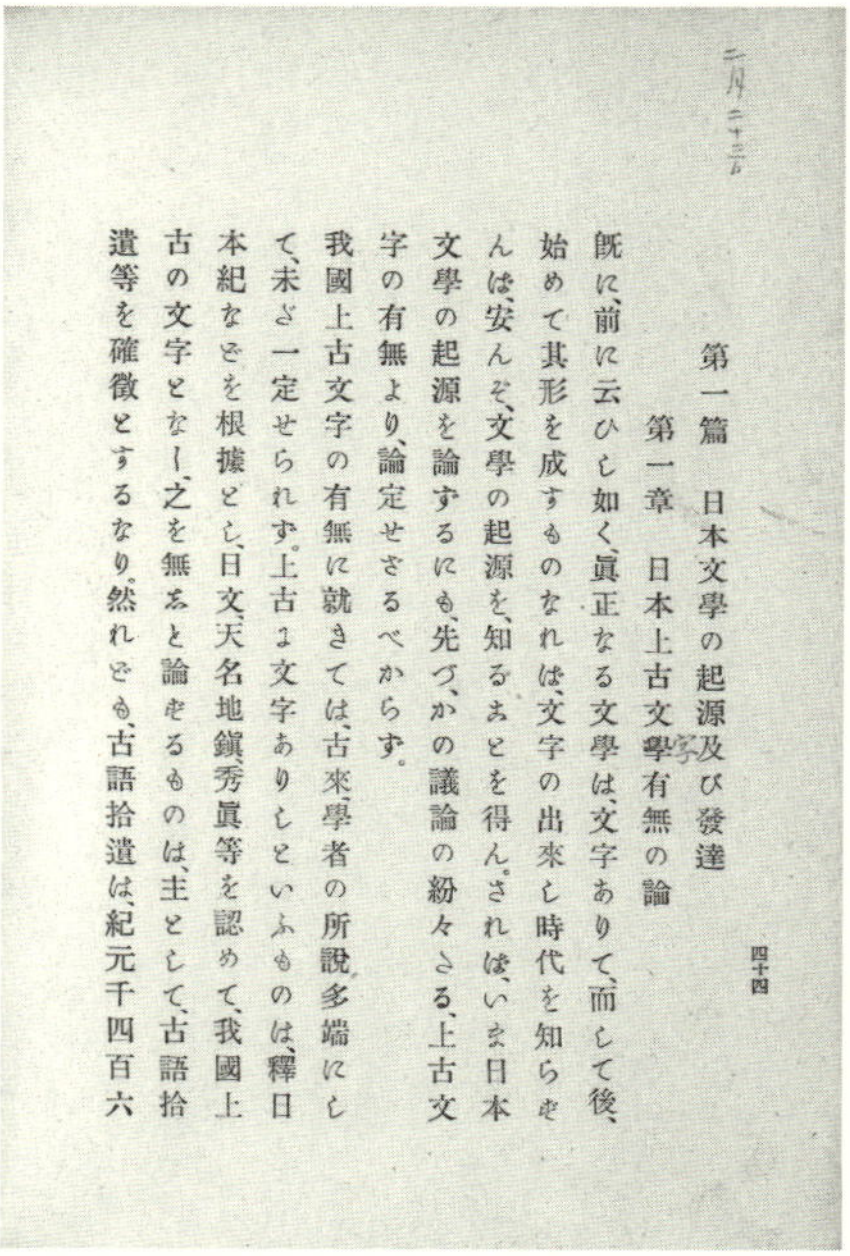
二月二十三日
四十四
第一篇　日本文學の起源及び發達
第一章　日本上古文學有無の論
既に、前に云ひし如く、眞正なる文學は、文字ありて、而して後、始めて其形を成すものなれば、文字の出來し時代を知らざんは、安んぞ、文學の起源を、知ることを得ん。されば、いま日本文學の起源を論ずるにも、先づ、かの議論の紛々たる、上古文字の有無より、論定せざるべからず。
我國上古文字の有無に就きては、古來、學者の所說多端にして、未だ一定せられず。上古は文字ありしといふものは、釋日本紀などを根據とし、日文、天名地鎭、秀眞等を認めて、我國上古の文字となし、之を無しと論ずるものは、主として、古語拾遺等を確徵とするなり。然れども、古語拾遺は、紀元千四百六

アストンの三上参次、高津鍬三郎共著『日本文学史』への書込（2月23日）

この日付が、アストンが『日本文学史』を熟読し始めた日であると考えられる。この頃には、アストンの『日本紀』の英訳出版の準備も一段落していたかもしれない。そこで、その日からアストンは三上と高津の『日本文学史』に真剣に取り組み始めたのであろう。「二月二十三日」は日付のみで、何年の二月二三日であるのかが記載されていない。アストンが三上、高津の『日本文学史』を入手したと思われる時期（推測）などから、その日付は一八九六（明治二九）年の二月二三日のことであろう。

では一体、アストンが参考にした三上参次、高津鍬三郎共著『日本文学史』はどのような書籍であったのであろうか。どうして、三上と高津はその『日本文学史』を出版しようと思い付いたのであろうか。三上参次は後年その執筆のきっかけを次のように説明している。

これは要するに日本文学史というような形で全体を通じてみられることが

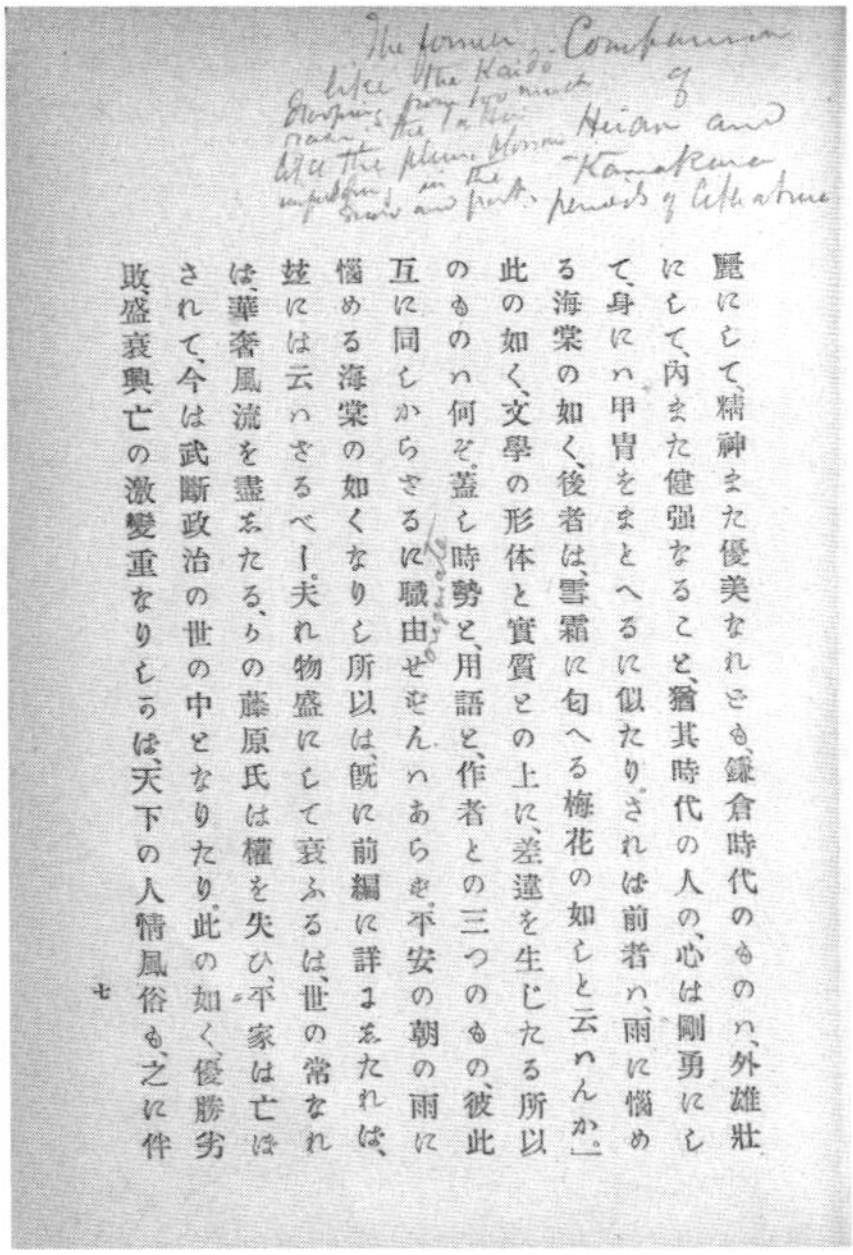

麗にして、精神また優美なれども、鎌倉時代のものハ、外雄壮にして、内また健強なること、猶其時代の人の、心は剛勇にして、身にハ甲冑をまとへるに似たり。されば前者ハ、雨に悩める海棠の如く、後者は、雪霜に匂へる梅花の如しと云ハんか。」此の如く、文學の形体と實質との上に、差違を生じたる所以のものハ何ぞ。蓋し時勢と、用語と、作者との三つのもの、彼此互に同しからさるに職由せずんハあらず。平安の朝の雨に悩める海棠の如くなりし所以は、既に前編に詳まをたれは、茲には云ハざるべし。夫れ物盛にして衰ふるは、世の常なれは、華奢風流を盡したる、らの藤原氏は權を失ひ、平家は亡ほされて、今は武断政治の世の中となりたり。此の如く、優勝劣敗、盛衰興亡の激變重なりしうは、天下の人情風俗も、之に伴
七

アストンの三上参次、高津鍬三郎共著『日本文学史』への書込（海棠の部分、平安時代の文学と鎌倉時代の文学の比較）

極めて少ないのが原因であって、榊原芳野という人の『文芸類纂』および尾崎雅嘉の『群書一覧』などがあり、書物の名前およびその解題だけは類によって書いてあるからすこぶる便利だが、それは唯一種の調べ物たるに止るのである。ゆえに日本にも材料は昔からたくさんあることであるから、これをテインの文学史流に編纂したならばすこぶる益するところがあるだろうと考えたのです。(17)

三上によれば、日本には榊原芳野の『文芸類纂』や尾崎雅嘉の『群書一覧』があり、個々の作品などを調べるのは便利であるが、日本文学全体を見渡すことができる書物がないので、テイン(イッポリト・テーヌ)の『英文学史』のような方式で、日本文学史を著述したという。三上が触れた榊原芳野の『文芸類纂』や尾崎雅嘉の『群書一覧』についていえば、アストンおよびサトウの両者は、いずれも両書を所蔵していた。その結果、ケンブリッジ大学図書館はこれらの二著をそれぞれ二点づつ所蔵している。このことからも、サトウやアストンが重要な和漢書は必ず所蔵するという方針を持っていたことが確認できるのである。特に、国学などに関係する重要な書物はよく収集されていたといえる。

文学史における国学の影響

その三上参次、高津鍬三郎共著『日本文学史』が、どのような歴史的な枠組みの中で記述されたのかというと、やはり、その背後には江戸時代に成立した国学の伝統が控えていたのである。そのあたりの事情について、国文学者風巻景次郎は一九四二（昭和一七）年に出版した『日本文学史の構想』の中で、次のように表現している。風巻が議論するのは日本文学史執筆に共通に含まれる伝統や習慣のことである。

吾々の持つてゐる日本文学史の殆どは、外国人によつて執筆されたものを含めて、記載作品の選定に相当根強い習慣を踏まへてゐると見做し得る。それは明治二十年以後、日本の文学の歴史が構想されてこの方、その最初のものとも見るべき三上参次博士・高津鍬三郎氏共著『日本文学史』や、または明治時代の最も要を得た傑作と言ふことの出来る芳賀矢一博士の『国文学史十講』をはじめとして、例外のない一致を見せてゐるからである。歴史叙述に於て、数十年の長きにわたりながら、さうした事実の取捨に関する一致が見られるといふ事は、注意すべき問題と言はなければならない。なぜならば、さうした一致をもたらす根源には、歴史叙述の構想の一致といふ事が秘んでゐるからである。(18)

風巻は、昭和一〇年代ぐらいまでに出版された日本文学史のほとんどが記載作品の選択など歴史叙述の構想の部分で、国学の伝統に規定されていると指摘する。そのような国学の影響が含まれる日本文学史として、風巻は三上、高津の『日本文学史』や芳賀矢一の『国文学史十講』などを上げ、さらに外国人によって執筆されたものも同様であるという。外国人によって記述された日本文学史としては、アストンやフローレンツのものを想定しているのであろうが、明らかにアストンの『日本文学史』がその中に含まれることは確実である。というのは、風巻は『日本文学史の構想』の序でアストンの著書を読んだことに言及しているからである。いずれにしても、ここで確認できることは、アストンの『日本文学史』も三上、高津の『日本文学史』などと同じように、国学の伝統のもとに執筆されていたということである。

風巻が言及した芳賀矢一の『国文学史十講』については、次のようなことを追加することができる。芳賀の著書は一八九九（明治三二）年に出版されたが、その書籍は、その前年に行った講習会の速記録をもとにしている。[19] 芳賀はその著作の中で、アストンの英文の日本文学史についても言及していた。[20] アストンがその著作を準備していることが西洋の雑誌の広告に出ていたのである。芳賀はその広告によって知ったのである。両書の出版年については、実際には、アストンの文学史は芳賀の著作と同じように一八九九（明治三二）年に刊行された。両者の本は同年に出版されたのである。また、芳賀の『国文学史十講』における日本文学史の時代区分であるが、現代文学（明治時代の文学）を含めて、五つの時代に分けられている。三上、高津の『日本文学史』やアストンの『日本文学史』などの時代区分と異なるところは、芳賀の著書では、三上、高津の場合やアストンの著述における奈良朝以前（古代）と奈良朝（奈良時代）のふたつの時代を、上古として一時代にまとめ、また、鎌倉時代と南北朝および室町時代を、近古としてひとつの時代として処理している部分である。芳賀の場合、時代区分の時代の数が三上、高津の場合やアストンの著述と比べると少ないのである。

さて、またアストンの『日本文学史』と国学との関係に戻ると、実はアストンの場合、平田篤胤や本居宣長などの国学者、特に典型的には平田篤胤の取り扱いが、三上、高津の『日本文学史』や芳賀の『国文学史十講』の場合と比べると著しく異なるのである。まず、芳賀矢一は『国文学史十講』で、本居宣長の死後の門人に考証学の大家である伴信友と神道家の平田篤胤という二大大家があった[21]と、単に平田篤胤の名前を上げているだけである。また、三上、高津の『日本文学史』は、国学の三大人として荷田春満、賀茂真淵、本居宣長を上げる。この場合、平田篤胤を含めた四大人ではなく、三大人である（四大人は平田派の国学史による考えである）。続いて、国学者村田春海《むらたはるみ》や加藤《かとう》千蔭《ちかげ》の没後、小山田《おやまだ》与清《ともきよ》、平田篤胤、伴信友の三人は三大家と呼ばれたという[22]。ここで初めて、平田篤胤が三大家のひとりとして取り上げられるのである。三上と高津の著書では、この三人（小山田、平田、伴）は、「共に辞章を専にせず、故に何れもみな其大家たる、赫々の名あるにも似ず、わが文学史中に載せらるべき事蹟の寥々たるは、遺憾なりといふべし[23]」として、平田篤胤などが三上、高津の『日本文学史』で小さく扱われている理由を説明している。ただし、続けて「篤胤に在りては、出定笑語の如き、其講義の筆記こそ、却りて所謂言文一致の体にして、文学上の一奇観として見るに足るべきか」(24)という意見も付け加えている。平田篤胤の仏教を排撃した『出定笑語《しゅつじょうしょうご》』などは、文体が言文一致体であり、文学上の一奇観と見なすことができるという。文体の面から、三上と高津は平田篤胤の『出定笑語』などを評価するのである。

一方、アストンは自著の『日本文学史』で少なくとも八点の平田篤胤の著作について言及している。もちろん、アストンの著書は英文で書かれているので、平田の著作の書名は日本語読みの書名をローマ字で表したものである。その八点とは、『古史成文』、『鬼神新論』、『古史徴』、『古史伝』、『玉襷』、『古道大意』、『悟道弁《ごどうべん》』そして『出定笑語』である。ケンブリッジ大学図書館はこれらの平田の著作を全部所蔵している。八点のうち六点については、いずれも二部(アストン旧蔵とサトウ旧蔵)ずつ所蔵している。『悟道弁』そして『出定笑語』はサトウ旧蔵書であり、アストンの旧蔵書ではないが、もちろん、サトウの旧蔵書を譲り受けたアストンはそれらを手にとって閲覧することができた。

アストンのこだわりとキリスト教

また、アストンの『日本文学史』がそれなりに三上参次、高津鍬三郎共著『日本文学史』に依拠している問題に戻ると、我々はアストンの『日本文学史』中に次のような箇所があることに気が付く。それは、アストンが平安時代の文学と鎌倉時代の文学の違いについて述べている部分である。そこの部分を、アストンの『日本文学史』を日本語に翻訳した芝野六助の著作から引用する。

されば、或る学者の評したる如く「平安時代の文学は雨に悩める海棠の如くにして、この時代〔鎌倉時代〕の文学は、雪霜の中に匂へる梅花の如し」とも云はん。(25)

上記の引用部分は、芝野六助が指摘するように、三上参次、高津鍬三郎共著『日本文学史』の下巻からの引き写しである。同じ部分を三上、高津の『日本文学史』から引用すると、次のようになる。

されば前者〔平安時代〕ハ、雨に悩める海棠の如く、後者〔鎌倉時代〕は、雪霜に匂へる如しと云ハんか。(26)

さらに、アストンが旧蔵していた三上参次、高津鍬三郎共著『日本文学史』の下巻の上記の部分のスペースには、次のようなアストンの鉛筆による英文の書入が記入されていた。その英文の書入の日本語訳もかぎ括弧で付け加えた。この書入がアストンの『日本文学史』の本文のもとになっていることがよくわかる。

Comparison of Heian and Kamakura periods of literature
The former like the Kaidō drooping from too much rain
The latter like the plume blossom unfolding in the snow and frost

〔平安時代と鎌倉時代の文学の比較
前者〔平安時代の文学〕はたくさんの雨でしおれている海棠《かいどう》のようであり、後者〔鎌倉時代の文学〕は雪や霜の中で蕾を開く梅の花のようである〕

単にひとつの例に過ぎないが、以上の二点の日英の『日本文学史』からの引用およびアストンの書入から判明するように、アストンはその部分については明らかに三上、高津の『日本文学史』から引用している。ただ、自分の著書では、その情報源については、「或る学者」としてあいまいなかたちにしている。アストンは自著『日本文学史』の序文で「日本人は其の文学の此の方面に向って力を尽せども未だ差したる成功も無し」と記述していた。もしかすると、これらのふたつのこと（三上、高津の『日本文学史』を参考にしたことと、日本人の業績に対する否定的な見解）は、アストンが三上、高津の著作に対して多少こだわりを持っていたことが関係しているかもしれない。アストンは自分の著作が若造（三上と高津）の仕事に依拠していることをあまり認めたくはなかったかもしれない。三上たちは自分の同僚であるチェンバレンの教え子に過ぎなかったのである。

アストンの『日本文学史』は、全部で七章で構成されている。第六章までは三上、高津の『日本文学史』の章区分に従ったが、最後にさらに「第七章　東京時代（明治時代）」を付け加えたのである。アストンの著作を翻訳して出版することにした芝野六助は、アストンにその第七章の内容を修正するように要請した。そこで、アストンは修正した第七章を芝野に送付し、芝野はアストン「氏の結構を参酌し、新に東京時代の文学史を編して、添へんと欲し」、芝野の東京高等師範学校の恩師である上田敏（英文学者）に相談したところ、上田から第七章は省いた方がいいと諭され、結局、芝野は「第七章　東京時代（明治時代）」を翻訳書から除外することにした。(27)

では一体、アストン著『日本文学史』の「第七章　東京時代（明治時代）」の何が問題になったのであろうか。もちろん本当の理由はわからないが、原文の『日本文学史』を読んだ限りでは、「第七章　東京時代（明治時代）」の一番最後に記述されているキリスト教のことが、問題になったのではないかと筆者は想像する。アストンは、一番最後の章の一番最後の部分で次のようなメッセージを残している。(28)まず、一八六七（慶応三）年の革命（王政復古、明治維新）で、新しい文学の果実の種がまかれたが、それが育ち熟成するのには三〇年間は短過ぎるという。徳川時代でも、その思想運動が頂点に達するのは幕府成立から一世紀以上が過ぎた時であった。現在我々が見ているのは、新しい発展の単に始まりに過ぎないという。日本はここ三〇年間はもっぱら西洋から新しい思想を吸収することに専念してきたが、ひとつの大変重要な点でその過程は不完全であるという。要するに、日本は西洋の思想を取り入れたきたが、その西洋の思想に不可欠なキリスト教を受け入れることに関しては不十分であるとアストンは主張するのである。アストンは日本が外国から到来した仏教や儒教、また宇宙や人類を創造した神の力に敬意を払うように教える神道を受け入れてきた歴史に言及するが、それらの宗教は日本人が欲している同情心、感情、精神を満足させるものでないとアストンは主張する。アストンはヨーロッパの哲学や思想を取り入れた日本人が、他の宗教よりもはるかに勝れているキリスト教を受容しないのが理解できないのである。ただ、彼はいずれ日本もキリスト教を自分たちの宗教として取り入れるだろうと予測しており、もしかするとヨーロッパで優勢なキリスト教の形態よりもより合理的なかたちにキリスト教を変えて、同教を受け入れるかもしれないと考えている。アストンはここでギリシャ語で書かれたホメロスの『イーリアス』の一節を引用して、〝これらのことはまことに神々の膝の上にある〟というメッセージを付け加えている。それは、いずれは日本もキリスト教国になるであろうということを意味しているのであろうか。そして、「第七章　東京時代（明治時代）」の一番最後で、アストンは将来日本文学史を執筆する歴史家はこの問題に多くの言葉を費やすであろうと予言する。

注
（1）　リーズ大学図書館 BC MS 19c Gosse (Basil Hall Chamberlain’s letter of 20 August 1895 for Edmund Gosse).
（2）　同前。
（3）　リーズ大学図書館 BC MS 19c Gosse (W. G. Aston’s letter of 30 September 1895 for Edmund Gosse).

（4）同前。
（5）W・G・アストン著／芝野六助訳補「日本文学史原本序」（『日本文学史』大日本図書、一九〇八年）一頁。
（6）同前、一―二頁。
（7）同前、二頁。
（8）同前、六頁。
（9）小山騰「ケンブリッジ大学図書館所蔵アーネスト・サトウ関連蔵書目録――紹介と解説」（『ケンブリッジ大学図書館所蔵アーネスト・サトウ関連蔵書目録』一、ゆまに書房、二〇一六年）七四―七六頁。
（10）W・G・アストン著／川村ハツエ訳『日本文学史』（七月堂、一九八五年）。
（11）「ケンブリッジ大学図書館蔵「アストン和書目録」について（三）」（『鹿児島大学法文学部紀要人文科学論集』六二、二〇〇五年）九八―九九頁。
（12）W. G. Aston, *A History of Japanese Literature*, William Heinemann, 1899. p.viii.
（13）「ケンブリッジ大学図書館蔵「アストン和書目録」について（七）」（『鹿児島大学法文学部紀要人文科学論集』六六、二〇〇七年）四九頁。
（14）W・G・アストン著／芝野六助訳補、前掲書、二頁。
（15）W・G・アストン著／芝野六助訳補、前掲書、一頁。
（16）佐藤マサ子「カール・フローレンツの日本文学史――上代文学史を中心にして」（『国際日本文学研究集会会議録』一〇号、表B）。
（17）三上参次『明治時代の歴史学界――三上参次懐旧談』（吉川弘文館、一九九一年）四九頁。
（18）風巻景次郎『日本文学史の構想』（昭森社、一九四二年）九頁。
（19）芳賀矢一『国文学史十講』（冨山房、一八九九年）緒言、四頁。
（20）同前、四頁。

(21) 同前、二三一頁。
(22) 三上参次、高津鍬三郎『日本文学史』(下、金港堂、一八九〇年)三四八頁。
(23) 同前、三四八頁。
(24) 同前、三四八—三四九頁。
(25) W・G・アストン著/芝野六助訳補、前掲書、二八二頁。
(26) 三上参次、高津鍬三郎、前掲書、七頁。
(27) W・G・アストン著/芝野六助訳補、前掲書、三—四頁。
(28) William George Aston, op. cit., pp.398-399.

アストンの神道研究と日本人の信仰と慣習

ウィリアム・ジョージ・アストンの日本学者としての『日本文学史』に続く主要な出版物は、一九〇五（明治三八）年に出版された『神道』である。この英文の著作には「神々の道」という副題が付されていた。この『神道』がアストンの最後の大きな業績ということができる。また、彼は二年後の一九〇七（明治四〇）年には、この書籍の簡略版にあたる八三ページの『神道』という書籍を出版している。こちらの『神道』の副題は「日本の古代宗教」であった。それでは、アストンはなぜ『神道』（一九〇五年）を出版しようと思い立ったのであろうか。長い目で見れば、『神道』は明らかにアストンの長年にわたる日本研究の行き着く先に位置している業績である。彼は『日本口語文典』、『日本文語文典』、「秀吉の朝鮮侵略」、「日本語と朝鮮語の比較研究」、「日本上古史」、『日本紀』（英訳）、『日本文学史』など、次々と日本研究の成果を書籍や論文として結実させた後に、この『神道』を出版したのである。『神道』の標題紙に記載されているアストンの名前の後には、『日本口語文典』、『日本文語文典』、『日本紀』（翻訳）、『日本文学史』などの著者という紹介が付されていた。その著者紹介に引用された業績が、『神道』に行き着くまでのアストンの日本研究の道のりを示していた。

アストンの『神道』を日本語に翻訳した安田一郎は、「アストンが神道に注目するようになったのは、『日本書紀』の翻訳と日本文学史の執筆を通じてであったと考えられる」と書いている。(1)確かに『神道』執筆の直接のきっかけとしてとしては、安田の指摘はある程度的を得ていると思われる。しかし、安田はそれに続く部分で次のような意見も付け加えている。すなわち、アストンは『日本文学史』で本居宣長などの国学者を取り上げたので、その結果として神道に注目するようなったと彼は推測しているのである。この安田の追加のコメントについては、筆者としては異論をはさみたい。実は『日本文学史』における国学関係の記述が多いことと、それに続くアストンの著作『神道』との関係は逆で、アストンが以前から神道および国学に多くの興味を持っていたので、『日本文学史』でも国学者などについて多くのスペースを割いたのである。アストンの『日本文学史』で国学関係のことが多く書かれているのが、『神道』執筆の原因ではなく、それはむしろ結果であったのである。国学に関する興味が先にあったので、『日本文学史』の中でも国学関係が多く取り上げられたのである。いずれにしても、アストンが神道や国学に注目したのはかなり以前からのことであった。アストンの神道および国学との関係は、彼が日本研究、特に日本語の研究を始めた時点ぐらいまで溯ることができるかもしれない。また、本書ではケンブリッジ大学図書館の蔵書などをひとつの手がかりにして、サトウやアストンなどと国学・神道との関わりに焦点を当てて、彼らのそれなりに長い日本研究の履歴を見てきた。その結果、次第に明らかになって来たことは、彼らは日本研究のかなり早い時期から、国学・神道などに興味を持っていただろうと思われる点であった。

ただ、安田が指摘するように、『日本書紀』の翻訳と『日本文学史』の出版が『神道』についての書籍を執筆する〝直接〟のきっかけになったことは確かであろう。まず、『日本書紀』は神道にとって重要な文献であるので、『日本書紀』の翻訳が『神道』の刊行を後押ししたことは容易に理解することができる。一方、『日本文学史』については、別の点を指摘することができるであろう。アストンは『日本文学史』の最後の章(第七章)で、東京時代(明治時代)の日本文学を扱っている。芝野六助がアストンの『日本文学史』を翻訳し、詳細な注などを付して日本版を刊行した際、すでに述べたように、恩師上田敏の忠告によりその東京時代(明治時代)の章を除外した。なぜ芝野が第七章を削除したかといえば、アストンがその東京時代(明治時代)の章の最後で、日本におけるキリスト教の問題を取り上げていたからである。アストンは『日本文学史』で、日本にキリスト教が広まることを予測していた。彼は少なくとも自分の著書の最後の部分では、日本はいずれキリスト教国になるであろうという見通しを表明していたのである。このアストンの意見は、英文の段階ではあまり問題にならないかもしれないが、いざそれが日本語の書籍として出版されるとなると、明治時代ではやはり問題が起きるかもしれないと懸念されたのであろう。

アストンが『日本文学史』の中で具体的に取り上げたのはキリスト教であるが、彼は単にキリスト教だけに限らず、宗教が一国の文化とか文明に大きな影響を与えるという考えを持っていたと思われる。そこで、彼は日本のことを十全に理解するのには、当然日本における宗教の状態をさぐらなければならないという結論に至ったと考えられる。日本には外国から仏教や儒教などが導入されたが、それらの外来の宗教とは別に、日本にはもともと自生の宗教である神道があり、その神道は長年にわたり日本人の生活や思想に大きな影響を与えてきたとアストンが考えたのは自然な成り行きであった。そこで、日本の文化や思想の核心をさぐるために神道を研究することは、ある意味では、最も重要な日本研究の課題であると当然考えたのであろう。もちろん、アストンは以前からその神道について考察を続けてきたので、そこで、いずれはその研究成果を出版物としてまとめ、神道に関する書籍を刊行しようという考えに行き着いたのであろう。結局アストンの晩年にその機会が訪れたのである。
アストンは自著『神道』の序文の最初で、神道について次のように述べている。

神道、すなわち日本の古いカミ崇拝は、世界の大宗教に比べて決定的に未発達であるのが特徴である。その多神論、最高神がないこと、偶像や道徳律が相対的にないこと、霊の概念を人格化することが弱いこと、それを把握するのをためらっていること、来世の状態を実際に認識していないこと、深く、熱烈な信仰が一般にないこと——これらすべてのことから、神道は文字による記録を十分にもっている宗教のなかではもっとも未発達な宗教だという烙印をおそらく押せるだろう。それにもかかわらず、それは原始宗教ではない。(2)

アストンは宗教史については、文化進化論的な立場から原始宗教からキリスト教のような発達した世界宗教までの段階をひとつの歴史的な道筋で理解していたようである。そのような宗教の進化に関する歴史の見取り図では、彼は神道を原始宗教と世界宗教の中間に位置付けているように思われる。そこで、彼は「神道は文字による記録を十分にもっている宗教のなかではもっとも未発達な宗教」であると定義するのである。

続いて、その同じ『神道』の序文で、アストンは自分の著述にはふたつの目的があると述べる。(3)ひとつは神道の事実を宗教の研究者に提供することである。ここの部分に関しては、神道には多くの文献があることが大きな意味を持つ。通常、原始宗教には文献、特にその宗教の歴史的な経過を示す文献などは皆無かまたはごく些少であるのが普通であると考えられる。それに対して、神道には多くの文献があるのである。ふたつ目は神道に関する事実を利用して、宗教発展の起源と初期の段階に関する理論の概略を記すことである。アストンは単に日本研究のために『神道』を出版するのではなく、自分の著作は宗教の発展史のためにも大きく寄与すると考えていたのである。はたして宗教の歴史をアストンが考えているように文化進化論的に把握し、神道を原始宗教から発達した初期の段階に位置付けるのが正しいのかどうかという問題を別にすれば、古書を含めて神道についての日本語の書籍は多くあり、それらを読解する能力を十分獲得したアストンは、確かに英文で神道に関する著作を著述するのにふさわしい立場にいたのである。

もうひとつ、アストンの『神道』の序文で注目すべき点は、一番最後の段落で次のような伝言が含まれることである。

人類学的な問題では、私は、タイラー博士の『原始文化』〔一八七一年〕とフレイザー氏の『金枝篇』〔初版一八九〇年〕に大いに負うている。[4]

すなわち、上記の引用は、アストンの『神道』には英国の人類学者エドワード・タイラーの『原始文化』やジェームズ・フレイザーの『金枝篇』からの影響があり、アストンの神道研究には人類学的な見地からの研究が含まれることを示唆している。そのアストンの伝言は、彼が日本語文献を利用して表面に顕現した神道の歴史だけを記述するのではなく、彼がその背景にある信仰や慣習などにも大いに興味を抱いていたことを表している。たとえば、サトウはすでに平田篤胤の著作などを使って、復古神道の歴史を著していたので、[5]復古神道を中心とした単なる神道の歴史をアストンが繰り返し叙述する必要はなかったのである。そのような神道史はすでにサトウによって記述されたと考えていたのであろう。

アストンの『神道』は第一章の「神道研究の資料」から始まる。この章でアストンは神道研究に関係する重要な文献として、『古事記』、『日本紀』（『日本書紀』）、『旧事紀』、『出雲風土記』、『古語拾遺』、『姓氏録』（『新撰姓氏録《しんせんしょうじろく》』）、『延喜式』および本居宣長と平田篤胤の著作を上げる。もちろん、『神道』執筆当時のアストンはこれらの書籍を自分の家で自由に繙くことができた。それらの中には、彼自身が本来所蔵していた自分の蔵書だけではなく、サトウ旧蔵書も含まれていた。アストンおよびサトウの両旧蔵書を引き継いだケンブリッジ大学図書館は、アストンの『神道』で重要な文献として掲載されたそれらの書籍を全部所蔵している。さらにアストンはこれらの文献について、次のような但し書きを付け加えている。
しかし注意すべきことは、これらの記録に主として述べられているのは、国家宗教であることだ。この時代の大衆の信仰や慣習については、これらの記録からはほんのわずかしかわからない。(6)

以上の但し書きからわかることは、次の点であろう。アストンは国家宗教としての神道のことは、上記の文献でそれなりに判明すると考えているが、それらの文献からは、大衆の信仰や慣習についてはほんのわずかなことしかわからないと彼は主張するのである。そして、その但し書きの後に（第一章の最後に）『風俗画報』を列記し、その雑誌について次のように説明している。
『風俗画報』　現代の絵入り雑誌で、現代の神道と民間伝承と、それに関連がある迷信についての豊かな情報源である。(7)

いずれにしても、アストンは単に国家宗教としての神道だけではなく、その奥にある大衆の信仰や慣習にも興味を抱いていたのである。というのは、その大衆の信仰や慣習はアストンがいう原始宗教に近いもので、そこから神道が発達してきたという道筋がある程度わかるかもしれないとアストン自身が考えていたのであろう。そのことは、序文の最後の段落で、アストンが触れた人類学的な見方のことを意味しているのかもしれない。
アストンは『神道』の一番最後の章である「第十四章　神道の凋落、その現代の分派」の一番最後の部分で、次のようなメッセージを記している。それは、まさにある意味では『神道』の結論に相当すると考えられるものであった。アストンの神道に関する意見を述べたところである。

国家宗教としての神道は、ほとんど絶えてしまった。しかしそれは、民間伝承や慣習のなかに長い間生き続けるだろうし、日本人の特徴であるもっと単純で、もっと物質的な神の側面への生き生きとした感受性のなかに長らく生き続けるだろう。(8)

アストンは『神道』の結論の部分で、国家宗教としての神道はほとんど絶えてしまったとはっきりいい切るのである。ここまではっきりと結論を下されるのは、神道関係者にとってはかなり厳しい意見であるといわざるをえない。しかし、一方、神道そのもの、もしかすると原始宗教としての神道といい換えた方がいいかもしれないが、それは日本人の民間伝承、慣習、信仰の中に生き続けるとアストンは予測する。すなわち、日本人が持っている神道に関係した伝承、慣習、信仰などは生き続けると彼は予想するのである。結局、アストンが人類学的な興味から研究をしている神道、または神道の中のそこの部分は確実に生存すると考えていたのである。もちろん、人類学的な観点からの研究といっても、時代的にいえば一九世紀の終わりとか二〇世紀の初頭のことなので、現在の社会人類学者とか民俗学者が行っている聞き書きとかフィールド・ワークなどをアストンが実際に実行したという訳ではなく、彼の探究・研究は文献を利用したものであった。その文献の中には、日本語文献も確実に含まれていた。そのようなアストンの研究は、後年安楽椅子の人類学と批判されたフレイザーが『金枝篇』で行ったような書物（日本語の書籍）を多く利用したものであった。

アストンが『神道』第一章の「神道研究の資料」で掲載した文献、すなわち『古事記』、『日本書紀』、『風土記』、『旧事紀』、『古語拾遺』、『姓氏録』、『延喜式』などは、単に国家宗教としての神道の発展史を著述するのみに利用できるだけではなく、アストンがいう人類学的な研究にも使用されたのである。もちろん、アストンはそれらの神道の基本的な文献のみでは、風俗や慣習などについてはわずかなことしかわからないという点を付記することも忘れていなかった。また、それら以外の文献については、アストンは『神道名目類聚抄《しんとうみょうもくるいじゅうしょう》』、山東京伝の『骨董集』、橘南谿《たちばななんけい》の『東遊記』、『建武年中行事』、寺島良安の『和漢三才図会』、滝沢馬琴の『燕石雑誌《えんせきざっし》』、鴨長明の『四季物語』、栗田寛の『神祇志料』、『神道同一鹹味抄《しんとうどういつかんみしょう》』、『山海里《さんかいり》』、『倭論語《わろんご》』などを自分の著作（『神道』）に利用した。これらの文献は、明らかに神道に関する人類学的な見地からの研究に大きく寄与した書籍である。それらの書籍のうち、『骨董集』、『東遊記』、『和漢三才図会』、『燕石雑誌』などは、民俗、風俗、慣習、信仰などに関する江戸時代の書物としてすでによく知られていたものである。

サヘノカミ、『扶桑略記』、『古史伝』

本書の序章で、柳田国男が自著『石神問答』をアストンに贈呈し、それが現在ケンブリッジ大学図書館の所蔵になっていることに言及した。柳田が『石神問答』を刊行した理由は、「西洋の学者に手を下されると悔しいからちよいと先鞭を著けて置くとのこと」[9]であり、彼の著作はアストンが『神道』の中で賽の神は「男柱（男根）の神である」といい切ることに対する柳田からの反論でもあった。すでに紹介したように、アストンは賽の神（サヘノカミ）は男柱（男根）の神であるという結論を支える史料のひとつとして、自著の中で『扶桑略記』に記載されている天慶二（九三九）年の記事を引用している。この記事の年については、アストンの『神道』では九三八（天慶元）年としているが、『扶桑略記』の記載年は九三九（天慶二）年のことであった。この天慶元（九三八）年と天慶二（九三九）年の混乱については後述する。アストンは『神道』の中で賽の神（サヘノカミ）が男根の神であることを強調していたが、彼が引用した『扶桑略記』の場合は、単に男根の神の話だけではなく、実は木に彫られた男女の性神が祀られていた話である。男根の神であろうが男女の性神であろうが、いずれにしてもそれは性器神の話であった。柳田は自著『石神問答』の中では、山中笑《なかえむ》（共古《きょうこ》）宛の書簡の中でこの記事を引用し、男女の双神に対する礼拝は「石神教」（石神に対する信仰）の第二の特色で、偶生神（イザナギ、イザナミ、創世神）の伝説と道祖神の陰陽石への信仰が混じりあったものであることを認めている。[10]柳田がいう石神に対する第一の特色は、おそらく境界神

（防障・防塞の神）としての信仰のことであろう。柳田の書簡に対して、山中は『扶桑略記』の記事は「此時代生殖器崇拝の迷信起りしことを示すもの」[11]であると記している。山中ははっきりと『扶桑略記』で扱われている神は性器神であると認識していたのである。ただ、山中がいうように生殖器崇拝がこの時代（平安時代）から始まったという点は疑わしいところである。おそらく、それ以前からすでに存在していたのであろう。

この『扶桑略記』に記載されている天慶二（九三九）年の記事について、アストンの『神道』を日本語に訳した安田一郎によると、アストンは『扶桑略記』に「サヘノカミ」に関する記事があるのを見つけた最初の人であるという。[12]この安田のコメントには誤解が含まれていると思う。この記事については、柳田国男との関係を含めて、次に述べるようにもう少し複雑な事情があったのである。この『扶桑略記』の記事はアストンが引用する前から比較的知られていたものである。ただ、柳田がどのような手順でその記事を知ったのかについては探索する価値はあると思われる。まず、この『扶桑略記』の天慶二（九三九）年の記事はもともと『外記日記』、『小野宮年中行事』、『本朝世紀』などにある記事と一致し、実際の年代は天慶二（九三九）年ではなく、前年の天慶元（九三八）年のことであった。[13]では、アストンはその『扶桑略記』の記事を何によって知ったのであろうか。おそらく、アストンは平田篤胤の『古史伝』を読んでその記事を見つけたのであろう。篤胤の『古史伝』の第六巻に、「道饗祭」（みちあえのまつり）に関する記述があり、『扶桑略記』の天慶二（九三九）年の記事が引用されている。[14]ケンブリッジ大学図書館は『扶桑略記』（サトウ旧蔵）と『古史伝』（アストン旧蔵、サトウ旧蔵）の両書を所蔵している。そのことからもわかるように、アストンはそれらの書籍を自宅で閲覧することができた。ただ、アストンはサトウ旧蔵の『扶桑略記』を自宅で保管していたが、『神道』を執筆していた際には『扶桑略記』ではなく、『古史伝』の方を使用したようである。というのは、「道饗祭」の記事のことを引用する場合、『扶桑略記』そのものではなく、平田篤胤の『古史伝』の方に依拠したようである。なぜならば、『古史伝』ではその記事の年は天慶二（九三九）年ではなく、天慶元（九三八）年になっている。そこで、アストンは『神道』を記述する時その記事の年を天慶元（九三八）年にしたのである。もし、アストンが『扶桑略記』の方に依拠していたとすれば、彼は実際の『扶桑略記』に記載されている天慶二（九三九）年という年を自著の『神道』に記すことができたはずであった。では、アストンはどうして平田篤胤の『古史伝』の中に『扶桑略記』の記事があることを知ったのであろうか。これについては、以下のような事情があった。

アストンは一八九六（明治二九）年刊行『日本紀』（『日本書紀』の英訳）の中で、「あめのぬぼこ（天之瓊矛）」について説明を加えた。〝あめのぬぼこ〟は国土創世譚である国産みの神話で、イザナギとイザナミの二神が混沌をかき混ぜて島を作る際に利用した矛である。アストンは『日本紀』の中で、国産みの神話の部分を翻訳した際、脚注で平田篤胤の男根説（憶測）に言及し、日本における男根崇拝の文献として、エドマンド・バックレイの *Phallicism in Japan*（日本語訳の題名は『日本に於ける生殖器崇拝』一八九五年[15]）やW・E・グリフィスの英文『日本の宗教』（一八九五年[16]）を紹介した。[17]

バックレイやグリフィスの著書は『日本紀』の出版年とほとんど同時期に刊行されていた。ただ、グリフィスは自著『日本の宗教』の中で、バックレイを日本における男根崇拝について一番詳しい外国人研究者として紹介し、彼の研究成果はまもなく書籍として出版されると予告している(18)。また、アストンは『神道』（一九〇五年）の賽の神（サヘノカミ）の部分の脚注でも、『日本紀』同様に、バックレイとグリフィスの二著に言及している。アストン、バックレイ、グリフィスの三人の英米の学者は、日本における男根崇拝についての興味をお互いに共有していた様子である。彼らの出版物もほぼ同年に刊行された。

バックレイの著書*Phallicism in Japan*（日本語名『日本に於ける生殖器崇拝』）では、神道に関する参考文献として、宮負定雄《みやおいやすお》が作成・刊行した『陰陽神石図《いんようしんせきず》』が重要な資料として掲載されていた。はっきりした証拠がある訳ではないが、もしかするとアストンもその宮負定雄の『陰陽神石図』を所蔵していたかもしれない。というのは、アストンは自著『神道』の注で道祖神の図を所有していると述べているので、もしかすると、その道祖神の図というのは宮負定雄の『陰陽神石図』のことであったかもしれない。アストンのことは別として、バックレイの著書にとっては、宮負の『陰陽神石図』は重要な参考文献であった。そのバックレイの著書の記述によると、平田銕胤が平田篤胤の著作である『古史伝』から陰陽石に関する記事を精選し、『陰陽神石図』の中に記載しているという。これはあくまでもバックレイの解釈である。ただ、バックレイはそれなりに長い期間日本に滞在したが、日本語をきちんと学んではいなかった様子で、彼は日本語の書籍などを正しく読解する

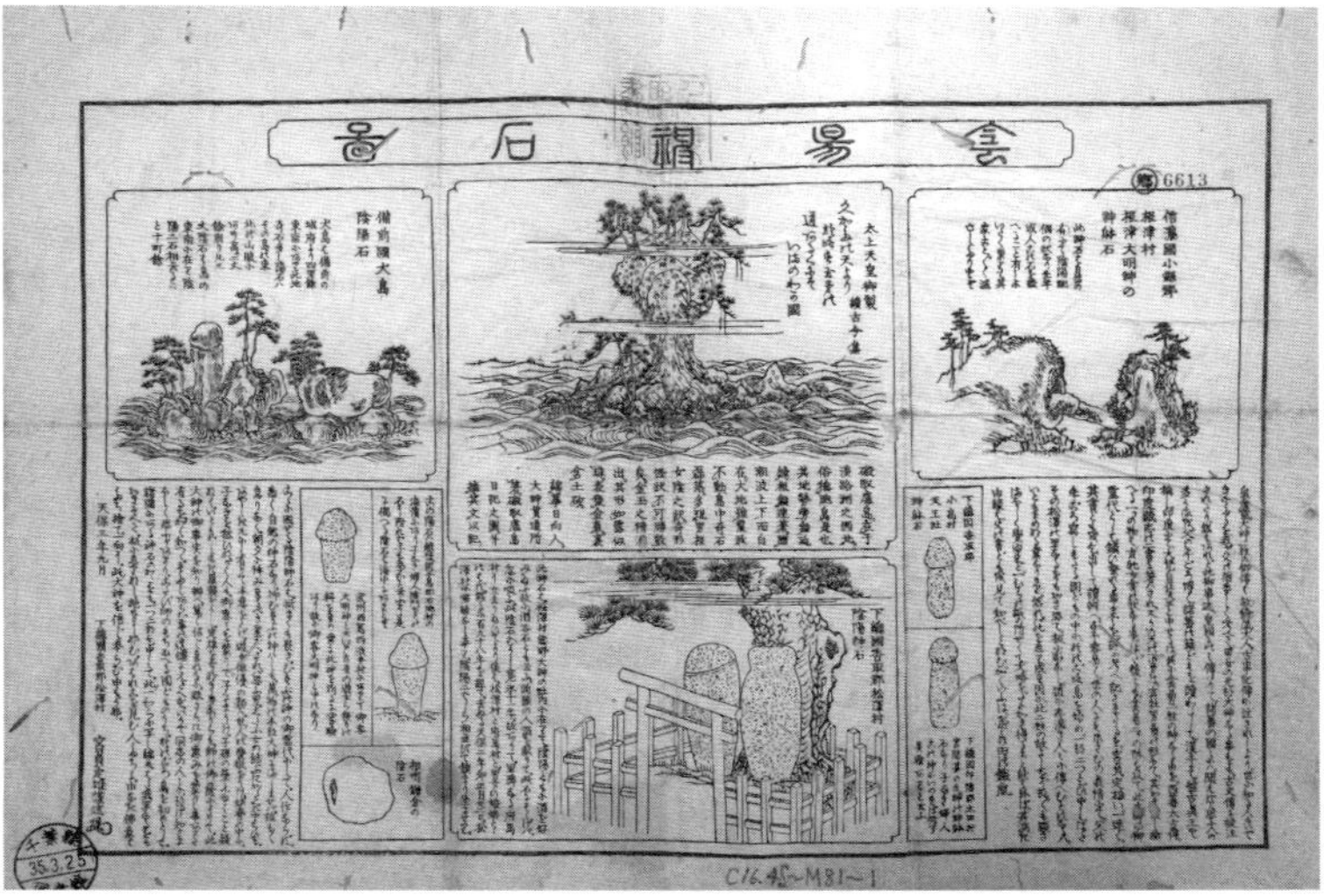

宮負定雄の「陰陽神石図」（千葉県立中央図書館所蔵、著者撮影）

能力を獲得していなかったように思われる。たとえば、バックレイは『陰陽神石図』のことを『陰陽石』と呼び、また平田銕胤《ひらたかねたね》のことを〝ひらたのくろたね〟と間違えて記していた。バックレイは「銕《かね》」という漢字を「くろ」と読んだようである。いずれにしても、彼は日本語の文献をきちんと読解する能力を備えていなかったように思われる。ただ、バックレイが*Phallicism in Japan*での中で主張しようとしたことは、宮負定雄の『陰陽神石図』の実物を調べると、ある程度推測することができる。

バックレイが自分の著書で伝えたかった趣旨は、宮負定雄の実物の『陰陽神石図』に則して述べると次のようなことであろう。まず、宮負定雄が作成・刊行した『陰陽神石図』は一枚摺りの大きなサイズの図である。図の中は上下二段、左右三個づつ、合計六個の欄に区画されている。右下の欄は平田鉄胤、左下の欄は宮負定雄による文章が掲載されている。そのふたつの欄で述べられているのは、次のようなことである。陰陽石はタカミムスビとカミムスビの男女二神の〝むすび〟の神の霊代（たましろ）として祭られている。平田篤胤をそのことを研究しており、日本のことは『古史伝』、印度のことは『印度蔵志』、中国のことは『西蕃太古伝《せいばんたいこでん》』などの自分の著作の中で言及している。また、篤胤自身も陰陽石の図を集めていた。宮負定雄は陰陽石について師篤胤から学んだことを広く伝えるため、陰陽石を一枚刷りの図として印刷し配布した。『陰陽神石図』の中に含まれる平田鉄胤による記事などによれば、平田篤胤が自著『古史伝』などで性器神の問題に言及していることがわかるのである。そこで、アストンはバックレイの著書を通じて平田篤胤の『古史伝』に生殖器崇拝に関係する史料があることを知り、早速自分が所蔵している『古史伝』を調べ、その『古史伝』から『扶桑略記』の記事にたどりついたのであろう。

生殖器崇拝

明治時代から昭和期にかけて宗教学者・神道学者として活躍した加藤玄智は、『日本アジア協会紀要』の附録として、英文の論文「A Study of the Development of Religious Ideas among the Japanese People as Illustrated by Japanese Phallicsism」（論文の題名を日本語に翻訳すれば「日本の男根（または生殖器）

崇拝によって描かれた日本人の宗教的な概念の発達についての研究」あたりになるであろう）を一九二四（大正一三）年に出版した。加藤はその英文の論文の中で、『陰陽神石図』を作成・刊行した宮負定雄は平田篤胤に師事した国学者であったと述べ、その平田篤胤自身も陽石を崇拝していたことが、平田の著書『印度蔵志』などに記載されていると述べる。(19)加藤の論考などからもわかるように、平田篤胤と性器神崇拝の件は簡単に無視できるような問題ではなかった。それなりに重要な案件であった。加藤玄智のような学者は、そのあたりの事情をよく承知していたといえる。陰陽石などに対する平田篤胤の興味を引き継いだのが、弟子のひとりであった宮負定雄であった。
すでに触れたように、エドマンド・バックレイの *Phallicism in Japan*（日本に於ける生殖器崇拝）の中で、重要な資料として掲げられていたのが宮負定雄が作成した『陰陽神石図』であった。宮負定雄は『奇談雑史』、『下総名勝図絵』、『農業要集』、『民家要術』などの著作がある草莽の国学者であった。宮負定雄は平田篤胤に師事し、一八二六（文政九）年に気吹舎に入門した。亀齢道人《きれいどうじん》と称し、奇石を収集していたという。宮負定雄は『陰陽神石図』を作成・頒布するぐらいなので、自分自身でも陰陽石などを集めていたのであろう。少なくとも陰陽石の図は収集していたのであろう。宮負は単に陰陽石にだけ興味を抱いていたのではなく、生殖そのものに多大な関心を持っていた。そこで、彼は自著『国益本論』の中で、次のように性器（男根）そのものを礼賛している。

男と生れて男根の備り在る上は、男女の情を通じ、子孫を産み継ぎ、世に人民を殖せとの、神の命令を奉りたる印にして、坊主になれとの事にはあらず。天地の神明産火神も、人の体に不用の一物を産みつけ給ふべきものかは。必用に立てよとの、神の御心なる故に、彼一物が自然の如く附て生るゝなり。抑人の体の内に、陰処ほど大切なる処はなく、実に子孫生成の尊き道具なるを、生涯不用のねせものにしては、必神の御心に叶はぬ理なり。(20)

宮負にとっては、生殖は「神の御心」にかなった行為であり、性器は「子孫生成の尊き道具」であったのである。

その宮負定雄について、柳田国男も自著『山神とヲコゼ』の最初の部分で、「平田篤胤翁晩年の門人で、翁の著書玉襷にも其名の見えて居る宮負定雄と云ふ人」(21)として、『奇談雑史』の著者である宮負定雄を紹介している。柳田は『山神とヲコゼ』では、その『奇談雑史』に掲載されているオコゼの話から、山の神とオコゼの問題に入るのである。また、民俗学の興隆期に活躍した南方熊楠と柳田の交流は、後述するように柳田が『石神問答』を熊楠に贈呈したのがはじまりであるが、両者の文通はオコゼの問題から始まったのである。民俗学の両巨人は、宮負の『奇談雑史』に記載されていたオコゼをめぐる風習から学問的な接触を始めたのである。その宮負の『奇談雑史』には「男根石の事」などの記事を含まれるので、柳田は宮負定雄が陰陽石などに興味を持っていたことはよく知っていたと考えられる。さらに、柳田は宮負の師である平田篤胤も同様に陰陽石などに興味を抱いていたことも知っていたはずであろう。さらに、もしかすると柳田は先に引用した宮負の著書『国益本論』なども読んでいたのかもしれない。

一方、柳田国男と『扶桑略記』に記載されている天慶二（九三九）年の記事との関係はどうであろうか。実は柳田が『石神問答』を出版する以前にも、『東京人類学会雑誌』などにはすでにその問題（性器神、道祖神）に関係する記事がいくつか掲載されていた。柳田が東京人類学会に加入したのは、一九一〇（明治四三）年七月のことであった。(22)『石神問答』が出版された翌々月、『遠野物語』が出版された翌月のことであった。しかし、柳田は東京人類学会に加入する以前から、当然その学会の機関誌である『東京人類学会雑誌』などに掲載された石神や道祖神（塞の神）などに関連する記事は読んでいたと思われる。どのような記事かといえば、たとえば山中笑著「甲斐の石棒」（一八九五年）、「甲斐の落葉（二）」（一九〇二年）、「甲斐の落葉（三）」（一九〇三年）、「甲斐の落葉（四）」（一九〇三年）、出口米吉著「粥杖考」（一九〇一年）、「本邦生殖器崇拝略説」（一九〇二年）、「正月十五日の道祖神祭につきて」（一九〇二年）、「拙稿「岐神考」に対する三渓氏の評論（再版日本社会事彙所載）つきて」（一九〇二年）、「欽明帝御陵近傍の石像の由来につきて」（一九〇六年）、「左義長考」（一九〇八年）、「飯杓子に対する俗信の由来」（一九〇八年）、「我国に於ける石崇拝の痕跡」（一九〇八年）などである。明らかに、柳田の『石神問答』が扱うテーマに近い分野で、多くの研究を発表していたのは出口米吉であった。しかし、柳田が『石神問答』として結実する書簡の交換相手のひとりに選んだのは山中共古であった。出口米吉ではなかった。『石神問答』に掲載されている柳田が送付したり、または受け取った書簡が一番多かった相手も実は山中であった。山中は日本メソジスト教会の最初の牧師のひとりであったという。柳田としては、「本邦生殖器崇拝略説」などを寄稿し、道祖神（塞の神）などの性神的な側面を強調する出口米吉は避けたい相手であったかもしれない。柳田は発表された論考や人柄などを考慮して、慎重に自分の研究相手として山中を選んだと思われる。もちろん、その山中も道祖神の中に性神的な側面があることは認識していた。それは彼が発表した論考からも明らかである。

出口米吉は一九〇二（明治三五）年に出版された「本邦生殖器崇拝略説」の中で、W・E・グリフィスやアストンが古代日本における生殖器崇拝を研究していることに言及している。出口はアストンが「日本の記者が此天の瓊矛を以て男子生殖器と解したるは或は然らん(23)」といったと記している。これは何を表しているのかといえば、『日本書紀通証』の著者谷川士清が、天の瓊矛（あめのぬぼこ）は男性性器を表していると解釈しているということである。出口が「本邦生殖器崇拝略説」を執筆した時には、グリフィスの英文『日本の宗教』（一八九五年）、バックレイの英文『日本に於ける生殖器崇拝』（一八九五年）、アストンの『日本紀』（一八九六年）はすでに出版されていた。出口は論文執筆時にすでにグリフィスやアストンの著書は読んでいたが、バックレイの本については、彼はこの時にはまだ入手していなかった。バックレイの本は未読であった。出口はバックレイの著書を一九一七（大正六）年にフレデリック・スタール教授（シカゴ大学）が来日した時に借覧し(24)、「日本に於ける生殖器崇拝」として翻訳し、一九二〇（大正九）年に『人類学雑誌』に掲載した。また「本邦生殖器崇拝略説」を執筆した時には、アストンの『神道』（一九〇五年）はまだ出版されていなかった。それで、また柳田国男と『扶桑略記』の天慶二（九三九）年の記事との関係に戻ると、実は出口米吉の「本邦生殖器崇拝略説」に『扶桑略記』の天慶二（九三九）年の記事が掲載されているのである。想像するに、おそらく柳田国男は『扶桑略記』に天慶二（九三九）年の記事があることは、出口米吉の『人類学雑誌』に掲載された記事で知ったのではないだろうか。もちろん、柳田はその後アストンの英文による『神道』も読んだので、そのアストンの著書にも同じ『扶桑略記』の天慶二（九三九）年の記事が引用されているのを見て驚いたかもしれない。

いずれにしても、柳田国男の民俗学のひとつの特徴は性的な側面を抑制する点で、そのことは彼が外国人日本研究者を代表するアストンに贈呈した『石神問答』の中ですでに表出していたということができる。性的な問題をどのように扱うかという点は、民俗学の初期に活躍した南方熊楠と柳田との関係にも表れている。両者が交遊を開始したきっかけは、すでに簡単に触れたように柳田が『石神問答』を出版した時に、それを熊楠に贈呈したことであった。[25]その送付の時期も、柳田がアストンに贈呈した時期からそれほど遅れる頃ではなかった。神社合祀反対運動のために、たまたま刑務所に収監されていた熊楠は、自宅に届いた『石神問答』を監獄に差し入れてもらい、一九一〇（明治四三）年八月にそれを監獄で読了するのである。[26]また、熊楠が『東京人類学会雑誌』に最初に投稿した記事が、「出口君の『小児と魔除』を読む」[27]で、熊楠が初期の民俗学関係の分野に登場する際にも出口米吉が絡んでいたが、もし柳田がその出口を性的な問題を取り扱うことが多いという理由で避けていたとすると、その問題は柳田と熊楠との間にも影を落とすことになる。民俗学の初期を代表するふたりの巨人である柳田と熊楠の両者が疎遠になる理由が、やはり「下がかった話」「鄙猥なこと」をどう取り扱うかという点であった。(28) 熊楠との確執からもわかるように、性的な問題は柳田にとっては鬼門に当たるのである。

人類学者の著作と神話についてのアストンの意見

柳田としては、〝石神〟や道祖神（サヘノカミ、塞の神、岐神、道饗の神）などの問題で、あまり性器神崇拝の面を強調したくなかったと思われるが、その要素を民俗や風俗の研究から完全に除去することはかなり困難であったと考えられる。柳田が『山神とヲコゼ』の中で言及した『奇談雑史』の著者である平田派の国学者宮負定雄さえも、『陰陽神石図』のようなものを作成・頒布していたのである。後年、〝腰掛石〟について書いた記事で、柳田は次の様なことを述べている。腰掛石や影《よう》向石《ごういし》などもいわゆる〝石神〟などとまったく無関係ではないと思われる。

どうしても見遁すことの出来ぬのは之〔影向木《ようごうのき》〕に対して存する影向石の口碑である。伊吹舎系統の神道家の説に由つて混乱に帰し、果にはアストン其他の訳述者をして誤を海外に迄伝へしめた我邦固有の信仰の中で、最も忍び難き看過忘却を受けて居る部分は、右二種〔影向木と影向石〕の天然物に対する農民等の心持であらう。(29)

柳田によると、我が国固有の信仰に関する解釈が平田派の神道によって混乱を来たし、その平田派の説を受け継いだアストンが、その間違った説を海外にまで宣伝していたという。おそらく、ここで柳田が間違った説と想定していたのは、アストンが『神道』の中で賽の神は「男柱〔男根〕の神である」と主張していることなどであろう。要するに、農民の石に対する信仰についての理解が平田派の解釈で混乱し、すなわち性的な面が強調され、その説を引き継いだアストンがそのことを海外にまで広めたと柳田は主張するのである。ただし、もともと天然物に対する農民などの信仰の部分にも、もしかすると性的なものが含まれていたかもしれないので、性的な問題などをまったく無視していいのかどうかは別問題であるのかもしれない。
以上、アストンの『神道』と柳田国男の学問（民俗学）との関連で、道祖神（サヘノカミ、塞の神、石神など）やその他の信仰、慣習、風俗などの問題に言及したが、アストンと柳田は自分の研究を進める時に、実は同じ書籍（複数）を参考にしていたのである。すでに述べたように、アストンは『神道』の序文で彼がタイラー博士の『原始文化』とフレイザー氏の『金枝篇』に大いに負っていることを記述していた。同様に、柳田国男に師事し柳田国男の民俗学を引き継いだ大藤時彦は、柳田の読書について次のように述べている。

先生〔柳田国男〕はフレーザー（Frazer, J. G.）の *The Golden Bough*〔『金枝篇』〕は非常によく読まれておりますが、そのほかに初期に読まれた本の中で、タイラー（Tylor, E. B.）の Primitive

Culture〔『原始文化』〕という本がございますが、この本を先生は非常に綿密に読んでおられるんです。その中に書いてあるいろいろな習俗について、それに対比するところの日本の例を註記してあります。(30)

まさに『神道』を著したアストンと日本民俗学を創始した柳田国男は、同じ書籍〔『原始文化』と『金枝篇』〕を読み、自分たちの研究の参考にしていたのである。
さて、またアストンの『神道』の問題に戻ると、アストンは同書の中で、日本人研究者が神話と歴史的な事実を混同している点について不満をもらしている。それは天照《あまてらす》大神《おおみかみ》に関する部分で、次のように日本人研究者が日の女神〔太陽神〕である天照大神をあたかも歴史上の人物のように扱っていると非難する。アストンが強調したいのは、天照大神は神話上の女神で実在の人物ではなかった点である。

私の前にある『日本帝国の歴史』という本――この本は、帝国大学の諸博士によって編纂され、一八九三年〔明治二六年〕日本政府の命令によって出版されたものだが――では、稲作の原理、機織と採鉱の技術、剣、帽子、鎌を作る技術は、アマテラスの統治下に知られていたと述べてある。別の著述家たちはさらにもっと厳密である。彼らは本居〔宣長〕にひどく憤慨して、アマテラスは人間の女王で、タカマノハラ〔高天原〕とよばれる地上の一地方を支配していたと

さりげなく言っている。(31)

以上の引用部分では、アストンは神話を歴史であると著述する日本人研究者に異議を唱えるのである。引用部分の後者の〝別の著述家〟がどの人物を表しているのかは不明であるが、前者の『日本帝国の歴史』の編纂者や校閲者の方は判明している。アストンが手にした*History of the Empire of Japan*（『日本帝国の歴史』）(32)は、一八九三（明治二六）年に開かれたシカゴ世界博覧会の会場で配布された日本の歴史についての英文の解説書であった。翌年には、その解説書の日本語版である『にほんれきし教科書』が中学校・師範学校用の歴史の教科書として刊行された。『日本帝国の歴史』は、三上参次、高津鍬三郎、磯田良の三人がシカゴ世界博覧会が開かれる前年に「それぞれ分担をして大急ぎで書き(33)」、それを英字新聞の発行者などとして活躍したフランシス・ブリンクリーが英訳したものであった。一方、日本語版であるその教科書に対する意見としては、「神代を伝説とする編著者の思考の表れとみることができ、明治期の歴史学界にあっては進歩的な歴史観といえるのではあるまいか(34)」という評価もある。『日本帝国の歴史』は、明治時代の歴史書としてはそれなりに進歩的であったにしても、やはりアストンにとっては満足できるような段階に至っていなかったようである。

三上参次、高津鍬三郎共著『日本文学史』の場合も同様であり、また今回の三上参次、高津鍬三郎、磯田良の『日本帝国の歴史』についても同じであるが、どうもアストンは新しい世代の日本人研究者の業績に対して比較的厳しい評価を下していたような印象を受ける。なぜそうなるのかといえば、英国の三大日本学者（サトウ、アストンそしてチェンバレン）、特にその三人の中では日本学者としては一番大きな業績を上げたと思われるアストンは、日本研究史上における自分たちの立場なり役割をある程度（もしかするとはっきり意識してはいなかったかもしれないが）自覚していたのではないだろうか。それは、要するに近世（江戸時代）に発達した国学の成果（国学による日本研究の成果）を咀嚼・吸収し、それを近代的な学問・研究の方法によってさらに発展させ、英語を中心としたヨーロッパの言語で世界に発信するという役割である。アストンたちは明治時代に急速には進歩した日本学における自分たちの役回りをある程度自覚していたのではなかったか。その役回りでは、どうしても自分たちの先生に当たる江戸時代の国学者の功績を高く評価する傾向があり、近代の大学教育などを受けた新しい世代の日本人研究者の成果を低く見るのもやむを得ない話であったかもしれない。アストンたちの役回りがそうさせていたのかもしれない。

新しい世代の日本人研究者と英国三大日本学者

アストンの『神道』（一九〇五年）は二回日本語に翻訳されて出版されている。第一回目は一九二二（大正一一）年に出版された補永茂助、芝野六助共訳『日本神道論』（明治書院刊）であり、第二回目は一九八八（昭和六三）年に出版された安田一郎訳『神道』（青土社）である。『日本神道論』の場合、アストンは「翻訳神道に対する原著者の序文」を寄稿している。その中で、アストンは次のように述べて、本居宣長と平田篤胤の学恩を感謝している。

此の機会に於て、余〔アストン〕は大学者本居平田に対して熱烈な賛辞と謝意とを表したい。彼等の最も該博な研究の援助が無かつたならば、余の「神道」が、尚更不完全なものと成り了つたことであらうと思ふのである。(35)

アストンは「翻訳神道に対する原著者の序文」でも、はっきり本居宣長および平田篤胤の著作から多くのことを学びながら『神道』を執筆したことを認めているのである。本居宣長や平田篤胤などから多くのことを学んだアストンは、英文による『神道』を出版することにより、西洋の〝国学者〟としての面目を施したといえる。
すでに、本書の第一章では、田中康二の『国学史再考』の〝はじめに〟(序文)に記載されている国学の説明(定義)を引用して、国学が「国文学や国語学、日本史学や民俗学、あるいは宗教学や思想史学など、およそ日本に関わるあらゆる学問の基礎になっている」(36)ことを指摘した。すなわち、江戸時代に生まれ発展を遂げた国学は、明治時代に入り大学などを通じて国語学、国文学、国史学、神道学、思想史、法制史などの近代的な学問に発展した。それらの学問・学科の創設および近代化に大きく貢献した。帝国大学などで近代的な教育や研究方法を学んだ新しい世代の日本人研究者が、それぞれの学問領域の指導者として、明治三〇年前後から明治三〇年代の半ばにかけて、帝国大学（東京帝国大学）の教授などに就任する。たとえば、国語学の上田万年（明治二七年に帝国大学教授）、国史学の三上参次（明治三二年に東京帝国大学教授）、国文学の芳賀矢一（明治三五年に東京帝国大学教授）などがそれに該当するであろう。興味深いのは、これらの新しい世代の研究者たちはいずれも帝国大学で英国三大日本学者のひとりであるチェンバレンの教えを受けた連中であった点である。チェンバレンは一八八六（明治一九）年から一八九〇（明治二三）年までの四年間、帝国大学で日本語学や博言学（言語学）などを教授した。上田はその在任期間の大部分、三上や芳賀はそれぞれおよそ一年ほど、チェンバレンの教えを受けた。教え子の中で「最も多く感化最も多く啓発を受け」たのは上田万年であった[37]。

それらの新しい世代の日本人研究者にとって重要な点は、まず近代的な大学で高等教育を受けたことであろう。上田は帝国大学の和漢文学科で、三上は和漢文学科から独立した和文科、芳賀は和文科が改称した国文学科で、それぞれ自分の専門分野の学殖を修得した。ただ、彼らはそれ以前にはいずれも国学などを基礎として、日本の古典籍についての素養などをすでに十分身につけていたと思われる。芳賀などは父親が平田篤胤の門人で、もともと国学には早くから親しんでいたが、ドイツに留学した後は、ドイツ文献学と日本の国学が類似しているところから、国学を基礎にした日本文献学を提唱するようになる。近代以降、神道関係の高等教育機関としては国学院や神宮皇学館などが中心であったと考えられるが、芳賀矢一と上田万年は国学院大学の学長、上田万年は神宮皇学館の館長、また三上参次も国学院の設立に関与し、その設立母体である皇典講究所の講師を務めた。[38] 後年の役職を含めて、この三人を中心とする新しい世代の研究者たちは、いずれも国学とは一定の関係を持ち続けたのである。三上参次についても、彼の愛弟子辻善之助は「先生の学問は国学を経とし、洋学を緯とし、融会貫通巧にこれを運用せられた[39]」と記している。国学などの伝統的な日本の学問と、新しい西洋の学術の両方を駆使したのは、三上だけに限らず、上田や芳賀などの新しい世代の日本研究者たちの強みであった。そのような新しい世代の日本人研究者の登場で、英国の三大日本学者であるアストンたちは自分たちの日本研究における歴史的な役割の黄昏が近づいていることを見てとっていたかもしれない。

注

(1) W・G・アストン著／安田一郎訳『神道』(青土社、一九八八年) 三六七頁。
(2) 同前、九頁。
(3) 同前、一〇頁。
(4) 同前、一〇頁。
(5) アーネスト・サトウ著／庄田元男訳『アーネスト・サトウ神道論』(平凡社、二〇〇六年) 一三一―一六六頁。
(6) W・G・アストン著／安田一郎訳、前掲書、一五頁。
(7) 同前、一五頁。

（8）同前、三二三頁。
（9）石井正己「『遠野物語』と『石神問答』の広告文」（『時の扉――東京学芸大学大学院伝承文学研究レポート』三、一九九九年）三五―三七頁。
（10）柳田国男『石神問答』（聚精堂、一九一〇年）一一〇頁。
（11）同前、一三二頁。
（12）W・G・アストン著／安田一郎訳、前掲書、三六八頁。
（13）平田俊春「扶桑略記の研究」（『立正大学文学部論叢』五、一九五六年）五八頁。
（14）『平田篤胤全集』（七、法文館書店、一九一三年）一三頁。
（15）Edmund Buckley, *Phallicism in Japan*, University of Chicago, 1895.
（16）William Elliot Griffis, *The Religions of Japan: From the Dawn of History to the Era of Méiji*, Charles Scribner's Son, 1895.
（17）William George Aston, *Nihongi: Chronicles of Japan from the Earliest Times to A.D. 697*, Vol. 1, Kegan Paul, Trench, Trübner & Co., Limited, 1896. p.11.
（18）William Elliot Griffis, op. cit., p.381.
（19）Genchi Kato, *A Study of the Development of Religious Ideas among the Japanese People as Illustrated by Japanese Phallicism*, Asiatic Society of Japan, 1924. p.11.
（20）宮負定雄『国益本論』（『日本思想大系』五一、岩波書店、一九七一年）二九五頁。
（21）柳田国男『山神とヲコゼ』（『定本柳田国男集』四、筑摩書房、一九六三年）四四一頁。
（22）曾我部一行、及川祥平、今野大輔「『人類学雑誌』考――民俗学の揺籃期」（『成城文芸』二〇一、二〇〇七年）一〇三頁。
（23）出口米吉「本邦生殖器崇拝略説」（『東京人類学雑誌』一九二）二一五頁。
（24）出口米吉『日本生殖器崇拝略説』（出口米吉、一九一七年〔序〕）。

(25) 柳田国男『故郷七十年』（『定本柳田国男集』別巻三、筑摩書房、一九六四年）三五四頁。
(26) 中瀬喜陽「南方熊楠」（『柳田国男事典』勉誠出版、一九九八年）七八二頁。
(27) 南方熊楠「出口君の『小児と魔除』を読む」（『東京人類学会雑誌』二七八）。
(28) 中瀬喜陽、前掲書、七八三頁。
(29) 柳田国男『神樹篇』（『定本柳田国男集』一一、筑摩書房、一九六三年）五六頁。
(30) 大藤時彦『日本民俗学史話』（三一書房、一九九〇年）二〇三頁。
(31) W・G・アストン著／安田一郎訳、前掲書、一二七頁。
(32) *History of the Empire of Japan*, Dai Nippon Tosho Kabushiki Kwaisha, 1893.
(33) 三上参次『明治時代の歴史学界――三上参次懐旧談』（吉川弘文館、一九九一年）五六頁。
(34) 鈴木健一「シカゴ世界博覧会で配布された『にほんれきし教科書』について」（『社会文化史学』五四、二〇一一年）一六〇頁。
(35) W・G・アストン著／補永茂助、芝野六助訳「翻訳神道に対する原著者の序文」（『日本神道論』明治書院、一九二二年）。
(36) 田中康二『国学史再考――のぞきからくり本居宣長』（新典社、二〇一二年）七頁。
(37) 新村出「言語学者としてのチェンバレン先生」（『新村出全集』二、筑摩書房、一九七二年）四九三頁。
(38) 齊藤智朗「国学院設立期の国学界――皇典講究所講師時代における三上参次の事績・活動を中心に」（『国学院大学伝統文化リサーチセンター研究紀要』一）。
(39) 辻善之助「故三上参次先生略歴」（三上参次『江戸時代史』下、冨山房、一九四四年）六八九頁。

チェンバレンの業績を回顧する村岡典嗣

英国三大日本学者であるサトウ、アストンそしてチェンバレンのうち、サトウ同様長寿を達成し、かつ一番若かったのは、バジル・ホール・チェンバレンであった。そのチェンバレンは一九三五（昭和一〇）年に八五歳で亡くなった。チェンバレンは晩年をスイスのジュネーヴで過ごし、そこで死去した。日本思想史、特に本居宣長などの研究で著名な村岡典嗣《むらおかつねつぐ》は、同年に「日本学者としての故チャンブレン教授」という論文を執筆して、チェンバレンの業績を回顧している。村岡はチェンバレンの日本研究を次のようにまとめている。

教授〔チェンバレン〕の日本研究は、語学を中心として諸方面に及び、その範囲の広汎なのにかねて、根柢するところ深く、よく欧州の学術を以て、国学の素質を活かし、当時の学界に幾多の新境地を開拓したのみならず、その後の研究の為めに、貴い刺戟となつたものである。(1)

以上の引用部分で、村岡はチェンバレンの日本研究はまず語学、すなわち日本語の研究が中心となっていたことを指摘する。チェンバレンの語学の研究の中にはアイヌ語や琉球語などの研究も含まれていたが、やはり彼の日本学の基礎には日本語の研究があったといえる。チェンバレン自身が『日本事物誌』の中で、シーボルトなどの初期ドイツ派と英国派の日本研究の違いに言及したように、英国派の代表であるチェンバレンは、サトウやアストン同様、まず取り組むべき最重要課題として日本語の問題を扱った。日本語の習得および研究にチャレンジし、その結果として獲得した日本語の読解力により、日本語文献を活用して、日本学を大きく進展させた。日本語の研究と国学とは密接に関係するが、村岡によると、チェンバレンは「欧州の学術を以て」、すなわち近代的な学術研究の方法により、その「国学の素質」を活用させ、「幾多の新境地を開拓した」という。村岡はチェンバレンの日本研究には「国学の素質」があったと見なしているのである。

　チェンバレンは二三歳の時に、日本学の先輩であるサトウやアストンから九年から一〇年ほど遅れて来日した。一八七三（明治六）年五月二九日に横浜に来港した後、東京に移り、芝西久保町にあった曹洞宗の寺院青龍寺に住居し、旧浜松藩士荒木蕃について日本語を学び始めた(2)。荒木は当時英国公使館に訳官として勤務していた日本人の知人であり、チェンバレンに対してまず古今集の講義から始めたという(3)。続いて、チェンバレンは旧幕臣鈴木庸正から万葉集、枕草子、謡曲、狂言などを学び、また荒木から紹介されて、橘《たちばな》東《と》世《せ》子《こ》の歌会にも列席した(4)。橘東世子は国学者橘守部に学んだ歌人で、守部の息子橘冬照の妻であった。東世子には著書として『明治歌集』があり、チェンバレンの和歌もそれに掲載されている。チェンバレンは日本語を学びながら、一八七二（明治五）年に設立された日本アジア協会を拠点に日本研究を進め、枕詞(5)、狂言記(6)、大和物語(7)についての論文などを『日本アジア協会紀要』に発表した。引き続き、一八八〇（明治一三）年には『日本の古典詩歌(8)』を刊行した。そして一八八三（明治一六）年には、外国人の日本研究としては画期的な偉業である英訳『古事記』[9]を出版した。
村岡典嗣によると、チェンバレンは一八七三（明治六）年に来日するやいなや、早い段階で上記のように日本の古典に親しみ、国学の研究領域に分け入り、やがて『古事記』の英訳などを通じて、本居宣長の学問を学ぶことになる。村岡はその様子を次のように述べる。

かくて彼〔チェンバレン〕が来朝後、日本研究に立入つて古典の学問に親しむや、夙くも本居宣長の学風に共鳴し、本居学の真価を理解すると共に、之を発揮するにこれ勉めたことは、当然ながら著しいものであつた[10]。

上記の引用によれば、チェンバレンは日本の古典に親しむことにより、自然と本居宣長の学風に共鳴し、本居学に進んだと村岡はその研究過程を略述するのである。
さらに、チェンバレンは最も偉大な国学者本居宣長を真に理解し、その結果彼の日本研究は本居学徒と見なされるのにふさわしい段階に到達するのである。

学問の関する限り、本居はむしろ、この外人の一日本研究家によつて、真に理解されたことは、吾人のかねて信じたところであつた。さればジュネエヴで面談のみぎりも、吾人は敢へてこの意を教授〔チェンバレン〕に述べたのに、教授は、例の洗錬された上品な日本語で、過褒決して当らない旨を、謙譲な態度を以て語られたことを、今も記憶する。教授をば、その学問に於いて、十分な意味で本居学徒であると為すことは、思ふに疑ひない(11)。

以上の引用のように、村岡はチェンバレンを外国人の日本研究者として、本居を真に理解した本居学徒であると位置付けるのである。村岡がスイスのジュネーヴでチェンバレンに面会した時にも、わざわざそのことを本人に確認している。もちろん、傑出した日本学者であったチェンバレンに対する見方は、別にひとつに限られる訳ではないが、村岡のように彼を本居学徒と位置付けるのも有力な見解であろう。英国三大日本学者のひとりであるチェンバレンが本居学徒と見なされることは、筆者が本書で主張する国学から近代日本学へという、日本研究の歴史的な発展に対する見方を補強するものであろう。

村岡典嗣は「日本学者としての故チャンブレン教授」という論文の最後で、チェンバレンの先輩である英国三大日本学者の他のふたり（サトウとアストン）にも言及し、彼らとの関係や日本研究の様子を次のように叙述する。

教授〔チェンバレン〕の先輩としてサトウとアストンとを有したことは、何人も知るところである。サトウは教授に七年の年長者（一八四三年生）で、来朝も約十箇年先立ち、日本研究に於いても、夙くから発表があり、殆んど凡ての方面に於いて、教授の研究の先駆を為した。殊に明治九年の純神道の復活や、同十一年の祝詞の紹介などは、教授の古事記研究や本居学の理解に多大の影響を与へたと思はれる。教授がその学問の先輩として、サトウを最も尊敬したことは、その著作中にも時々言はれてゐるし、吾人もまた、親しく教授から、ジュネエヴ訪問の折に聞いたところであつた。アストンに至つてもほゞ同様で、彼は出生（一八四一、天保十二年）も、来朝（一八六四、元治元年）も、九年先立ち、日本研究に於いても、殊に文法の方面では、その先輩たる位地にあつたこと疑ひないが、教授が尊重したことは、サトウほどではなかつたと思はれる。(12)

以上の引用では、村岡はチェンバレンとサトウおよびアストンとの日本研究における関係を時系列にそって略説している。英国三大日本学者が日本語読解能力を獲得し、国学・神道関係の文献を活用して、近代的な日本学を発展させていった事情にも言及している。そこから、英国三大日本学者の中では、やはりサトウが先駆者の位置を占め、サトウの成果や手法を引き継いだアストンおよびチェンバレンが、さらにその日本学を進歩させたという歴史を垣間見ることができるのである。

なお、村岡典嗣は「日本学者としての故チャンブレン教授」の中で、チェンバレンの日本研究の活動期を、彼が二八歳であった一八七七（明治一〇）年頃から五三歳になった一九〇二（明治三五）年頃までの二五年間としている。(13) そして、その二五年間は、チェンバレンが東京帝国大学の教師を辞めた一、二年後にあたる明治二四、五（一八九一、九二）年頃を境に、前後二期に分けることができるとする。前期の研究として、(一)古語古文の研究、(二)文法口語の研究、(三)ローマ字論、(四)アイヌの研究、(五)雑的研究、(六)総括的研究の六つを挙げている。[14] それらの中にはチェンバレンの主要な業績が含まれ、彼の日本研究は前期でほとんど完成したと村岡典嗣は見なす。[15]
チェンバレンの後期の研究は、村岡にいわせると「在来の研究の修補」であるが、「新しい業績として、後期を飾るものが」「琉球研究である」という。[16] もちろん、チェンバレンにとっては、琉球はまったく無縁の土地ではなく、彼の母方の祖父キャプテン・バジル・ホールが一八一六(文化一三)年に琉球国を訪問して、二年後に琉球について航海記を出版したという縁で結ばれていた。孫にあたるチェンバレンの琉球研究は、まさに「家の学であり、由緒ある研究であった」[17]。そして、彼の琉球語の研究により、日本語と琉球語が同系で姉妹関係にあることが明らかになった。チェンバレンの日本学における最後の著作が『新宗教の発明』(*The Invention of a New Religion*)という小冊子であった。一九一一(明治四四)年にロンドンで刊行され、後にはチェンバレンの『日本事物誌』の第六版に、「武士道——新宗教の発明」として収録された。[18] チェンバレンはこの小冊子で、天皇崇拝による〝忠君愛国教〟は、明治の官僚政治家によって発明された新しい宗教であると非難した。
村岡は「[チェンバレン]教授の如き古事記万葉以下古典の研究者であり、本居学徒でさへある学者が、いかにしてかゝる見解に達したかといふ問題が生ずる」[19]と述べ、『新宗教の発明』の出版にいたったチェンバレンの日本研究に疑問を投げかけている。ただ、『新宗教の発明』はチェンバレンの日本研究のひとつの帰結であったことは確かである。

すでに、三上参次がチェンバレンの教え子のひとりであることは記したが、三上もチェンバレンが亡くなった後に催された追悼会で、チェンバレンについての思い出を語っている。そこで、三上は次のようにチェンバレンの英訳『古事記』、特にその総論の部分が、当時の代表的な国学者たちである小中村清矩《こなかむらきよのり》、黒川真頼、飯田武郷、木村正辞《きむらまさこと》などを大いに啓発したと述べる。(20) 村岡はチェンバレンの日本研究が「よく欧州の学術を以て、国学の素質を活かし」、その後の研究のために貴い刺激となったと記したが、それはまさにチェンバレンの英訳『古事記』が明治の国学者たちを啓発したことを意味しているのであろう。また、三上は明治初期に設置された修史館の事業が帝国大学に移され、帝国大学に国史学科が設置され、その修史事業が後に東京大学史料編纂所に発展するのも、「チェンバレン先生の古事記英訳といふものが一の刺戟」となったと述べる。(21) チェンバレンを含む英国三大日本学者は、国学など江戸時代に発展した日本の学問を近代的な研究手法で咀嚼・吸収し、さらにそれを発展させ、新しい世代の日本の研究者に引き継がせたという役割を果たしていたということができそうである。もちろん、その意味では真に英国三大日本学者が活躍することができた期間は比較的短く、明治時代が終了すると共に、そのような役割は衰退に向かったと考えられる。チェンバレンが最終的に離日し、晩年を過ごすためスイスの都市ジュネーヴに落ち着いたのも一九一一(明治四四)年の頃のことであった。ちょうど同じ頃、すなわち、まさに明治時代が幕を閉じる頃、アストンやサトウが旧蔵していた日本語書籍(和漢古書)がケンブリッジ大学図書館に収蔵されたのである。それは、英国三大日本学者のひとり、特に三人の中では最も年長で最も多くの業績を上げたアストンの死去を契機にしていた。

チェンバレンの琉球研究

柳田国男が一九二五（大正一四）年に出版した『海南小記』の「序」は、「ジュネヴの冬は寂しかった」[22]という文章で始まる。柳田はその「序」で、国際連盟勤務のためジュネーブに滞在した冬（『海南小記』出版のおよそ三年前）、同市で晩年を過ごしていたチェンバレンに面会することができなかったエピソードを明かす。そのジュネーブでは、沖縄の島を知っているのは柳田とチェンバレンのふたりだけであり、柳田は旅の無聊を慰めるため、チェンバレンを訪ねて沖縄の話などをしたかったのであるが、チェンバレンの健康がそれを許さなかったのである。村岡典嗣の場合はジュネーブでチェンバレンに面談することができたが、柳田の場合にはそれがかなわなかったのである。

柳田はこの「外国の学者」と日本との「因縁」、特にチェンバレンの琉球研究への貢献に触れ、もはや「其生涯の学業を切上げた」老学者が、勃興しつつある琉球・南島研究の新しい気運に参加できない状況を嘆くのである。柳田が思い浮かべていたのは、おそらくチェンバレンの『琉球語の文法と辞典』（*Essay in Aid of a Grammar and Dictionary of the Luchuan Language*）[23]という、彼の琉球研究を代表する著作であり、また『おもろさうし』（おもろ御草紙）という歌謡集であったのであろう[24]。後者については、柳田によると「以前先生〔チェンバレン〕が名を聞きながら、手を著ける機会を得なかった」が、「伊波普猷君などの辛苦に由つて、今現代に蘇らうとして居る」ものである。[25]沖縄の万葉集といわれる『おもろさうし』は、前者のチェンバレンの『琉球語の文法と辞典』[26]によって世に紹介されたのである。柳田は「日本に生まれて一生を勉強したものにも、チェンバレン氏だけの蒐集と述作とを遺し得た者は多くなかつた」と、日本学者チェンバレンを称賛するのである。[27]一生を研究に費やした日本人の学者でも、チェンバレンの著作や収集した蔵書を超えるものを残すことができた者は少ないという。
以上のように、日本学におけるチェンバレンの業績を高く評価する柳田は、琉球・南島研究の幕開けとなる自分の著書『海南小記』を、その老学者に捧げるのである。柳田の「序」の最後は次のような言葉で結ばれていた。

新しい民族学〈民俗学〉の南無菩薩の為に、謹んで此書を以て日本の久しい友、ベシル・ホール・チェンバレン先生の、生御魂に供養し奉る。[28]

チェンバレンが死去するのが一九三五（昭和一〇）年なので、『海南小記』が刊行された一九二五（大正一四）年には、彼はまだ存命中であった。そこで、柳田は自分の新しい著書をもって、チェンバレンの〝生御魂〟に供養するのである。はたして、チェンバレンは生前にこの柳田の「序」を読むチャンスがあったのであろうか。柳田の「生御魂」という用語には多少違和感を持つが、もうひとつ柳田の言葉でわかりにくいのは、「新しい民族学（民俗学）の南無菩薩の為に」という部分である。ここでは民族学という用語が使われているが、その意味は民俗学のことである。ここの部分は何も意味していているのであろうか。柳田は『郷土生活の研究法』で「我々の学問（民俗学）にとつて、沖縄の発見といふことは画期的の大事件であつた[29]」と述べている。柳田が『海南小記』の「序」で使用した「新しい民族学（民俗学）」という言葉の中には、当然琉球研究（沖縄の研究）が含まれるのであろう。そこで、『海南小記』の「序」から引用した部分の趣旨は、琉球研究が含まれる新しい民俗学のために、その学問にとって先駆者にあたるチェンバレンを称え、その「生御魂」を供養するという意味であろう。本書の序章で述べたように、柳田は一九一〇（明治四三）年にアストンに『石神問答』を贈呈した。今回、チェンバレンを供養するために自著『海南小記』を奉ることにした。柳田のふたりに対する献呈には、何か類似性があるかもしれない。やはり、柳田の学問（日本民俗学）には、無意識であるかもしれないが、何か外国人の日本研究者であるアストンやチェンバレンなどと競争し、さらにその外国人の業績を追い越そうとする要素が含まれていたのかもしれない。

チェンバレンの蔵書、塙忠韶、『群書類従』

ケンブリッジ大学図書館が所蔵するアストン・サトウ・シーボルト・コレクションの中には、残念ながらチェンバレンが旧蔵した古書などは含まれていない。しかし、チェンバレンの蔵書に関係した四点の目録がアストン・サトウ・シーボルト・コレクションの中に含まれている。ケンブリッジ大学図書館はアーネスト・サトウに関連する二一点の蔵書目録を所蔵している。それらの二一点の蔵書目録は復刻され、五巻本の『ケンブリッジ大学図書館所蔵アーネスト・サトウ関連蔵書目録』[30]として刊行された。その第四巻には『王堂蔵書目録』、『王堂蔵書中無之分』、『王堂君エ贈致スル書籍目録』、『語学書目録』の四点の蔵書目録が含まれている。第四巻に掲載されている四点がチェンバレンの蔵書に関係した目録である。そのうち、少なくとも二点の目録（『王堂蔵書中無之分』および『王堂君エ贈致スル書籍目録』）は、サトウ旧蔵書のチェンバレンへの譲渡に関係している。既述したように、サトウは一八八五（明治一八）年に蔵書処分の一環として、タイの首都バンコクから合計四二八部、一九八五冊に上る和漢古書を東京に在住していたチェンバレンに送付した。サトウは自分の蔵書の中からチェンバレン未所蔵の書籍を選び、チェンバレンに贈呈したのである。その贈呈作業に確実に関連するのがこの二点の目録である。『王堂エ贈致スル書籍目録』は譲渡された書籍を掲載している目録であり、『王堂蔵書中無之分』は譲渡する書籍を選ぶために作成された目録である。この二点の目録は、一八九二（明治二五）年にサトウからアストンに譲渡され、一九一一（明治四四）年にケンブリッジ大学がアストンの遺族から購入したサトウ旧蔵書の中に含まれていた。

四点のチェンバレンの蔵書に関係した目録のうち、『王堂蔵書目録』もおそらく一八八五（明治一八）年に蔵書処分の一環として、サトウの旧蔵書がチェンバレンへ寄贈されたこととなんらかの関係があると思われるが、詳しい事情は不明である。確証がある訳ではないが、もしかするとチェンバレン未所蔵の書籍贈呈に利用されたかもしれない。ただし、『王堂蔵書目録』の由来は、ケンブリッジ大学図書館が所蔵するチェンバレンの蔵書に関係した他の三点の目録とは異なり、一九一一（明治四四）年に寄贈されたハインリッヒ・シーボルトの旧蔵書の中の一点であった。どのような事情でハインリッヒの所蔵になったかは不明である。『王堂蔵書目録』という目録の題名に含まれる「王堂」は、バジル・ホール・チェンバレンの「バジル・ホール」を表すチェンバレンの号である。『王堂蔵書目録』は文字通りバジル・ホール・チェンバレンの蔵書目録を意味する。その『王堂蔵書目録』の作成に携わったと推定されるのが、実は塙忠韶《はなわただつぐ》という幕末から明治時代にかけて活躍した国学者であった。(31) その塙忠韶は『群書類従』の編纂や和学講談所の創設などで有名な盲目の国学者塙保己一の孫に当たる。

『群書類従』の編纂者で和学講談所を創設した塙保己一の家督は、四男である国学者塙忠宝《はなわただとみ》が継いだ。その忠宝は幕末に老中安藤信正の依頼で、外国人待遇の式例を調べていた。そのことが廃帝について調査しているという誤解を受けて、長州の尊皇攘夷派の伊藤博文と山尾庸三によって暗殺された。(32) その誤解の発端は国学者鈴木重胤の著作『日本書紀伝』であるという。(33) その鈴木重胤も、やはり尊皇攘夷派によって暗殺されたという。鈴木重胤はすでにアストンの日本語文法の研究のところで言及したように、アストンの文法書に大きな影響を与えた『詞捷径』の著者であった。一方、塙忠宝を冤罪で殺害した伊藤博文と山尾庸三は後年自責の念に駆られていたという。たとえば、伊藤博文などは塙忠宝を殺したことを渋沢栄一など一部の親しい人にもらしていたという。[34] 伊藤の場合は海外に出るとそのことを打ち明けたくなるようで、岩倉使節団で洋行した際には、一八七一（明治四）年に理事官田中光顕、[35] また滞欧憲法調査の際には一八八二（明治一五）年にベルリンでアレキサンダー・フォン・シーボルトにそれぞれ告白している。[36] アレキサンダー・シーボルトは大シーボルト、フィリップ・フランツ・フォン・シーボルトの長男で、小シーボルトと呼ばれたハインリッヒの兄である。ベルリンでは、アレキサンダーは伊藤の通訳として働いていた。

塙忠宝の死後、塙家の跡目を相続した長男忠韶は、幕府の勘定格和学講談所付を命ぜられ、明治維新後は大学少助教、文部小助教、租税寮十二等出仕、修史局御用掛などを歴任した。[37] ただし、忠韶は早くも一八八三（明治一六）年に家督を長男忠雄に譲り隠居した。[38] 和漢古書などの日本語書籍を多く所蔵していたチェンバレンは、その塙忠韶に頼んで自分の蔵書目録である『赤坂文庫書目土代』（写本四冊）を作成したという。赤坂文庫という名前は、チェンバレンが住んでいた東京の赤坂榎町に由来する。彼が赤坂榎町九番地に住んでいたのは、一八八九（明治二二）年から一八九九（明治三二）年の約一〇年間なので、塙忠韶が蔵書目録の作成を頼まれたのはその頃のことであろう。結局、チェンバレンの蔵書目録作成は、塙忠韶にとっては隠居後の仕事であっただろう。『赤坂文庫書目土代』という蔵書目録には、国史、雑史、公事、祝詞、神道、万葉以下五八部門に、三三七三部の書籍が記載されていた。[39] この数字は部の数で、冊数にするとこの数字よりもはるかに多くなるという。もしかすると、チェンバレンの蔵書規模はサトウの蔵書には及ばないにしても、それに迫るぐらいの規模であったかもしれない。チェンバレンが自分の蔵書目録の作成を塙忠韶に依頼したのは、「塙保己一の孫の忠韶が困つて居たので名家の後を保護するといふ気持もあつて、忠韶に頼んで目録をつくらせたので」[40]ある。また、『赤坂文庫書目土代』の作成には時間がかかり、それが完成したのは一八九四（明治二七）年一二月であるという。[41]その四冊の『赤坂文庫書目土代』は、一九三五（昭和一〇）年に東京で開かれたチェンバレンの追悼会で展示された。[42]その追悼会は国際文化振興会の主催で開かれたものであった。

天理図書館は『赤坂文庫書目土代』（四冊）と『赤坂文庫書目分類底稿』（五冊）を所蔵している。いずれもチェンバレンの蔵書目録である。書名に「土代」とか「底稿」という言葉が含まれるので、どちらも稿本であると思われる。もしかすると、後者はさらに前者の草稿であるかもしれない。両目録とも佐佐木信綱の旧蔵であるという。佐佐木信綱は歌人・国学者として有名であるが、東京帝国大学におけるチェンバレンの教え子のひとりであった。前述したように、『赤坂文庫書目土代』は一九三五（昭和一〇）年に東京で開かれたチェンバレンの追悼会で展示されたが、そのことを追悼会で報告したのも佐佐木信綱であった。[43]天理図書館が所蔵する『赤坂文庫書目土代』の帙には、「英王堂文庫蔵書目録　塙忠韶自筆稿本」という記入がある。「塙忠韶自筆稿本」と記入されているところから、塙忠韶が作成したことが判明する。そのことはすでに佐佐木信綱がチェンバレンの追悼会で報告していた。また、『赤坂文庫書目土代』を実際に調べてみると、目録そのものに日付及び時間などが小さな字で記載されている。それらは塙忠韶が目録作成に携わった日付や費やした時間の記録であると思われる。すでに指摘したように、『赤坂文庫書目土代』の書名には「土代」という言葉が含まれ、この蔵書目録は稿本の類いであると考えられる。そこで、稿本である『赤坂文庫書目土代』に作成者である塙忠韶が小さな字で記した日付及び時間などの記録が残っていてもけっして不思議ではない。

『赤坂文庫書目土代』は、その緒言によると一八九四(明治二七)年一二月に完成したことがわかるし、そのことはすでに佐佐木信綱の追悼会の報告にも含まれていた。『赤坂文庫書目土代』の作成よりもかなり以前のことと思われるが、前述したように、同じ塙忠韶によって、同じようなチェンバレンの蔵書目録である『王堂蔵書目録』が作成されたと思われる。その時期ははっきりしないが、もしかすると一八八一(明治一四)年の終わり頃まで遡ることができるかもしれない。国史、雑史、公事、祝詞、神道、万葉以下五八部門に、三三七三部の書籍が記載されていた『赤坂文庫書目土代』に対して、『王堂蔵書目録』には、国史、雑史、公事、神道以下三二の部門に分けて、多数(『王堂蔵書目録』記載の書籍の冊数は未集計)の書籍が掲載されている。両目録の部門の配列順などが類似していることなどから、同一の人物または同一の学派の人物が両目録を作成したであろうと推測することができる。

ケンブリッジ大学図書館は『善隣国宝後記』(一冊)という写本を所蔵している。この写本に記載されていた本来の書名は『続善隣国宝記』で、後に見せ消ちで『善隣国宝後記』に修正された。

『善隣国宝後記』は『続善隣国宝記』とは別書で、そこで、書名が『続善隣国宝記』から『善隣国宝後記』に変更されたのである。その『善隣国宝後記』には、サトウの蔵書を示す「英国薩道蔵書」という印記と、もうひとつ「和学講談所」という印記が押されている。すなわち、この写本はもともと和学講談所が所蔵していたが、なんらかの事情でサトウの所蔵に帰したのである。

また、その写本には「続八百八十一」という、朱による記載もある。この「続八百八十一」は、後述するように『続群書類従』の目録に記されていた番号である。以上のような点から、この『善隣国宝後記』という写本は何かいわくがありそうである。なお、『善隣国宝後記』は本来の書名が『続善隣国宝記』であったのが、『善隣国宝後記』に変更されたのには以下のような事情があった。まず、この書籍を『続群書類従』に収載しようとした際、すでに『続群書類従』には『続善隣国宝記』という書名の書籍があり、また『善隣国宝後記』が『続善隣国宝記』とは別書であることがわかったので、書名を『善隣国宝後記』に変更したという。(44)

和学講談所が『群書類従』に続いて『続群書類従』の刊行を準備した際、『続群書類従』の目録である『続群書類従目録』を作成した。その『続群書類従目録』には、「巻第八百八十　続善隣国宝記」、「巻第八百八十一　善隣国宝後記」という記載がある。(45)巻第八百八十一の『善隣国宝後記』は、巻第八百八十の『続善隣国宝記』に続いて、『続群書類従』収録の書籍として刊行が準備され、『続群書類従』の書目に掲載されたのである。前述したように、巻第八百八十と巻第八百八十一の書名が同じ『続善隣国宝記』であったので、巻第八百八十一の書名は『善隣国宝後記』に変更された。その『続群書類従』には、準備した原本が不明になったために出版されなかった書物がいくつかあった。この『善隣国宝後記』も実はその中の一点である。すなわち、『善隣国宝後記』は『続群書類従』の巻第八百八十一として出版されるように準備されたが、原本が紛失したので戦後まで出版されなかったのである。おそらく、ケンブリッジ所蔵本である『善隣国宝後記』はその紛失した原本であったのであろう。

活字本の『善隣国宝後記』は、一九七二（昭和四七）年に『続群書類従』第三十七輯拾遺部の一点として刊行された。その際、ケンブリッジ所蔵本の写本ではなく、内閣文庫所蔵本を底本として、東京大学史料編纂所本（中山久四郎氏所蔵本の写本）をもって対校したという。[46]もともと『続群書類従』の中の一点として刊行が準備されたと思われるこの写本（『善隣国宝後記』）が、アーネスト・サトウの所蔵を経てケンブリッジ大学図書館に収蔵されたという経緯には、おそらく次のような事情が考えられるのであろう。

『群書類従』の編纂・刊行で多額の借金を抱えていた塙家は、幕末に二代目忠宝を失い（伊藤博文と山尾庸三による暗殺）、明治維新時には三代目忠韶が家督を引き継いでいた。また膨大な『群書類従』の版木の維持管理が、塙家にとっては大きな財政負担になっていた。そこで、塙忠韶は一八七六（明治九）年に版木を浅草文庫に献納し、その後版木は一八九〇（明治二三）年に内閣文庫に引き渡され、一八九五（明治二八）年には帝国大学の管轄に移された。[47]版木が浅草文庫に献納される以前、一八七二（明治五）年頃のことと思われるが、「恐らく経済的な事情から」、「塙家からその厖大な和学講談所本・温故堂文庫本が修史局や官立浅草文庫や内務省に献納（実質は質上）されている」[48]。そして、修史局に献納された分は、内閣文庫や東京大学史料編纂所に分蔵、また浅草文庫に献納された分は、東京書籍館、帝国図書館などを経て、国立国会図書館や内閣文庫に分蔵、さらに宮内庁書陵部に移されたものもあったが、散失したものも少なくないという[49]。ケンブリッジ大学図書館所蔵の写本『善隣国宝後記』は、もしかするとその頃なんらかの事情で不明になり、その後和漢古書を収集していたサトウの所蔵になったのかもしれない。もしかすると、『善隣国宝後記』をめぐる書名の混乱が原本の不明の事情に貢献したのかもしれない。

柳田国男の兄井上通泰《いのうえみちやす》は、医者をしながら歌人・国文学者として活躍した。一九〇九（明治四二）年に、井上通泰は塙保己一が『群書類従』を刊行するのに使用した版木が文部省の倉庫に収蔵されているのを発見した[50]。版木は既述したように、塙忠韶により一八七六（明治九）年に浅草文庫に献納され、内閣文庫を経て、東京大学の管理下に移り、その後行方が不明になっていた。井上通泰の発見を契機に、一九〇九（明治四二）年、塙忠韶の長男忠雄（塙保己一の曾孫）が渋沢栄一、芳賀矢一、井上頼圀《いのうえよりくに》、木村正辞、井上通泰と一緒に温故学会（最初は温故会と称した）を設立した[51]。その温故学会は一九一二（明治四五）年からその版木を使って『群書類従』の摺りたてを開始する。一九一五（大正四）年には、東宮職から『群書類従』全巻（六六六冊）の摺りたての命を受けた[52]。

皇太子時代の昭和天皇は一九二一（大正一〇）年の三月から九月までの六ヶ月間、英国を含む欧州各国を歴訪された。その際、同年五月一八日にケンブリッジ大学を訪問された。ケンブリッジで

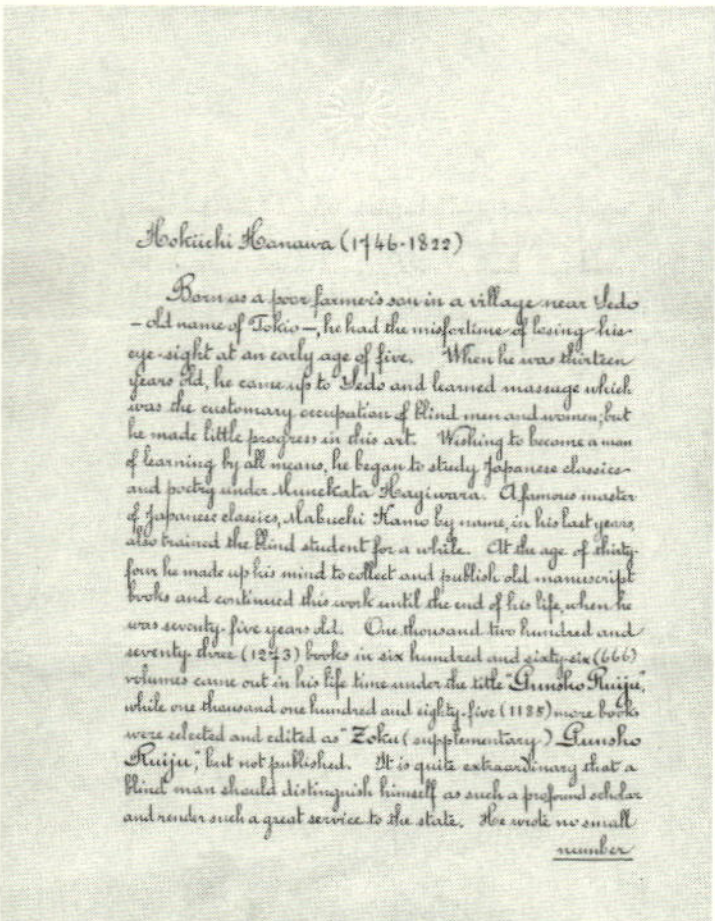
Hokiichi Hanawa (1746-1822)
Born as a poor farmer's son in a village near Yedo – old name of Tokio –, he had the misfortune of losing his eye-sight at an early age of five. When he was thirteen years old, he came up to Yedo and learned massage which was the customary occupation of blind men and women; but he made little progress in this art. Wishing to become a man of learning by all means, he began to study Japanese classics and poetry under Munekata Hagiwara. A famous master of Japanese classics, Mabuchi Kamo by name, in his last years, also trained the blind student for a while. At the age of thirty-four he made up his mind to collect and publish old manuscript books and continued this work until the end of his life, when he was seventy-five years old. One thousand two hundred and seventy-three (1273) books in six hundred and sixty-six (666) volumes came out in his life time under the title "Gunsho Ruiju", while one thousand one hundred and eighty-five (1185) more books were selected and edited as "Zoku (supplementary) Gunsho Ruiju," but not published. It is quite extraordinary that a blind man should distinguish himself as such a profound scholar and render such a great service to the state. He wrote no small
number

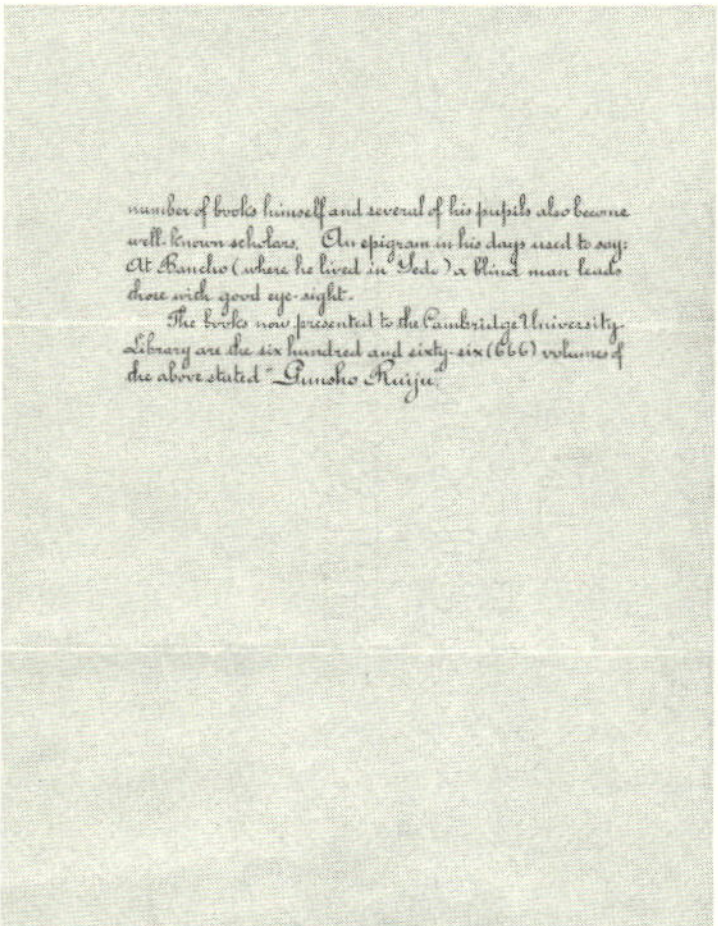
number of books himself and several of his pupils also became well-known scholars. An epigram in his days used to say: At Bancho (where he lived in Yedo) a blind man leads those with good eye-sight.
The books now presented to the Cambridge University Library are the six hundred and sixty-six (666) volumes of the above stated "Gunsho Ruiju".

昭和天皇（皇太子時代）訪問のお礼（『群書類従』に添付の手紙の封筒と手紙、英文による塙保己一の説明）

の訪問先には、ケンブリッジ大学図書館も含まれていた。ケンブリッジ大学訪問の記念品として、一九二五（大正一四）年に東宮御文庫旧蔵『群書類従』（六六六冊）が、塙保己一の肖像画（複製）と一緒にケンブリッジ大学に贈呈された。それは温故学会に保管されていた『群書類従』の版木を使って印刷されたものであった。ふたつの桐の箱に入った『群書類従』六六六冊はケンブリッジ大学図書館に架蔵された。国書の一大叢書である『群書類従』の全巻が、アストン・サトウ・シーボルト・コレクション（大量の和漢古書の蔵書）に続いてケンブリッジ大学図書館の所蔵になったことも、国学の伝統が海外の日本学の中に脈々と流れていたことを示している。

新国学

一九三四（昭和九）年に出版された『民間伝承論』やその翌年に出版された『郷土生活の研究法』などで、柳田国男が創設した日本民俗学は学問として確立期を迎えるが、その両書では、民俗学のことが一名〝新国学〟と呼ばれている。『郷土生活の研究法』では、〝新たなる国学〟といういい方をしている。[53]〝新国学〟については、『民間伝承論』には次のような記述がある。

頼氏の日本外史或は宣長大人の国学によつて、其当時の学問が変化させられたと同じ意味の、重要な学問的転換が、今や要望せられて居るのである。我々の学問はまさしく此変転の契機を

なすものといへる。是を「新国学」といふも憚らぬ、国に必要な新興の学問である。(54)

以上のように、頼山陽《らいさんよう》の『日本外史』や本居宣長の国学によって、江戸後期・幕末の学問が当時重要な転換点を迎えたように、一九三〇年代にも新興の学問（民俗学）が要望されかつ必要とされるので、幕末の（旧）国学に対して、民俗学を新国学と呼称するという。

ただ、以上のように柳田は戦前にも新国学を唱えるのであるが、「其後ふつゝりと此名を口にせぬやうにしてゐた」(55)という。柳田はなぜ新国学のことを口にしなくなったのかについては、その理由を記していないが、想像するのに、一九三〇年代以降に日本精神の発揚として新国学や日本学が声高に唱えられたことが関係しているのであろう。柳田は民俗学がそれらの日本学や新国学と一緒にされるのを嫌ったのかもしれない。しかし、太平洋戦争の敗戦で日本が大きく変わり、「その新たな国情にふさはしい学問の、是から改めて我々の国土に、茂り栄えるものが、今に現はれようと相望してゐる者は、既に多いにちがひない」と考え、戦後、柳田は再び新国学を提唱する。その言い立てには、次のような柳田が抱いていた日本の既存の学問に対する不満があったのである。

たゞ私などのいやでたまらぬのは受売と翻訳、ちがつた国語でもう外国人の云つてしまつたことを、そつくり持つて来てへい是が学問と、云はうとする者の頭を出すことである。(56)

以上のように、柳田は新国学（民俗学）を提唱することにより、戦後の新たな国情にふさわしい学問を発達させたいという強い意志を持っていたと思われる。その背景には、欧米の思想や方法を導入するだけの日本の現存の学問のあり方に対する柳田の不満があった。自分が創設した民俗学は欧米の受け売りや翻訳の学問ではないので、あえて新国学と呼ぶことにしたのであろう。それは戦前の新国学や国粋主義的な日本学とは一線を画すことも意図していたのであろう。

民俗学のもうひとりの巨頭折口信夫も、第二次世界大戦後柳田が新国学を提唱したことに賛同し、「新国学としての民俗学」という記事を国学院大学の新聞に寄稿した。折口はその記事で、「国学は今正に、新国学を名のつて、鮮やかに出直す時が来た」[57]と宣言する。ただその新国学の解釈については、「柳田先生の為事に対して久松潜一さんが与へた名称かと思ふ」と述べ、それは「民俗学の方法によつて、古代存続の近代生活様式の所由を知らうとする」ことであり、さらに、それは「過去の国学が当然到達しようと仰望してゐた目的」であると述べる。[58]要するに、折口にとっては、国学も新国学（民俗学）も古代から近代まで存続した生活様式の〝いわれ〟を知ろうとする学問である。旧国学では古典などの文献だけに限定していたが、新国学では文献以外にも民俗学的な方法を活用するというのである。折口は新聞に収載された短い記事での議論ではあるが、一応新国学の方法論にまで言及していた。

新国学の件で折口が言及した久松潜一は、方法論を含めて近世の国学と民俗学との関係を次のように表現している。久松の論考は戦後のものではなく、昭和一七年のものであった。

近世の国学が古典を基本におき文献を本位として、古代文献の精密な研究の上に打建てられて居るに対して民俗学では文献よりも民間伝承を主なる材料とする所に大きな相違があることと関連する。民俗学と近世の国学ならびにその系統をひく、明治以降の国史学や国文学とが容易に一になり切れなかつたのも一方が文献を主とするに対し、一方が伝承を主とするといふ点にあつたと見られる。(59)

すなわち、久松によれば、近世国学そしてそれが分化・発展した国史学や国文学では、文献が中心になり、一方民俗学は伝承を主とするという方法の違いがあるという。そして「私〔久松〕の志念する国学では文献が主で伝承が従たることになるのであらうが、文献と伝承とはお互に補ひあふべきであらう(60)」と述べる。以上は久松の新国学論であるが、それに対して柳田がどのような意見を持っていたのかは定かではない。おそらく柳田国男は久松の単純な比較論にはそう簡単に与しなかったのではないだろうか。柳田国男には新国学について別の考えがあったかもしれない。それは方法論に矮小化されるような話ではなかったと思われる。柳田は〝新たなる国学〟を提唱した『郷土生活の研究法』（一九三五年）の中では、「学問救世」という言葉を使っている。「学問が世を救ふべきものであるならば」、まさに新国学が入用になって来ていると主張する。(61)もちろん、方法論も大切であるが、柳田は新国学という名称の中に方法論以上の重要な意味を込めていたと思われる。さらに、柳田には、戦前久松たちが国粋主義的な日本学とほとんど同一の内容の新国学を唱えたことに対するこだわりが多少あったかもしれない。

一方、谷川健一は柳田国男や折口信夫の新国学を「開かれた国学(62)」と呼ぶ。「柳田・折口の新国学は常民の中に伝わる文字記録にない生きた伝承を徹底して重視し」、「一部の支配層から国民全体へと知識を広く開放した(63)」という。さらに「江戸時代には日本国の版図の外に置かれていた沖縄をその学問の中核に据えたこと(64)」も、彼らの民俗学を「開かれた国学」に近づけるが、しかし、民俗学には蝦夷やアイヌの問題を避ける傾向があるので、真に「開かれた国学」と称するに足りるかどうかについては疑問が残ると主張する。(65)いずれにしても、谷川のように沖縄研究を含んだ柳田国男たちの民俗学を「開かれた国学」と呼ぶ見方も興味深い。柳田の学問は新国学、開かれた国学のどちらの呼称にしても、本居や平田などの旧国学を大きく乗り越えて発展したものであった。国学の発展型と称してもいいのではないだろうか。

「国学→日本学→日本研究」という発展の流れと英国三大日本学者

本書の「第一章　日本研究の歴史」で、筆者は日本研究の歴史として「国学→日本学→日本研究」という流れを提示した。アーネスト・メイソン・サトウ、ウィリアム・ジョージ・アストン、バジル・ホール・チェンバレンの英国三大日本学者は、日本語読解能力を苦労して獲得し、江戸時代に発達した国学の研究成果を咀嚼・吸収し、それを近代的な学問の方法によってさらに発展させ、英語を中心としたヨーロッパの言語で世界に発信したのであった。まさに、日本語の文献を駆使して近代的な日本学を確立したのであった。その功績は「国学↓日本学」という日本研究の経路を如実に表しているのである。本居宣長や平田篤胤などの国学四大人による近世国学も、古典（文献）を基本にして大きく発展したが、民俗学の創設者柳田国男たちは、さらに文献のみならず、豊富な民間伝承の資料を加えて、あらたに新国学（民俗学）を打ち立てようと試みた。同じように、サトウ、アストン、チェンバレンなどによって急速に躍進した日本学も、第二次世界大戦後、社会科学の新しい研究方法、研究資料、研究分野などが加わり、新しい日本研究に大きく発展することになる。ケンブリッジ大学図書館の蔵書の歴史からいえば、戦前にはアストン・サトウ・シーボルト・コレクションおよび『群書類従』などが収蔵されたが、第二次世界大戦後、ケンブリッジ大学における本格的な日本研究・日本語教育が開始されると、明治時代以降に出版された大量の日本語の書籍や雑誌が収集され、近・現代の日本語コレクションが構築されることになる。その戦後におけるケンブリッジ大学図書館の蔵書の経過が、実は「日本学↓日本研究」という発展の道筋を表している。第二次世界大戦後に近・現代の日本語コレクションの収集が組織的に開始されたことにより、ケンブリッジ大学図書館の蔵書における「国学↓日本学↓日本研究」という流れも十全なものとなるのである。また、同時にケンブリッジ大学図書館の蔵書も飛躍的な発展を遂げるのである。第二次世界大戦後、厳密にいえば一九五〇年代前半（昭和二〇年代の後半）以降に、ケンブリッジ大学図書館の蔵書は日本研究のための本格的な日本語コレクションとして確立するのである。

注

（1）村岡典嗣『日本思想史研究――村岡典嗣論文選』（平凡社、二〇〇四年）三三八頁。
（2）佐佐木信綱「バジル・ホール・チェンバレン先生小伝」（佐佐木信綱編『王堂チェンバレン先生』好学社、一九四八年）一〇―一一頁、川村ハツエ「先駆者たちが見た能楽」（『外国人の能楽研究』法政大学国際日本学研究センター、二〇〇五年）二二頁。
（3）「チャンバレン氏を訪ふ」（『中外英字新聞』五―一号、明治三一年一月）八頁。
（4）佐佐木信綱、前掲書、一一頁。
（5）Basil Hall Chamberlain,'On the Use of "Pillow-Words" and Play upon Words in Japanese Poetry', *Transactions of Asiatic Society of Japan*, Vol.5, Pt.1, 1877. pp.70-88.
（6）Basil Hall Chamberlain,'On the Mediaeval Colloquial Dialect of the Comedies', *Transactions of Asiatic Society of Japan*, Vol.6, Pt.2, 1878. pp.357-397.
（7）Basil Hall Chamberlain,'The Maiden of Unai', *Transactions of Asiatic Society of Japan*, Vol.6, Pt.1, 1878. pp.106-113.
（8）Basil Hall Chamberlain, *The Classical Poetry of the Japanese*, Trübner, 1880.
（9）Basil Hall Chamberlain, *Kojiki: Records of Ancient Matters*, Asiatic Society of Japan, 1883.
（10）村岡典嗣、前掲書、三三九頁。
（11）同前、三四〇頁。
（12）同前、三四六頁。
（13）同前、三三九頁。
（14）同前、三三九頁。
（15）同前、三三六頁。
（16）同前、三三六―三三七頁。

(17) 柳田国男『海南小記』(大岡山書店、一九二五年〔序〕)四頁。
(18) B・H・チェンバレン著/高梨健吉訳『日本事物誌』(二、平凡社、二〇〇四年)八六―一〇二頁。
(19) 村岡典嗣、前掲書、三四三頁。
(20) 三上参次「チェンバレン先生に就ての想ひ出」(『バジル・ホオル・チェンバレン先生追悼記念録』国際文化振興会、一九三五年)三七頁。
(21) 同前、三八頁。
(22) 柳田国男、前掲書、一頁。
(23) Basil Hall Chamberlain, *Essay in Aid of a Grammar and Dictionary of the Luchuan Language*, Kelly & Walsh, Ltd., 1895. p.10.
(24) 柳田国男、前掲書、二―五頁。
(25) 同前、六頁。
(26) Basil Hall Chamberlain, op. cit.
(27) 柳田国男、前掲書、四頁。
(28) 同前、八頁。
(29) 柳田国男『郷土生活の研究法』(刀江書院、一九三五年)一二三頁。
(30)『ケンブリッジ大学図書館所蔵アーネスト・サトウ関連蔵書目録』(一―五、ゆまに書房、二〇一六年)。
(31) 小山騰「ケンブリッジ大学図書館所蔵アーネスト・サトウ関連蔵書目録――紹介と解説」(『ケンブリッジ大学図書館所蔵アーネスト・サトウ関連蔵書目録』一、ゆまに書房、二〇一六年)五二頁。
(32)『伊藤博文伝』(上、春畝公追頌会、一九四〇年)七三頁。
(33) 斎藤政雄「伊藤博文　塙二代忠宝暗殺の顚末」(『温故叢誌』一八、一九六二年)三六頁。
(34) 同前、三九頁。
(35) 注(32)と同。

(36) 瀧井一博『文明史のなかの明治憲法――この国のかたちと西洋体験』(講談社、二〇〇三年)一三三―一三四頁。
(37) 「塙忠韶年譜」(『群書類従』三〇、八木書店、二〇一三年)五―六頁。
(38) 同前、七頁。
(39) 佐佐木信綱「人としてのチェンバレン先生」(佐佐木信綱編『王堂チェンバレン先生』好学社、一九四八年)五一頁。
(40) 佐佐木信綱「人としてのチェンバレン先生」(『バジル・ホオル・チェンバレン先生追悼記念録』国際文化振興会、一九三五年)八五頁。
(41) 同前、五二頁。
(42) 同前、五一頁。
(43) 同前、五一頁。
(44) 『続群書類従』(三七、続群書類従完成会、一九七二年)二〇九―二一〇頁。
(45) 『和学講談所蔵書目録』(七、ゆまに書房、二〇〇〇年)三九〇頁。
(46) 注(44)と同。二一〇頁。
(47) 斎藤幸一「『群書類従』版木の歴史――版木倉庫の建設、版木の献納、摺りたて再開」(『温故叢誌』六〇)三二―三三頁。
(48) 石井英雄「続群書類従の編纂刊行とその欠巻について」(『続群書類従』三四、続群書類従完成会、一九六九年)一九五頁。
(49) 同前、一九五頁。
(50) 斎藤幸一、前掲書、三三頁。
(51) 「百年史略年表」(『温故叢誌』六一)四頁。
(52) 同前、四頁。

(53) 柳田国男『郷土生活の研究法』(刀江書院、一九三五年)一一七頁。
(54) 柳田国男『民間伝承論』(共立社、一九三四年)二八九―二九〇頁。
(55) 柳田国男「祭日考」(『定本柳田国男集』一一、筑摩書房、一九六三年)二七七頁。
(56) 同前、二七七頁。
(57) 折口信夫「新国学としての民俗学」(『折口信夫全集』一九、中央公論社、一九九六年)二〇六頁。
(58) 同前、二〇六頁。
(59) 久松潜一「国学と「民間伝承論」」(『柳田国男研究資料集成』一、日本図書センター、一九八六年)四六二頁。
(60) 同前、四六二頁。
(61) 柳田国男『郷土生活の研究法』(刀江書院、一九三五年)一四八頁。
(62) 谷川健一『柳田国男の民俗学』(岩波書店、二〇〇一年)二三〇―二三五頁。
(63) 同前、二三三―二三三頁。
(64) 同前、二三三頁。
(65) 同前、二三三頁。

参考文献

■ケンブリッジ大学図書館（アストン・サトウ・シーボルト・コレクションなど）
Nozomu Hayashi & Peter Kornicki, *Early Japanese Books in Cambridge University Library: A Catalogue of the Aston, Satow, and von Siebold Collections*, Cambridge University Press, 1991.
帇尾達哉「ケンブリッジ大学図書館蔵「アストン和書目録」について（一―一一）」（『鹿児島大学法文学部紀要人文科学論集』六〇―六七、二〇〇五―〇八年、六九、二〇〇九年、七一、二〇一〇年、七三、二〇一一年）。
帇尾達哉「アストン旧蔵和書とアーネスト・サトウ――ケンブリッジ大学図書館蔵「アストン和書目録」について・断章」（『地域政策科学研究』四、二〇〇七年）。
Eric B. Ceadel, *Classified Catalogue of Modern Japanese Books in Cambridge University Library*, Heffer, 1961.

■ウィリアム・ジョージ・アストン
Collected Works of William George Aston, Ganesha Publishing, 1997.

楠家重敏『W・G・アストン――日本と朝鮮を結ぶ学者外交官』（雄松堂出版、二〇〇五年）。

W・G・アストン著／芝野六助訳補『日本文学史』（大日本図書、一九〇八年）。

W・G・アストン著／補永茂助、芝野六助訳『日本神道論』（明治書院、一九二二年）。

W・G・アストン著／安田一郎訳『神道』（青土社、一九八八年）。

辻善之助編『日本紀年論纂』（東海書房、一九四七年）。

三上参次、高津鍬三郎『日本文学史』（金港堂、一八九〇年）。

■アーネスト・メイソン・サトウ
Collected works of Ernest Mason Satow, Ganesha Publishing, 1998-2001.

Ian Ruxton, *Sir Ernest Satow's Private Letters to W.G. Aston and F.V. Dickins: The Correspondence of a Pioneer Japanologist from 1870 to 1918*, Lulu Press, 2008.

横浜開港資料館編『図説アーネスト・サトウ――幕末維新の外交官』（有隣堂、二〇〇一年）。

楠家重敏『アーネスト・サトウの読書ノート――イギリス外交官の見た明治維新の舞台裏』（雄松堂出版、二〇〇九年）。

『遠い崖――アーネスト・サトウ日記抄』（朝日新聞社、二〇〇七―〇八年）。

アーネスト・サトウ著／坂田精一訳『一外交官の見た明治維新』（岩波書店、一九六〇年）。

イアン・C・ラックストン著／長岡祥三、関口英男訳『アーネスト・サトウの生涯――その日記と手紙より』（雄松堂出版、二〇〇三年）。

B・M・アレン著／庄田元男訳『アーネスト・サトウ伝』（平凡社、一九九三年）。

アーネスト・サトウ著／庄田元男訳『アーネスト・サトウ神道論』（平凡社、二〇〇六年）。

田中正弘『幕末維新期の社会変革と群像』（吉川弘文館、二〇〇八年）。

管宗次『群書一覧研究』（和泉書院、一九八九年）。

■バジル・ホール・チェンバレン
Collected Works of Basil Hall Chamberlain, Ganesha Publishing, 2000.
山口栄鉄『英人日本学者チェンバレンの研究――〈欧文日本学〉より観た再評価』（沖積舎、二〇一〇年）。

楠家重敏『ネズミはまだ生きている――チェンバレンの伝記』(雄松堂出版、一九八六年)。

太田雄三『B・H・チェンバレン――日欧間の往復運動に生きた世界人』(リブロポート、一九九〇年)。

佐佐木信綱編『王堂チェンバレン先生』(好学社、一九四八年)。

B・H・チェンバレン著/高梨健吉訳『日本事物誌』(平凡社、二〇〇四年)。

チャンバーレーン著/飯田永夫訳『日本上古史評論――原名英譯古事記』(史学協会出版局、一八八八年)。

『日本思想史研究――村岡典嗣論文選』(平凡社、二〇〇四年)。

■ハインリッヒ・フォン・シーボルト

ハンス・ケルナー著/竹内精一訳『シーボルト父子伝』(創造社、一九七五年)。

ヨーゼフ・クライナー編『シーボルトと日本の考古・民族学の黎明』(同成社、二〇一一年)。

『小シーボルト蝦夷見聞記』(平凡社、一九九六年)。

■日本研究

牧健二『近代における西洋人の日本歴史観』(弘文堂、一九五〇年)。

島田昌彦『日本学への道――世紀を越えて』(明治書院、二〇〇〇年)。

上山春平、梅原猛『日本学事始』(小学館、一九七二年)。

梅原猛『日本学の哲学的反省』(講談社、一九七六年)。

久松潜一『西欧に於ける日本文学』(至文堂、一九三七年)。

高須芳次郎『皇道と日本学の建設』(大阪屋号書店、一九四一年)。

補永茂助『欧米人の神道観――全』(皇学書院、一九二〇年)。

『日本学とは何か――ヨーロッパから見た日本研究、日本から見た日本研究』(法政大学国際日本学研究センター、二〇〇七年)。

白幡洋三郎編『海外日本像集成——日文研所蔵欧文図書所載』（国際日本文化研究センター、二〇〇七—二〇一四年）。
Douglas M. Kenrick, *A Century of Western Studies of Japan: The First Hundred Years of the Asiatic Society of Japan, 1872-1972*, Asiatic Society of Japan, 1978.

■国学

『国学者伝記集成』（国本出版社、一九三四—一九三五年）。

『名家伝記資料集成』（思文閣、一九八四年）。

『和学者総覧』（汲古書院、一九九〇年）。

田中康二『国学史再考——のぞきからくり本居宣長』（新典社、二〇一二年）。

山本正秀、渡辺秀『国学論』（三笠書房、一九三九年）。

『国学運動の思想』（岩波書店、一九七一年）。

中川和明『平田国学の史的研究』（名著刊行会、二〇一二年）。

吉田麻子『知の共鳴——平田篤胤をめぐる書物の社会史』（ぺりかん社、二〇一二年）。

藤田大誠『近代国学の研究』（弘文堂、二〇〇七年）。

『新修平田篤胤全集』（名著出版、一九七六—一九八一年）。

『平田篤胤集・富永仲基集——附伴信友・伊勢貞丈』（大日本思想全集刊行会、一九三三年）。

山田孝雄『平田篤胤』（宝文館、一九四〇年）。

宮地正人『歴史のなかの『夜明け前』——平田国学の幕末維新』（吉川弘文館、二〇一五年）。

米田勝安、荒俣宏編『平田篤胤——知のネットワークの先覚者』（平凡社、二〇〇四年）。

『芳賀矢一遺著』（冨山房、一九二八年）。

宮地正人編「平田国学の再検討」（『国立歴史民俗博物館研究報告』一二二、一二八、一四六、一五九、二〇〇五―二〇一〇年)。

錦仁『宣教使堀秀成――だれも書かなかった明治』(三弥井書店、二〇一二年)。

『最後の国学者堀秀成』(堀秀成顕彰会、一九九〇年)。

内野吾郎『新国学論の展開』(創林社、一九八三年)。

久松潜一『日本文学研究史』(至文堂、一九六九年)。

井田太郎、藤巻和宏編『近代学問の起源と編成』(勉誠出版、二〇一四年)。

■柳田国男

『定本柳田国男集』(筑摩書房、一九六二―一九七一年)。

『柳田国男伝』(三一書房、一九八八年)。

谷川健一『柳田国男の民俗学』(岩波書店、二〇〇一年)。

佐伯有清『柳田国男と古代史』(吉川弘文館、一九八八年)。

岩本由輝『柳田民俗学と天皇制』(吉川弘文館、一九九二年)。

石井正己『遠野物語の誕生』(若草書房、二〇〇〇年)。

西岡秀雄『性神大成――日本における性器崇拝の史的研究』(妙義出版、一九五六年)。

後藤総一郎編『柳田国男研究資料集成』(日本図書センター、一九八六―一九八七年)。

Ronald A. Morse, *Yanagita Kunio and the Folklore Movement: The Search for Japan's National Character and Distinctiveness*, Garland Publishing, 1990.

付記　ケンブリッジ大学図書館のこと

図書館はもちろん中味も大事であるが、多少建物で勝負するようなところがある。建物によって提供する業務の内容が規制されるのである。書物などを入れる建造物が大きくなると、図書館のサービスも向上する場合が多い。典型的な例として、オックスフォード大学とケンブリッジ大学の〝大学図書館〟がある。オックスフォードの場合、大学図書館であるボードリアン図書館はもともとの場所に居続けながら発展して来た。ケンブリッジの場合、大学図書館は新しい場所に大きな建物を作り、そちらに移動した。その結果、古風なボードリアンは観光客にとっては大変魅力的な場所として人気が高いが、一方、ケンブリッジ大学図書館はケンブリッジで一番〝醜い〟建築物として名を馳せている（図1）。しかし、閲覧者としては、原則として開架式で本の貸出をするケンブリッジ大学図書館の方が、閉架式で貸出をしないボードリアンよりもはるかに利用しやすいのである。開架式などの利便は新しい大きな建物に移ったことにより可能になったのである。

ケンブリッジ大学図書館は二〇一六（平成二八）年に六〇〇周年記念を祝うなど古い歴史に彩られている（図2）。現在の本館は一九三四（昭和九）年に開館した。それ以前には、大学本部と卒業

図1　ケンブリッジ大学図書館の正面

式などが行われるセネット・ハウス（評議会）（図3）の間に建てられた建物（旧館）（図4）に設置されていた。現在でもその建物には図書館を意味する「BIBLIOTHECA」という文字が残っており、別の図書館として利用されて来た。本書で取り上げるアストン・サトウ・シーボルト・コレクションなどの和漢古書が収蔵されたり、また皇太子時代の昭和天皇が訪問されたのは、その旧館時代のことであった。また、関東大震災により炎上し、一九二八（昭和三）年に再建された東京大学図書館と同じように、ケンブリッジ大学図書館の現在の建物が建造されるのには、ロックフェラー財団からの多大な財政援助があった。

英国の場合、日本などと比べると大学の図書館長の権限は非常に大きい。筆者がケンブリッジ大学図書館に入館したのは一九八五（昭和六

図2　建設中のケンブリッジ大学図書館新館
現在のケンブリッジ大学図書館本館の建設は、一九三一（昭和六）年から始まり一九三四（昭和九）年に完成した。建築家は英国の赤い電話ボックスなどをデザインしたジャイルズ・ギルバート・スコット。この写真は、本館の中央にある塔の部分などが建てられている様子を示している。

〇）年四月のことで、フレッド・ラドクリフ氏が図書館長の時代であった。通常、図書館長は一〇年ぐらいは在任するので、その在職期間はひとつの王朝のようなものである。図書館長は王様のように振る舞えるのである。筆者は日本語コレクション（日本語の図書と雑誌）担当の職員として、二〇一五（平成二七）年九月に定年退職するまで、きっちり三〇年半勤務した。その任務の中には韓国語・朝鮮語コレクションも含まれていたが、その割合は少ない。ほとんどは古書を含めて日本語の書籍などを扱う仕事であった。もちろん、近年にはいわゆる日本研究のための電子資料なども取り扱った。ラドクリフ氏の後も、引き続き後任の図書館長であるピーター・フォックス氏とアン・ジャーヴィス女史の下で働いた。ラドクリフ氏の前任者がエリック・キーデル氏で、ケンブリッジ大学で最初の日本学者であった。キーデル氏の意向であると思われるが、日本語の図書と雑誌などは図書館長の部屋がある同じ階（四階）に配架されていた。図書

図3　セネットハウスと大学本部
左側の建物が大学本部。右側の建物が卒業式などが行われるセネット・ハウス（評議会）。その中間にあるのがケンブリッジ大学図書館の旧館。

館長がわざと自分の事務室に近接して配置したのであろう。日本語コレクションを担当する筆者の事務室もその近辺であった。
ケンブリッジなどはその典型であるが、通常英国の大学の職員はオフィサーとアシスタントに二分される。オフィサーは大学卒が就くポストである。オフィサーの中は、教員などが含まれる「academic grade」と上級の事務職員、図書館員、博物館員、コンピュータ関係者などが入る「academic related grade」に分かれている。しかし、ふたつのgrade（等級）は平行していて、同じ給与体系が当てはめられる。たとえば、ケンブリッジ大学では、全教員の中で教授職の数が占める割合は一割強ぐらいであるが、大学図書館の図書館長や副館長はその教授職に相当する。大部分の常勤教員（約

図4　ケンブリッジ大学図書館の旧館
法学図書館などとして使用された後、現在はゴンヴィル・アンド・キーズ・カレッジの図書館として利用されている。

六割）は講師（英語でlecturerと呼ばれる）である。大学図書館で等級として講師に相当するポストは、アンダー・ライブラリアンとアシスタント・アンダー・ライブラリアンである。筆者はアシスタント・アンダー・ライブラリアンとして働き始め、途中でアンダー・ライブラリアンに昇格し、その等級で定年を迎えた。以上の名称やシステムは筆者が勤務した時代のもので、すでにその時代から少しずつ変わり始めている。たとえば、ピーター・フォックス氏やアン・ジャーヴィス女史が図書館長の時代には、等級のシステムなどは同じであるが、図書館員は仕事の役割の名称を使用することが多くなり、筆者も日本部長などのタイトルを使用した。ただはっきりしていることは、いつの時代でも図書館員を含めて英国の大学職員の給料は全体に低いという点である。
図書館長がラドクリフ氏からフォックス氏に変わる時に、（株）丸井の社長青井忠雄氏からの寄

図5　アオイ・パヴィリオン
ケンブリッジ大学図書館本館の南側の後方部分を占める。右側に儀式用の入口がある。

金（四億五〇〇〇万円）により、アオイ・パヴィリオン（Aoi Pavillion）が建設されることになった（図5）。正式には一九九八（平成一〇年）六月に開館した。アオイ・パヴィリオンは本館の一部として建てられ、その中に東アジア閲覧室、日本語、中国語、韓国語コレクションの書庫、日本部や中国部の事務室などが含まれる（図6）。アオイ・パヴィリオンが本館に付設されたことは、東アジア閲覧室などに代表されるように、日本研究や中国研究などを取り巻く環境の改善に大きく貢献した。日本関係にとっては大きな進歩であった。
以上のように過去の歴史から現在までのところ、建物自身がそれなりに図書館の業務やサービスなどに大きな影響を与えて来たことは確かであったが、今後の状況はかなり異なるのではないかと想像される。図書館はすで

図6　アオイ・パヴィリオンの中にある東アジア閲覧室
手前の銅製の置物は鬼界ヶ島に取り残された俊寛を表している。現在は東アジア閲覧室の中ではなく、閲覧室の外にあたるアオイ・パヴィリオンの入口に置かれている。俊寛のブロンズ像は、ジョン・ヤング・ブキャナン（化学者、海洋学者、ケンブリッジ大学の二番目の地理学教員）からの寄贈。ブキャナンは英国の有名な海洋探検隊チャレンジャー号の一員として、一八七五（明治八）年に二ヶ月ほど日本に滞在した。俊寛の像はその時に横浜で購入したものか。

にインターネットの利用、ディジタル化や電子資料の普及などを通じて、書物という物体とか、物理的な図書館の建造物などを超越する世界に突入しているのかもしれない。オープンアクセスというようなサービスでは、図書館は情報を発信する側に移動しつつある。そのような新時代の図書館は、情報化時代のハブとしてこれからもますます大きな役割を担うであろう。

図1、2、6の写真はケンブリッジ大学図書館から提供を受けた。他はすべて著者撮影。
Reproduced by kind permission of the Syndics of Cambridge University Library

あとがき

柳田国男は回想録『故郷七十年』の中で、ケンブリッジ大学のことを余り好かないと述べている。それは同書の「故郷七十年拾遺」の中にある「色々の外人との附合」という部分で、英国から来たふたりの若い研究者のことに言及した際の発言である。戦後のことであるが、柳田を訪問したジェフリー・ボーナス氏とロナルド・ドーア氏に柳田が何か話をしてくれるように頼んだのに、後年英国を代表する日本研究者になった両人がそれに対して手紙などで柳田に一切連絡しなかったことに腹を立てているのである。柳田はドーア氏がロンドン大学から来たことは承知していたが、ボーナス氏はケンブリッジ大学から派遣されて来たと誤解していた。実際には、ボーナス氏はケンブリッジではなく、オックスフォード大学出身であった。いずれにしてもふたりの英国人が柳田に手紙などをよこさないのは、「まさか、私がケンブリッジ大学のことを余り好かないという理由があるからでもあるまい」と彼は邪推している。

ボーナス氏は回顧録『日本旅行』（*Japanese Journeys*）では柳田に数回会ったことを記し、また自著『日本の雨乞い』（*Japanese Rainmaking*）の序文でも柳田に感謝している。柳田は一九二二（大正一一）

年と一九二三（大正一二）年の二回英国を訪問したことがあり、日本で親しく付きあったJ・W・ロバートソン・スコットというジャーナリストと一緒にロンドン近辺などを旅行したようである。ただ、ケンブリッジを訪問したかどうかははっきりしない。柳田がケンブリッジ大学のことを余り好かないという理由には、英国の社会人類学者ジェームズ・フレイザーに対するこだわりのようなものがあるのかもしれない。『金枝篇』などの著者として有名なフレイザーは、多年ケンブリッジのトリニティ・カレッジのフェローをしていたので、柳田はフレイザーをケンブリッジ大学の教授のような地位にあったと理解していたかもしれない。柳田にとっては、フレイザーはケンブリッジを象徴するような存在であったかもしれない。

柳田自身フレイザーから一番大きな影響を受けていると認めているが（『柳田国男対談集』）、天皇制などの問題からフレイザーの『金枝篇』の翻訳に関わることを忌避し、翻訳の出版を妨害すると宣言していたという（岩本由輝『柳田民俗学と天皇制』、佐伯有清『柳田国男と古代史』など）。また、柳田の性格からして、自分の学問がフレイザーの著作と関係があるようなことは強調したくなかったかもしれない。フレイザーは柳田がスイスのジュネーヴに滞在した期間を含む一九二〇年代にはヨーロッパ大陸を旅行することが多く、おそらく病気の治療とか講演などでジュネーヴを訪れたことがあった。柳田もスイスでフレイザーに会ったと述べている（柳田国男『青年と学問』）。ただ、彼はそのことにほとんど言及していないので、もしかするとその会見は柳田にとってはあまり好ましいものではなかったかもしれない。同じジュネーヴでチェンバレンに会おうとしたことには饒舌なのに、同地で実際に会ったフレイザーについては口をつぐんでいるようなところがある。いずれにしてもフレイザーに対して持っていたわだかまりなどが理由で、柳田はケンブリッジ大学のことをよく思っていなかったのであろう。

柳田は『朝日新聞』でJ・W・ロバートソン・スコットの妻の妹にあたるエリザベス・キースという芸術家の著作『東側の窓』(*Eastern Windows*)を紹介している(『退読書歴』)。キース女史はその本の中でフレイザーに会った時の印象を記しているが、柳田は『朝日新聞』に記載した『東側の窓』の短い紹介文で、わざわざそのことに言及している。柳田は何かフレイザーのことを強く意識しているという印象を受ける。

ケンブリッジ大学のことをよく思っていない柳田も、自分がアストンに献贈した『石神問答』がまさかケンブリッジ大学図書館に所蔵されているとは想像できなかったであろう。また、そのケンブリッジ大学の教員の中から『あずさ弓』(*The Catalpa Bow*)などの著作がある民俗学の研究者カーメン・ブラッカー氏などが出るのも皮肉な取りあわせであったかもしれない。ある面では柳田の学問の系統はケンブリッジ大学に引き継がれていたということもできる。フレイザーの学統が日本では柳田に受け継がれ、ブラッカー氏が逆に柳田の民俗学を英国を含め海外に広めることになった。

また、柳田は『故郷七十年』の「私の学問」の中で、次のようなことも書いている。

私のねらつていたことは、国際的に、いろいろな人にもう一度この種の問題〔民俗学〕を考えさせた点である。表向きは神道とか皇室論とかに外国人の研究を引きつけ、外国人で日本に興味をもつて調べたり、渡米する研究者に力を貸してやる、そういつた方面に私は余力を大変使つた。外国に日本のことを考えて見ようという人が出来、その人たちの著述が日本における研究を刺戟するようになつたのも、嬉しい副産物であつた。

柳田が意図した目的の中には、明らかに民俗学を通じて海外の日本研究を推進することも含まれていた。彼が育成し発展させようと熱望した学問の行く先にも日本研究が内在していたのである。アストンの『神道論』を読んだ柳田が『石神問答』を執筆し民俗学を発達させたように、国学同様彼の新しい学問（新国学）も日本研究の歴史に大きく関わることになった。
最後に本書の刊行については、勉誠出版の岡田林太郎社長、編集部の豊岡愛美さんおよび岡田氏への紹介の労をとっていただいた株式会社ネットアドバンスの田中政司氏に大変お世話になりました。厚くお礼申し上げます。

索　引

■人名

（日本人）

【や】

【ら】

【わ】

（外国人）

■書名（論文名も含む）

【あ】

【か】

【さ】

【た】

【な】

【は】

【ま】

【や】

【ら】

【わ】

■事項など

■図書館、大学、学会など

【著者略歴】

小山　騰（こやま・のぼる）

1948年愛知県生まれ。成城大学文芸学部卒業、慶應大学大学院修士（日本史）修了。ロンドン大学UCLで図書館・情報学のPost-graduate diplomaを取得。国会図書館勤務などを経て、1985年から2015年までケンブリッジ大学図書館日本部長。
主な編著書に、『国際結婚第一号――明治人たちの雑婚事始』（講談社、1995年）、『破天荒明治留学生列伝――大英帝国に学んだ人々』（講談社、1999年）、『ケンブリッジ大学秘蔵明治古写真――マーケーザ号の日本旅行2』（平凡社、2005年）、『日本の刺青と英国王室――明治期から第一次世界大戦まで』（藤原書店、2010年）、『ロンドン日本人村を作った男――謎の興行師タナカー・ブヒクロサン 1839-94』（藤原書店、2015年）、『ケンブリッジ大学図書館所蔵アーネスト・サトウ関連蔵書目録』（ゆまに書房、2016年）などがある。

ケンブリッジ大学《だいがく》図書館《としょかん》と近代《きんだい》日本《にほん》研究《けんきゅう》の歩《あゆ》み
――国学から日本学へ

2017年9月20日　初版発行

著　者　小山　騰
発行者　池嶋洋次
発行所　勉誠出版株式会社
〒101-0051　東京都千代田区神田神保町3-10-2
TEL：(03)5215-9021(代)　FAX：(03)5215-9025
〈出版詳細情報〉http://bensei.jp/

印刷　太平印刷社
製本　若林製本
装丁　足立友幸（パラスタイル）
組版　トム・プライズ

ISBN 978-4-585-20058-1 C1000